Higher Vocational
Aesthetic Education

高职美育

陈云涛 · 主编

吴慧凤　施技文　郑燕 · 副主编

ZHEJIANG UNIVERSITY PRESS
浙江大学出版社
· 杭州 ·

图书在版编目（CIP）数据

高职美育/陈云涛主编. — 杭州:浙江大学出版
社，2024.2
ISBN 978-7-308-24654-5

I. ①高... II. ①陈... III. ①美育-高等职业教育-
教材 IV. ①G40-014

中国国家版本馆CIP数据核字(2024)第037718号

高职美育
GAOZHI MEIYU

陈云涛　主　编

策划编辑	傅宏梁
责任编辑	李　晨
责任校对	赵　钰
责任印制	范洪法
封面设计	春天书装
出版发行	浙江大学出版社
	（杭州市天目山路148号　　邮政编码　310007）
	（网址：http://www.zjupress.com）
排　　版	杭州林智广告有限公司
印　　刷	杭州钱江彩色印务有限公司
开　　本	787mm×1092mm　1/16
印　　张	13
字　　数	280千
版 印 次	2024年2月第1版　2024年2月第1次印刷
书　　号	ISBN 978-7-308-24654-5
定　　价	55.00元

浙江大学出版社市场运营中心联系方式：0571-88925591；http://zjdxcbs.tmall.com

前　言

所谓美育，即审美教育，亦即对什么是美，如何感知美、欣赏美、贴近美，进而通过美的路径更丰富地体悟人生和认识世界的教育。审美教育是一种基础的人生观教育。这里的人生观，简而言之就是人对自身生命、周遭生活的看法和判断，既有朴素的成分，又需要正确的教化养成。当代大学生虽然大多已届成年，但生活经历简单，对真实与虚妄、善与恶、美与丑往往缺乏完整切实的认知，而美育恰恰可以通过耳濡目染的方式帮助青年学子陶冶性情，夯实人生基石。

党和国家历来重视美育工作，近些年以来做出过一系列重大决策部署。2013年党的十八届三中全会提出"改进美育教学，提高学生审美和人文素养"，近些年相继出台了《关于全面加强和改进学校美育工作的意见》《关于切实加强新时代高等学校美育工作的意见》等文件，积极推动美育实施，不仅把美育作为学校教育的一部分，更视其为全民终身教育的重要精神载体。2020年10月，中共中央、国务院印发了《关于全面加强和改进新时代学校美育工作的意见》，强调美是纯洁道德、丰富精神的重要源泉，要从审美教育、情操教育、心灵教育、丰富想象力和培养创新意识教育等四个维度理解美育的价值功能，职业教育尤其要强化美育课程建设，加强美育的渗透与融合。

高等职业教育是一种对标国家需求，以就业为导向、以产教融合为主线的教育，其求实用、讲实效的特质不言而喻。如何在这种工具理性的逻辑下、在有限的学校教育时段内，贯彻好党的教育方针，实现人的全面发展，既是现代教育体系的内在要求，也是职教界应当积极面对的问题。

本书的编撰正是基于对这一问题的思考和当下高职学生对美的诉求而展开的。根据高职学生的知识结构、专业特长以及对美尤其是艺术美的关注热点，结合高职高专院校人才培养方案，本书在一般释理的基础上，突出了以下几个原则。

第一，突出实用性。本书内容紧密结合实际，涵盖了美术、音乐、舞蹈、建筑等多个领域，相关章节配有拓展资源，让学生在学习过程中能够将理论知识与实践技能相结合，提升学习贴合度。

第二，注重创新性。本书内容引入了许多新颖的美育理念和方法，旨在培养学生的创新思维和独立思考能力，让他们在面对问题时能够灵活运用所学知识，勇于创新。

第三，强调综合性。本书不仅关注学生艺术审美鉴赏能力的培养，还注重提高学生的综合素质。通过跨学科的融合，让学生在审美实践中提升自我修养和综合素质。

第四，体现时代性。本书内容紧跟时代步伐，关注当代艺术的发展趋势和新兴艺术形式，让学生能够接触到最新的审美观念和艺术成果。

本书涵盖了自然美、艺术美、生活美、职业美、科技美等内容，来自九所高职院校的美育工作者参与编撰。全书由陈云涛教授担任主编，施技文负责第一章"关于美的一般认知"的编写，陈云涛、王舵负责第二章"新时代高职美育再发展"的编写，王舵负责第三章"审美活动"的编写，吴慧凤负责第四章"自然美"的编写，张瑜、施技文、郑燕、莫非、胡颖共同负责第五章"艺术美"的编写，吴军飞负责第六章"生活美"的编写，郑燕负责第七章"职业美"的编写，章梦婷负责第八章"科技美"的编写，熊廷芳负责拓展部分"军事美"的编写（拓展部分扫描封底书籍二维码获取）。由于高职美育工作在各高职院校开展的程度不一，体现"强化艺术实践，培养具有审美修养的高素质技术技能人才"要求的方式各异，本书又结合了一些学校正在授课的讲义素材。本书在内容编排和具体叙述等方面难免缺乏足够的严谨性，恳请美育同行、学者以及使用本书的学生不吝指正。

浙江大学出版社对本书的编写、出版给予了大力支持和精心指导，我们对编辑专业而精益求精的工作态度谨致谢意！同时，本书引用了一些专家学者的研究成果和图文视频案例，在编写过程中已尽可能标明出处，在此一并表示感谢！

编者
2024 年 1 月

目　录

第一章

关于美的一般认知

名人名句

天地有大美而不言，四时有明法而不议，万物有成理而不说。圣人者，原天地之美而达万物之理。是故至人无为，大圣不作，观于天地之谓也。

——《庄子·外篇·知北游》

引入概述

美让我们陶醉，让我们愉悦，让我们感动。

美无处不在。从大自然的风光无限，到艺术作品的匠心独运，从日常生活中的点滴细节，到人类精神的崇高追求，美以各种形式呈现在我们眼前，引领我们感受世界的丰富多彩。

新石器时代彩绘陶盆   错金银云纹青铜犀尊

美是自古以来人们恒久不变的追求，即使是荒蛮落后的原始社会，仍有着朴拙之美。随着人类文明的进步，人们对美的理解和追求也在不断变化和提高，从粗糙逐渐变得精细，从简约走向繁华，再从繁华精致回归质朴可爱，然而无论怎样，人们对美的追求与探索从未停止过。

美是可以被人们所感知的。清晨的花朵，犹如画卷上的点缀，赏心悦目；清晨的鸟鸣，如同天籁之音，悦耳动听；清晨的微风，带着大自然的香气，悦人心扉。看见美丽的景色，人们会陶醉其中；看见丰美的食物，人们会垂涎三尺；听见动人的音乐，人们会心旷神怡；读到感人的文字，人们会热泪盈眶。如果人类不能发现美、感知美，那生命的意义便失去了大半。美不是千篇一律、一成不变的。就如读莎士比亚的戏剧《哈姆雷特》，一千个读者就有一千个哈姆雷特。美是一种主观的个人体验，受到个人的文化背景、生活经历、价值观等多种因素的影响，对于同样的景色或艺术作品，不同的人可能会有不同的美感反应，即使是同一个人，在不同的时空和心境下，美的感受也会有所不同。

美是复杂的。在美学范围内，美包含了好几层意思。我们看北宋王希孟的千古名画《千里江山图》、听小提琴协奏曲《梁祝》、欣赏张若虚的诗《春江花月夜》，我们常用"美"来形容，而我们读《阿Q正传》、听贝多芬的《命运交响曲》、看毕加索的画，却很少会用"美"来表达。

那么，美究竟为何物？美来自何处？美有哪些形态？美有什么样的特征？美的本质究竟是什么？这些问题是我们认识美和理解美的起点。在"美的一般认知"这一章中，我们将一同探索这个既古老又现代的话题，研究这些问题，有利于我们更好地发现美、认识美和感受美，进而更好地创造美、传递美。

毕加索《哭泣的女人》

王希孟《千里江山图》局部

清晨绽放的花朵

第一节　何谓"美"

什么是美？

有人说西湖很美，苏堤春晓、平湖秋月温婉可人；有人说瀚海很美，大漠孤烟、长河落日苍茫雄浑；有人说牡丹很美，娇媚丰满彰显富贵；有人说兰花很美，芬芳馥郁清幽淡雅；有人说昆曲很美，温润婉转的唱腔、柔软曼妙的舞姿是意韵至美的呈现；有人说中国的书法很美，笔走龙蛇、古朴苍劲是笔墨和线条的节奏韵律之致；有人说李白的《将进酒》很美，豪放旷达、磅礴遒劲的气势让人叹服；有人说李清照的《声声慢》很美，孤寂落寞、悲凉愁苦的心绪让人爱怜。

有人说尊老爱幼、孝敬父母传承美德是美，乐善好施、助人为乐树立榜样是美，爱岗敬业、顽强拼搏追求卓越也是美……

西湖之春

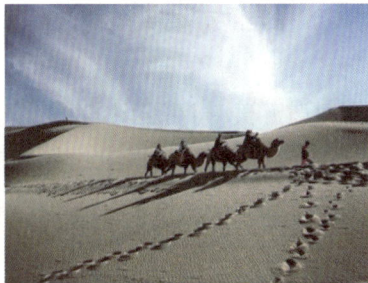

敦煌鸣沙山

"美"这个词在人们的日常生活中使用极其频繁。在汉语词汇里，"美"总是那么动听，那么惹人喜欢。姑娘愿意人们说她美，艺术家、作家们一般也欣然接受对其作品的这种赞赏，更不用说赞美自然环境、住所、服饰之类了。"美"在中国语言中的应用范围广阔，使用频繁，那么"美"究竟何意？让我们去追溯一下这个字的本源含义。

顾恺之《女史箴图》局部
（画中两女相对梳妆，插题箴文道
"人咸知修其容，莫知饰其性"。意
思是在告诉贵妇们，美不仅是修饰容
貌，更重要的是修身养性。）

一、美的字源含义

汉代许慎《说文解字》：

"美：甘也。从羊从大。羊在六畜主给膳也。美与善同意。无鄙切。臣铉等曰：羊大则美，故从大。"[1]

从字源学看，根据《说文解字》：美，甘也。从羊从大。羊大则美，认为羊长得很肥大就"美"。羊在六畜主给膳也。这说明，美与感性存在，与满足人的感性需要和享受（好吃）有直接关系。另一种看法是羊人为美。从甲骨文、原始艺术、图腾舞蹈的材料看，人戴着羊头跳舞才是"美"字的起源，"美"字与"舞"字、"巫"字最早是同一个字。这说明，"美"与原始的巫术礼仪活动有关，具有某种社会含义在内。

如果把"羊大则美"和"羊人为美"统一起来，就可看出：一方面，"美"是物质的感性存在，与人的感性需要、享受、感官直接相关；另一方面，"美"又有社会的意义和内容、与人的群体和理性相连。而这两种对"美"字来源的解释有一个共同取向，即都说明美的存在离不开人的存在。

在古代"美"和"善"是混在一起的，经常是一个意思。《论语》讲"里仁为美"，又有子张问："何谓五美？"孔子回答说："君子惠而不费，劳而不怨，欲而不贪，泰而不骄，威而不猛。"这里的"美"讲的都是"善"。在古希腊，美、善也是一个字。但同时，"美"和"善"也在逐渐分化，《论语》里就有"尽美矣，未尽善也"。

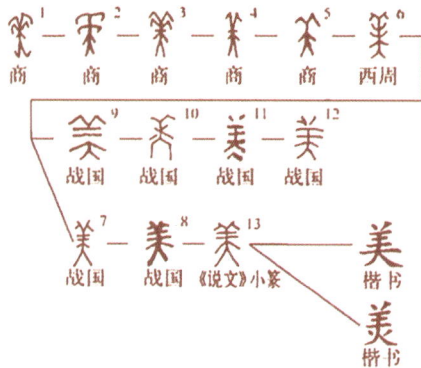

"美"字的演化

二、美在现代语境中的含义

《现代汉语词典》（第7版）中解释美有5种含义：①美丽；好看（跟"丑"相对）。②使美丽。③令人满意的；好。④美好的事物；好事。⑤得意。

"美"字在今天日常的语言中又是什么意思呢？它一般又用在什么地方呢？美学家李泽厚先生总结为三种互相联系而又有区别的含义。

---

[1] 许慎.说文解字[M].上海：上海古籍出版社，2021：115.

第一种，表示感官愉快的强形式，如得意、高兴。饿得要命，吃点东西，觉得很"美"；大热天喝杯冰镇柠檬红茶，感到痛快美哉。"美"字在这里是感觉愉快的强形式的表达，即用强烈形式表示出来的感官愉快。[①]可以说是"羊大则美"的沿袭和引申。

第二种，伦理判断的弱形式。人们在对某个人、某件事、某种行为赞赏时，常用"美"这个字。把本来属于伦理学范围的高尚行为的仰慕、敬重、追求、学习，作为一种观赏、赞叹的对象时，常用"美"这个字以传达情感态度和赞同立场。所以，它实际上是一种伦理判断的弱形式，即把伦理判断采取欣赏玩味的形式表现出来，这可说是上述"羊人为美"、美善不分的延续。

第三种，专指审美对象。在现代语境中，"美"字更多是用来指使你产生审美愉快的事物或对象。我们游览西湖，看到湖光山色、杨柳依依，顿感西子湖的温婉优美，让人身心放松，清心舒适。看画展、听音乐、观舞蹈、欣赏诗歌，更是一种美的情感体验。在观摩和欣赏中获得审美体验后，或是产生了对审美对象的喜爱之情，

吐鲁番的葡萄甜美

或是产生了对美好生活的憧憬，或是精神得到了振奋等积极的精神变化。这就属于美学的范围了。这既不是伦理道德的判断，也不是感官愉快的判断，而是审美判断。

总之，美是指能够使人产生积极的情感体验，从而促使人的精神发生积极变化的事物属性。

新疆喀纳斯湖

三、美的特点

美的事物存在于自然界、人类社会和艺术三大领域。每一领域美的事物林林总总、现象各异。在自然界，日月星辰不同于大地的美；在大地上，飞禽走兽不同于人类的美，人类社会又赋予了生活和工艺品万千之美；在艺术领域，各门类、各流派显现作品美的差异更大。要从三大领域和细分领域异彩纷呈的美的事物中找出共同本质和特点，并非

---

① 李泽厚.美学四讲[M].武汉：长江文艺出版社，2021：58-59.

易事。概括起来讲，美的特点大致表现在以下几个方面。

（一）美具有形象性

罗中立油画《父亲》

美的事物总是以其生动具体的感性形象被主体感官所感知。无论自然美还是艺术美，都是借助具体可感的形象来展示其美的风采，即通过由特定的声、光、色、线、形、质等物理因素所构成的感性形式来展示自身。离开特定的感性形式，美将无所依傍。美的形象性是美的基本属性和重要特征。

美的形象性是以形式因素为主的形式与内容相统一的特性。美的形象，一方面在于它的内容的社会功利性，即有用、有利、有益于社会生活实践，是对实践的肯定，是一种价值；另一方面在于它的质料和形式的合规律性，如对称、均衡、比例、和谐等，二者统一构成完整的形象。

形式与内容的统一在不同对象中的表现有所差别。

自然美偏重形式因素所构成的形象美，作为合目的性和合规律性相统一的形式，是主体在它们身上看到自己的生活，看到自己求真向善的本质力量。否则，单纯的自然是不会有美的形象的，不会在人们心灵产生宁静的或震撼的各种不同的审美感受。

朦胧静谧的钱塘江江景

赤水十丈洞大瀑布

社会美偏重生活内容的形象美，比如人类生产活动及其产品是为人类需要和目的服务的，如汝窑青瓷器具。这些器具不仅是为了满足人们的日常生活需要而制作的，更是人类智慧和创造力的结晶，体现了人类对美好生活的热爱和追求。人作为社会生活美的起点，当自己成为审美对象时，也能使他人赏心悦目。孔繁森的形象之所以高大完美，是因为他全心全意为人民服务，是先进阶级和政党进行伟大事业过程中的杰出代表。这种美的形象是通过他自己的一言一行逐步树立起来的，直接显露了人性发展方向上最美好的东西，显露了共产党的领导干部艰苦奋斗、无私奉献的高贵品质。

孔繁森在西藏岗巴县工作，跑遍了全县的乡村、牧区，与藏族群众结下了深厚的友谊。

艺术美的内容与形式有机统一于审美意象。艺术美的形象是艺术家依据自己的审美理想来精心选择、提炼、加工而成的，它比现实美的形象更集中、更典型。从内容上看，外在的现实生活内容经过艺术家内在心灵生活内容的过滤而物化为客观的艺术美的形象内容。从形式上看，艺术美的形象形式虽然是来自现实美的形象形式，但是这种形式本身不再是直接表现某种现实生活内容的感性形式，而是一种有意味的形式美。因此，艺术美的形象是内容和形式统一的反映，是由艺术家的心灵创造的，因而能使这观念性内容和形式相互渗透、通体融贯，达到高度和谐的统一。

总之，美的形象性可以使人在对美的直接观照中感受到自身本质力量的自由创造。

舞蹈《朱鹮》

铜奔马

（二）美具有创造性

美不是天生存在的，美离不开观赏者，而任何观赏都带有创造性。一般人之所以容易接受美是客观的观点，其中一个原因是他们看到的物是客观的，因此他们觉得物的美当然也是客观的。这座山是客观的，那么这座山的美当然也是客观的；这棵树是客观的，那么这棵树的美当然也是客观的。这里的错误在于把"象"与"物"混淆起来了。在审美活动中，我们所面对的不是"物"，而是"象"，"物"的有用性以及它的自然科学属性是不被注意的，审美观赏者注意的是"象"。在审美观赏者面前，"象"浮现出来了，"象"不等于"物"。一座山，它作为"物"（物质实在），相对来说是不变的，但是在不同的时间和不同的人面前，它的"象"却在变化。"象"不能离开观赏者，"象"是知觉的世界。竹子是"物"，眼中之竹则是"象"。"象"是"物"向人的知觉的显现，也是人对"物"的形式和意蕴的揭示。当人把自己的生命存在灌注到实在中去时，实在就有可能升华为非实在的形式——象。这种非实在的形式是不能离开人的意识的，它包含人的创造。"象"不能离开"见"的活动，有"见"的活动，"象"才呈现出来，所以美的观赏都带有几分创造性。

吴冠中《江村》

例如，像山、水、花、鸟这些人们在审美活动中常常遇到的审美对象，从表面看对任何人都是一样的，是一成不变的，其实并非如此。梁启超举过例子："月上柳梢头，人约黄昏后"，与"杜宇声声不忍闻，欲黄昏，雨打梨花深闭门"，同一黄昏也，而一为欢愉，一为愁惨，其境绝异。"桃花流水杳然去，别有天地非人间"，与"人面不知何处去，桃花依旧笑春风"，同一桃花也，而一为清净，一为爱恋，其境绝异。"舳舻千里，旌旗蔽空，酾酒临江，横槊赋诗"与"浔阳江头夜送客，枫叶荻花秋瑟瑟。主人下马客在船，举酒欲饮无管弦"，同一江也，同一舟也，同一酒也，而一为雄壮，一为冷落，其境绝异。[①]

朱光潜也以远山为例，说明风景是个人的性格和情趣的反照。他认为：以"景"为天生自在，俯拾即得，对于人人都是一成不变的，这是常识的错误。阿米尔（Amiel）说得好："一片自然风景就是一种心情。"景是个人性格和情趣的反照。情趣不同则景象虽似同而实不同。比如陶潜在"悠然见南山"时，杜甫在见到"造化钟神秀，阴阳割昏晓"时，李白在觉得"相看两不厌，只有敬亭山"时，辛弃疾在想到"我见青山多妩媚，料青山见我应如是"时，姜夔在见到"数峰清苦，商略黄昏雨"时，都见到山的美。在表面上意象（景）虽都是山，在实际上却因所贯注的情趣不同，各是一种境界。我们可以说，每个人所见到的世界都是他自己所创造的。[②]

人们欣赏艺术作品，这种情况也很明显。同样是读陶渊明的诗，同样是读《红楼梦》，同样是看凡·高的画，同样是听贝多芬的交响乐，不同文化教养的人、不同格调和趣味的人以及在欣赏作品时心境不同的人，他们从作品中体验到的美是不一样的。不同的人，在同样的事物面前，他们会看到不同的景象，感受到不同的意蕴。

---

① 梁启超.怡情之美[M].长春：吉林人民出版社，2021：3.
② 朱光潜.朱光潜谈美文集：第2卷[M].上海：上海文艺出版社，1982：55.

弘仁《黄山图册之扰龙松》

黄宾虹《黄山松谷龙潭小景》

（三）美具有社会性

美带有社会性和历史性。在不同的历史时代、不同的民族、不同的阶级，美一方面有共同性，另一方面又有差异性。

在今天，人人都认为花卉是美的，所以在公共场所要建设花坛，到别人家做客要带一束鲜花。但是花卉并不是从来就是美的。原始狩猎社会的人，他们生活在花卉很茂盛的地区，宁愿用动物的骨头、牙齿作为自己身上的装饰，也不用花卉作为装饰。格罗塞在《艺术的起源》一书中列举了大量的例子。这说明，我们今天的人与原始狩猎社会的人存在着美感的差异。

在今天，一般认为一个人长得太胖是不美的，所以很多人都在想办法减肥。但是大家知道，在历史上，无论中国还是外国都有某个时期，在那个时期的人们的观念中，肥胖是美的。在欧洲的文艺复兴时代，人们认为丰腴的、富态的女人才是美的。在我国唐代，人们也认为丰腴的、富态的女人才是美的。大家都知道"环肥燕瘦"的成语，"燕"是指汉代美人赵飞燕（汉成帝的皇后），相传她可以在宫女托起的一个水晶盘中跳舞，可见她身体轻盈，也可见当时的风尚是以瘦为美；"环"就是有名的杨贵妃（杨玉环），她肌态丰艳，得到唐玄宗的宠爱。从唐代画家张萱、周昉画的仕女画中，我们可以看到当时以肥为美的风尚。时代不同，人们的美感会有差异。在当代，世界上也还有些地方仍然以肥为美。我们还看到，一些处于比较原始的发展阶段的民族，有的以脖子长为美，所以拼命把脖子拉长，有的以嘴唇宽大为美，所以在嘴巴中塞进一个大盘子。再以服装来说，时代的差异更加明显。古代人的服装，特别是上层贵族的服装，往往十分繁缛和拘束。越到现代，服装越趋于简洁、明快。这也说明美的时代性。不同时代的人，他们的美感既有共性的一面又有差异的一面。

唐代周昉《簪花仕女图》

佚名 《唐人宫乐图》

缅甸长颈族女子

第二节　美的本质

　　关于"美"的本质，中国传统美学理论与古希腊艺术家、西方美学家以及马克思主义艺术理论都有不同的表述。中国的孔孟、老庄、梁启超、王国维等，西方的毕达哥拉斯、柏拉图、亚里士多德、荷迦兹、黑格尔、休谟、车尔尼雪夫斯基、狄德罗、马克思等，都是令人崇敬的思想家，他们的思想成为我们认识美、理解美的本质的理论宝库。

一、中国对美的本质的探索

　　中国古典哲学的精髓积淀着中国的美学基因，中国古典美学思想没有像西方美学那样系统地提出关于美的本质的明确概念，其思想精粹散落在许多细碎的章句中，对美的争论和相关理论也很多。中国先秦时代，我们的先哲们就开始讨论美的问题了。孔子有"尽善尽美"说，孟子有"充实之谓美"说，庄子有"天地有大美而不言"说等，归结起来有以

孔子讲学

下几种观点。

（一）不存在一种实体化的、外在于人的美

中国传统美学在美的问题上的一个重要观点是：不存在一种实体化的、外在于人的美，美离不开人的审美活动。

唐代思想家柳宗元有一个十分重要的命题："夫美不自美，因人而彰。兰亭也，不遭右军，则清湍修竹，芜没于空山矣。"

柳宗元这段话提出了一个思想，这就是，自然景物（"清湍修竹"）要成为审美对象，要成为美，必须要有人的审美活动，必须要有人的意识去"发现"它，去"唤醒"它，去"照亮"它，使它从实在物变成"意象"，即一个完整的、有意蕴的感性世界。"彰"，就是发现，就是唤醒，就是照亮。外物是不依赖于欣赏者而存在的。但美并不在外物，或者说，外物并不能单靠它们自己就成为美的（"美不自美"）。美离不开人的审美体验。一个客体的价值正在于它以感性存在的特有形式呼唤并在某种程度上引导了主体的审美体验。这种体验，是一种创造，也是一种沟通，王阳明说的"我的心灵"与"天地万物"的欣合和畅、一气流通，也就是王夫之说的"吾心"与"大化"的"相值而相取"。世界万物因为有人的存在，有人的见证，有人的唤醒，才显示为一个统一的风景，这个风景，如果我们弃之不顾，它就失去了见证者，停滞在永恒的默默无闻的状态之中。[①]

黄山迎客松　　　　　　　　　　复苏的胡杨

（二）不存在一种实体化的、纯粹主观的美

中国传统美学在美的问题上的又一个重要的观点是：不存在一种实体化的、纯粹主观的美。

美的主观性的问题，涉及对"自我"的看法问题。在中国传统美学看来，一方面美是对物的实体性的超越，另一方面美又是对实体性的自我的超越。

唐代画家张璪有八个字："外师造化，中得心源。"这八个字成为中国绘画美学的纲领性命题。"造化"即生生不息的万物一体的世界，亦即中国美学说的"自然"。"心源"是说"心"为照亮万法之源。这个"心"，就是禅宗的非实体性的、生动活泼的"心"。

---

① 叶朗.美学原理[M].北京：北京大学出版社，2011：43.

这个"心"，不是"自我"，而是"真我"，是"空""无"。万法（世界万物）就在这个"心"上映照、显现、敞亮。清代戴醇士说："画以造化为师，何谓造化，吾心即造化耳。"宗白华说："一切美的光是来自心灵的源泉：没有心灵的映射是无所谓美的。"他又说："中国宋元山水画是最写实的作品，而同时是最空灵的精神表现，心灵与自然完全合一。"他还说宋元山水画"是世界最心灵化的艺术，而同时是自然的本身"。这些话都说明，在深受禅宗影响的中国美学中，"心"是照亮美的光之"源"，这个"心"不是实体性的，而是最空灵的，正是在这个空灵的"心"上，宇宙万化如其本然地得到显现和照亮。所以"外师造化，中得心源"，不是"造化"与"心源"认识论意义上的统一，而是"造化"与"心源"在存在论意义上的合一。也就是说，"外师造化，中得心源"不是认识，而是体验。[1]

倪瓒《安处斋图》

（三）美在意象

中国传统美学认为，审美活动就是要在物理世界之外构建一个情景交融的意象世界，即所谓"山苍树秀，水活石润，于天地之外，别构一种灵奇"，以及"一草一树，一丘一壑，皆灵想之独辟，总非人间所有"。这个意象世界，就是审美对象，也就是我们平常所说的广义的美。

"意象"是中国传统美学的一个核心概念。"意象"这个词最早的源头可以追溯到《易传》，而第一次使用这个词的是南北朝时期的刘勰。刘勰之后，很多思想家、艺术家对意象进行研究，逐渐形成了中国传统美学的意象说。在中国传统美学看来，"意象"是美的本体，也是艺术的本体。中国传统美学给予"意象"的最一般的规定，是"情景交融"。中国传统美学认为，"情""景"的统一乃是审美意象的基本结构。但是这里说的"情"与"景"不能理解为互相外在的两个实体化的东西，而是"情""景"的欣合和畅、一气流通。王夫之说："情景名为二，而实不可离。"如果"情""景"二分，互相外在，互相隔离，那就不可能产生审美意象。离开主体的"情"，"景"就不能显现，就成了"虚景"；离开客体的"景"，"情"就不能产生，也就成了"虚情"。只有

---

① 叶朗.美学原理[M].北京:北京大学出版社，2011:54.

"情""景"的统一，所谓"情不虚情，情皆可景，景非虚景，景总含情"，才能构成审美意象。①

朱光潜、宗白华吸取了中国传统美学关于"意象"的思想。在他们的美学思想中，审美对象（"美"）是"意象"，是审美活动中"情""景"相生的产物，是一个创造。朱光潜在《论美》这本书的开场白中就指出：美感的世界纯粹是意象世界。这个观点的依据是来自《论文学》这本书的第一节：凡是文艺都是根据现实世界而铸成另一超现实的意象世界，所以它一方面是现实人生的反照，一方面也是现实人生的超脱。

总之，美是人的心灵与世界的沟通，是万象在人的自由自在的感觉里表现自己，是情景交融而创造的一个独特的宇宙，一个显示人生的意味、情趣和价值的虚灵的世界，是心灵与自然完全合一的鸢飞鱼跃、活泼玲珑的灵境。

吴炳《出水芙蓉图》

宋徽宗《腊梅双禽图》

二、西方对美的本质的探索

西方对于"美"的讨论开始于 2000 多年前，柏拉图曾经在他的《大希庇阿斯篇》中借苏格拉底与希庇阿斯的论辩来讨论美究竟是什么。

苏格拉底问希庇阿斯："美的东西之所以美，是否也由于美？"（最后一个"美"指美本身、美的本质。）希庇阿斯说是的。苏格拉底又问："什么是美？"希庇阿斯说："美就是一位年轻漂亮的小姐。""这么说，一个年轻漂亮的小姐的美就是使一切东西成其为美的。"苏格拉底又反问，"一匹漂亮的母马不也可以是美的吗？""一个竖琴有没有美？""一个美的汤罐怎样？"希庇阿斯当然无法否认母马、竖琴和汤罐的美，但这和他所说的"美就是一位年轻漂亮的小姐"的定义有什么联系呢？显然，希庇阿斯在这里是回答"什么东西是美的"，而并未回答"美是什么"这个问题。于是希庇阿斯又提出：黄金是使

苏格拉底

事物成其为美的，因为很多东西一贴上黄金就美了。苏格拉底则反驳说，公元前 5 世纪

---

① 叶朗.美学原理[M].北京：北京大学出版社，2011：55.

古希腊最伟大的雕塑家菲狄亚斯（代表着欧洲雕塑史上第一座高峰）所雕塑的雅典娜女神像，没有用黄金做她的面目，却用了象牙，而且身子用的是石头，这又做何解释呢？他们继续辩论，认为美是恰当、美是有用、美是视觉和听觉所生的快感等，一系列的定义都难以自圆其说，最后苏格拉底不由得感叹："美是难的！"[①]这一感叹，就成了名言。当然，感慨归感慨，几千年来的西方学者，却从来没有在这一问题上停止过探索。

西方学者曾孜孜以求"美是什么"这一千古难题的答案，回顾他们的探索路径，不外乎以下几种观点。

（一）美在形式

1. 代表观点

美不在心，而在客观之物，在于物自身的形式、属性。

2. 代表人物：古希腊的毕达哥拉斯学派

该理论认为万物的本原是"数"，事物的形式、结构都是按照一定的数量关系构成的，如果它们达到和谐，事物的形式就美。从"数乃万物之原"这一哲学信条出发，他们研究了音乐、建筑、雕刻等艺术门类，探求什么样的数量比例才会产生美的效果，得出了一些经验性的规范。例如，他们最早发现了"黄金分割"规律。这一发现对欧洲影响极大，后来许多人为它举例论证。

毕达哥拉斯

18世纪英国画家、美学家荷迦兹认为：构成美的规则是"适应、变化、一致、单纯、错杂和量——所有这一切都参加美的创造，互相补充，有时互相制约"[②]。这就是说，事物在形式方面的组合规律决定了它美与不美。其中"适应"是诸因素中最基本的因素，因为"它对整体的美具有最大的意义"。例如桌子、椅子、器皿等的大小比例就是由适应（合目的性）的原则决定的。"多样"就是富有变化，譬如各种花卉、树叶的形状色彩，蝴蝶翅膀、贝壳等的配色……荷迦兹还特别提到线的美，认为直线、折线和曲线三者相比较，直线很单调，折线虽有变化但看起来很费力，只有曲线能引导我们的视线追逐无限，心情感到很自由。所以荷迦兹称蛇形线（曲线）为自由的线、无限的线，也是最美的线。

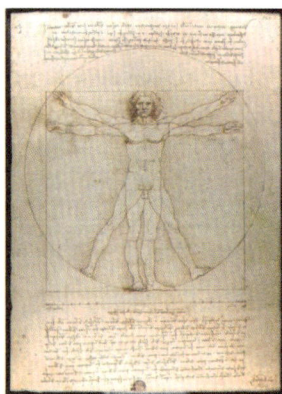

达·芬奇手稿《人的比例》

（二）美在理念

1. 核心观点

这一派将精神现象看作客观实体，这种客观的精神实体是万物的本原，同时也是美

---

① 柏拉图.柏拉图文艺对话集[M].朱光潜，译.北京：人民文学出版社，2022：142-167.
② 北京大学哲学系美学教研室.西方美学家论美和美感[M].北京：商务印书馆：1980：101.

的本原。

2. 代表先驱：古希腊的柏拉图

柏拉图将世界分成三个层次：理式世界、现实世界和艺术世界。其中只有理式世界是真实的、独立存在的。现实世界是摹仿理式世界来的，艺术世界又是摹仿现实世界来的。用柏拉图自己的例子来说，床有三种：第一是床之所以为床的那个床的"理式"（idee，不依存于人的意识的存在）；其次是木匠依床的理式所制造出来的个别的床；第三是画家摹仿个别的床所画的床。这三种床之中只有床的"理"，即床之所以为床的道理或规律，是永恒不变的、最真实的。木匠所造的床是床的"理式"的摹本，已经不真实。而画家所画的床就更不真实，是"摹仿的摹仿""影子的影子"。由此出发，柏拉图指出：现

柏拉图

实事物之所以美，是因为它分享了美的理式（理念），即美的本质（美本身）。美的事物经过艺术家的摹仿，又变成了艺术美，后两种美都不够真实。

针对柏拉图的观点，列宁批判说，精神先于现实界，是骇人听闻的。不过柏拉图这种将美的本质、美的事物和艺术美联系起来思考的方式却值得后人效仿。美的本质不等于美的事物，艺术美源于对现实世界美的事物的摹仿。"美是理念的感性显现"这一定义体现了主观与客观的统一、内容与形式的统一以及理性与感性的统一。

马格利特《图像的背叛》"这不是一个烟斗。"

（三）美在主观

1. 核心观点

这一派将精神现象看作主观心理活动的结果，努力从人的心理——感觉、情感、想象、理智等之中寻求对美的解释。

2. 代表先驱：英国哲学家休谟

英国哲学家休谟认为："美不是事物本身的属性，它只存在于观赏者的心里。每个人心见出一种不同的美。这个人觉得丑，另一个人可能觉得美。"这便是美在主观的典型论断。这段话倘若用来说明美感的个体差异性，倒也不算错。中国人

休谟

不也常说"情人眼里出西施""萝卜青菜各有所爱"吗？休谟将美和美感完全等同起来，"快乐和痛苦不但是美和丑的必然伴随物，而且还构成它们的本质"。将快感和美等同，其实就是将美感与美等同。①

休谟的观点有其片面性。他完全抹杀了美的对象的特点。美的事物是有它的客观性的，并不完全取决于欣赏者的感受。要不然，为什么人人都觉得蝴蝶美，而很少有人说苍蝇美？这样的观点容易导致相对主义、怀疑论。休谟将美归结为快乐的做法还很容易导致美学上的"官能主义"，即尽量刺激感官，使人得到满足，强调人在占有、消灭对象时的愉快。这是西方色情、暴力艺术的理论依据，它必然导致艺术上的颓废。

（四）美在生活

1. 核心观点

一个事物美与不美，决定的因素不在该事物本身，而取决于该事物与社会生活发生关系之后所显示的意义。

2. 代表学者：俄国革命民主主义者车尔尼雪夫斯基

车尔尼雪夫斯基曾经在他的《艺术与现实的审美关系》一书中提出"美是生活"这一命题。它包含两层意思：第一层是"任何事物，我们在那里面看得见依照我们的理解应当如此的生活，那就是美的"。所谓"应当如此的生活"，就是一种生活理想。第二层是"任何东西，凡是显示出生活或使我们想起生活的，那就是美的"。第一层主要用来解释社会美，第二层主要用来解释自然美。先说第一层，"任何事物，我们在那里面看得见依照我们的理解应当如此的生活，那就是美的"，将美界定为能显示"我们"生活理想的事物。车尔尼雪夫斯基以当时俄国人对女性美的理解为例来解释这一定义。对当时俄国

车尔尼雪夫斯基

的农民来说，"应当如此的生活"就是丰衣足食、安居乐业、辛勤劳动、体格健壮，所以他们以健壮活泼、脸色黑里透红的少女为美。对当时俄国的贵族来说，"应当如此的生活"就是养尊处优、不劳而获，所以贵族们以细指纤纤、面色苍白的贵妇人为美。由此看来，处于不同政治地位和经济地位的人，对"应当如此的生活"会有不同理解，对美的看法也就有很大差异。两种美寄托的是两种生活理想。第二层，"任何东西，凡是显示出生活或使我们想起生活的，那就是美的"，其含义是说客观世界中的自然事物之美，是对人类生活的一种暗示。例如：人们喜爱流水的美，因为它使人想起生活如流水一样奔流不息。人们喜爱阳光之美，因为它是自然界一切生命的源泉。反之，人们觉得乌龟、壁虎、鳄鱼丑，是因为它们使人想起人的病态或笨拙。这里的"生活"实际是指"生命"（在俄语中是同一单词），这么说，自然美是生命的象征。②

---

① 陈元贵. 大学美育 [M]. 北京：高等教育出版社，2014：24.
② 陈元贵. 大学美育 [M]. 北京：高等教育出版社，2014：25.

总而言之，车尔尼雪夫斯基"美是生活"的定义，批驳了在美学史上长期占统治地位的"美在理念"的论断，摆正了思维与存在的关系，将美植根于现实生活中，强调了美、审美主体和审美意识的社会性，这在西方美学史上是独辟蹊径的。但也存在着一些局限性。例如：说社会美要联系生活的理想，而自然美却只要联想起生活即可，这样规定美的本质，社会美与自然美是难以贯通的。

（五）美在关系

1. 代表观点

美是事物的客观关系，是随着关系而开始、增长、变化、衰落、消失的。

2. 代表人物：18 世纪法国学者狄德罗

法国古典剧作家高乃依写过一个剧本《贺拉斯》，描写的是公元前 600 多年在罗马发生的战斗，其中贺拉斯三兄弟为祖国的荣誉与敌人厮杀，结果两人战死，一人逃跑。老贺拉斯的女儿向父亲报告情况说，她的兄弟二死一逃。老人沉思着，然后愤怒地对女儿说："让他去死吧！"原来这句话表现的是一个老人强烈的爱国情怀。所以狄德罗说："原来不美不丑的话

狄德罗

'让他去死吧'，在我逐步揭露其与环境的关系后而变美，终于成为绝妙好词。"总之，美取决于对象和情境的关系，以关系为转移；不存在抽象的绝对的美，只有相对于一定关系的具体的美。

雅克·路易·大卫《贺拉斯兄弟之誓》

三、马克思主义理论对美的本质的探索

马克思主义美学是用马克思主义的观点、方法阐述人类审美意识、美与艺术的本质及其历史发展的科学，是马克思、恩格斯关于美和艺术的本质、艺术生产与物质生产的关系、艺术与资本主义、艺术与共产主义等一系列美学理论的统称。

马克思、恩格斯认为，劳动是人以自身的活动引起、调整和控制人和自然之间关系的物质变换过程。对形式的审美感知只有在超越粗陋的实际需要之后才有可能。

（一）美在劳动中产生

马克思

马克思在《1844年经济学哲学手稿》等著作中明确提出劳动创造了美，并揭示了美与人的本质力量具有密切关系。劳动是如何创造了美？马克思从劳动二重性角度阐明了美的本质问题。马克思指出："动物只是按照它所属的那个物种的尺度和需要来建造，而人却懂得按照任何一个物种的尺度来进行生产，并且懂得怎样处处把内在的尺度运用到对象上去；因此人也按照美的规律来建造。"[①] 从马克思的观点中可以得出，动物只是按照它们潜在的本能去进行生产，根据各自不同的物种的尺度和需要进行生产，并没有将意识加入其中。但是人却可以自觉地、有意识地生产和建造。人不仅可以按照其他物种的尺度和需求来生产，还可以按照自己的需要和意愿来进行生产和建造。人可以根据自己的意愿，有选择地、自觉地去劳动。因此，劳动是人和动物最本质的区别。动物是按照自身物种尺度从事生产，人根据自身或者其他物种尺度进行生产。那么，什么是尺度呢？尺度是事物的质量统一体，是事物的规定性，也是事物的本质特征。任何物种的尺度，就是自然界客观事物的属性、特性、本质的规律。内在尺度指对象的"内在规律""对象固有的真实"和主体对他们的认识与把握，体现主体主观能动性。"内在尺度"是指作为主体的人的需要、目的、情感、意志和理想。这一切也都是具体的，是质和量的统一，具有观念形式的独特性，是生产过程开始时"内在"于主体的头脑中的，懂得"随时随地都能用内在固有尺度来衡量对象"，即任何生产都是按照主体的观念形式去要求对象、改造对象的。人与动物的区别在于，人具有主体主观能动性，以人为主体的"内在尺度"能使人从事生产，正是由此，人可以按照自己的头脑意愿进行生产，进而创造美。

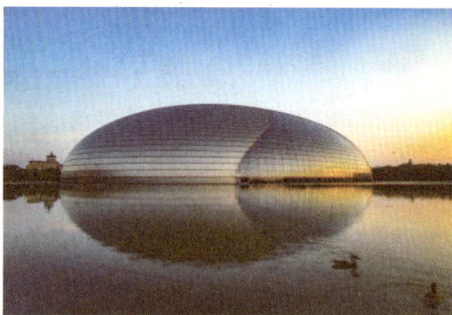

国家大剧院

（二）美在劳动中升华

马克思认为，人与现实的审美关系是以人通过实践改造客观世界的本质力量为前

---

① 马克思.1844年经济学哲学手稿[M].北京：人民出版社，2018：53.

提，没有自觉的劳动实践，没有对现实世界的能动性改造，就不可能出现人与现实的审美关系。人通过劳动实践使自然界"人化"而变为"人化的自然界"。马克思在《1844年经济学哲学手稿》"共产主义"一节中，曾讲到"一句话，人的感觉、感觉的人性，都只是由于它的对象的存在，由于人化的自然界，才生产出来的"。这里"人化的自然界"就包含着人的劳动的对象化，人的意识和审美能力的对象化。自然界是人的劳动对象，"没有自然界，没有外部的感性世界，劳动者就什么也不能创造。自然界外部的感性世界是劳动者用来实现他的劳动，在其中展开他的劳动活动，用它并借助它来进行生产的材料。"正是通过劳动，劳动和劳动的对象结合在一起，对象被加工了，自然被人化了，从而成为"人化的自然"。在"人化的自然"中，人们通过劳动进行创造，在劳动实践中，能动地改造客观世界。如果没有以人作为主体能动地改造客观世界，那就不存在美。人在劳动实践中创造美，在劳动实践中发展美，进而产生审美。

毕节市大方县奢香古镇"城市梯田"景观

（三）美在人的本质中显现

马克思关于人的本质是劳动的观点，为探讨美的本质问题开辟了一个新的方向。而且，马克思的劳动观本身就具有审美色彩。如工艺美术、建筑美术与人的生产劳动密切相关。工艺美术就是器，器是人类创造的，它包含了人的本质力量。他认为，这种劳动与闲暇活动的割裂不是天然如此的，而是资本主义条件下劳动异化的产物；劳动本是人的自由自觉的、具有创造性和自我享受性的活动。在马克思看来，劳动本质上就是一种最广义的审美活动，真正的人性本质也是审美的。按照马克思的观点，"随着对象性的现实在社会中对人来说到处成为人的本质力量的现实，成为人的现实，因而成为人自己的本质力量的现实，一切对象对他来说也就成为他自身的对象化，成为确证和实现他的个性的对象，成为他的对象。"美通过劳动展现，人改造了外在自然，创造了"只是由于人的本质的客观地展开的丰富性，主体的、人的感性的丰富性，如有音乐感的耳朵、能感受形式美的眼睛，总之，那些能成为人的享受的感觉，即确证自己是人的本质力量的感觉，才一部分发展出来，一部分产生出来"。[1]由此可见，美来自人本质力量的感性显现。

---

[1]　马克思.1844年经济学哲学手稿[M].北京：人民出版社，2018：82-83.

凡·高油画《鞋》

　　回顾前面中西方学者对美的本质的讨论，可谓各有长处，也各有偏颇。但却启示我们：光从对象自身或主体自身着想，都不易得出对美的本质的全面理解。只有将对象与主体联结起来，把它们放到活生生的审美活动中进行考察，才能推进美的本质的研究。

第三节　美的形态

　　美有各种不同的表现形式。美离不开人的主观审美体验。无论是自然风光还是各种不同形式的艺术作品，都呈现不同的美的形态。在中国，无论阳刚、阴柔、壮丽、优雅、崇高……习惯上都用"美"这个词，西方从希腊起用的"崇高"，便是与"美"并列的美学范畴，其中也包含丑的因素。

壶口瀑布

西湖

一、优美

　　优美，是一种柔性的，偏重静态的，最浅显、最容易被人们所接受的美，类似于我国传统的阴柔之美。优美是美的一种最普遍的形态，是指外观形式与潜在内容达到均衡和谐的审美对象。

（一）优美的特征

优美是主客体处于相对统一的状态。优美的事物或现象在形式上表现为：从色彩上表现为明快、华丽；从形体上表现为小巧、细腻、光滑；从声音上表现为委婉、轻柔等；综合上表现出柔媚、秀雅、和谐等。其中最根本的特征是和谐。如江南水乡的自然风光，涓涓溪流，百花摇曳，小鸟欢唱，无论是它们自身，还是它们与环境，都是和谐的。由于和谐，优美极容易被人们所接受、所欣赏，它给人以轻松愉快、宁静和悦、赏心悦目、心旷神怡的审美享受。

浙江安吉乡村　　　　　　　　　　　安徽宏村

（二）优美在不同领域的特点

自然领域的优美，偏重自然事物或现象的外在形式。以色、形、光、音、质等各种的组合关系，体现天然形成的和谐完美。如色彩的和谐统一是自然界优美的突出表现。风和日丽、春风细雨、蓝天白云、绿水青山、鸟语花香、山清水秀等都显示出和谐的美，都能给人以心旷神怡的审美享受。杜甫吟咏祖国山川景致美的诗句"两个黄鹂鸣翠柳，一行白鹭上青天。窗含西岭千秋雪，门泊东吴万里船"描绘了一幅色彩和谐的自然图景。再如，形状的和谐统一。在无机自然物中，和谐与统一往往体现在它的机械的组织性上，如平稳、圆形、均匀、对称等。自然事物的优美还体现为形式的多样统一。

社会生活中的优美，偏重内容，是真善美的和谐统一。社会生活中的优美，虽然也经常涉及对象的形式因素，但内容始终占据优势地位。在人们的日常生活中，常常可见到优美的表现。它集中地表现在社会的主体——人的动态的行为、思想及静态的产品上。如社会清平和谐、国泰民安是优美，家庭和睦、长幼有序是优美，校园文明向上、尊师爱生是优美，人与自然和谐相处也是优美。哪里有高尚、健康的情趣，哪里的生活就显出优美。中国古代也有一种优美的人生境界。儒家提出"文质彬彬，然后君子"。"文"即"文饰"，是美的形式、外表。"质"即内容、内在的道德品质，是心灵的和谐。"彬彬"是参杂搭配适当，"文""质"统一，才成为君子，这是一种理想的人格美的形象。

艺术领域的优美，是自然和社会领域中的优美的艺术反映，体现为完美的艺术内容和精致的艺术形式的高度统一。由于它经过艺术家优美情趣的渗透，因而要比自然和社会领域中的优美更集中、更凝练、更理想，具有更高的审美价值。古代希腊最早培育出来优美的审美文化。古希腊和谐融洽的地理和人文环境共同造就了优美的审美追求。古希腊的美在古希腊神庙和人体雕像中得到了最典型的体现。古希腊神庙不像埃及金字塔那样庞大压抑，也不像基督教教堂那样巍峨神秘，它庄重、明快，呈规整的几何结构，柱石肃立、挺拔，好比古希腊的运动健儿，气概非凡又风度潇洒。古希腊人将人体表现出一种纯真的、高尚的美感。古希腊艺术杰作有一种"高贵的单纯"和"静穆的伟大"，既在姿态上，也在表情里。以维纳斯雕像为例，其表情和体态便体现着"单纯"和"伟大"。她表情宁静、安详、沉稳，正是内在心灵和谐的反映；她体态健康而修长、直立而多变，从任何一面看都是"S"形，优雅、舒展，不仅符合形式美的原则，更是心灵自由的体现。可以说，内容与形式是和谐地统一在一起的。米隆的《掷铁饼者》，菲狄亚斯的《雅典娜》，刚健的《执矛者》，优美的《赫尔墨斯与小酒神》，触目惊心的《拉奥孔》等雕像，尽管有的怡然恬静，有的充满激情，而映现的灵魂则是沉静的、和谐的。这种单纯、静穆、和谐的美，就是人们常说的优美。

雕塑《断臂维纳斯》　　　　　雕塑《拉奥孔》

在中国艺术中的优美主要表现在描写自然景物和一般生活题材的作品中，如山水诗、风景画、轻音乐、抒情散文、游记等。这类轻歌曼舞式的作品，内容健康、富于趣味性，形式短小精悍，易于造成耐人寻味的效果，引动鉴赏者的优美感。如王维的《鸟鸣涧》："人闲桂花落，夜静春山空。月出惊山鸟，时鸣春涧中。"韩愈咏桂林山水的诗句："江作青罗带，山如碧玉簪。"这些诗作，写景生动，感情真挚，言简意深，语短情长，具有含蓄之美。

二、崇高

崇高是与优美相对的一种美的形态。它同优美一样，只有在主客体关系中才能找到其真正的根源。优美是实践主体与客体的和谐统一的静态美，崇高则是实践主体与客体处于对立和冲突状态中而最终趋向统一的动态美。崇高与庄严、圣洁的概念有着密切的关系。

布达拉宫

（一）崇高的特征

崇高是美处于主客体的矛盾激化中。在这个矛盾中客体具有一种压倒一切的强大力量，有一种不可阻遏的强劲的气势，而人的本质力量暂时处于劣势。客体在形式上的表现：色彩上表现为阴暗、单调；形态上表现为刚健、雄伟、高大、粗糙；声音上表现为震耳欲聋、响彻云霄；力量上表现为刚强、快速等。这些形式对审美主体——人几乎造成了暂时性的身心上的压抑、伤害，使人心中产生痛感，主客体矛盾便被激化。崇高是一种以力量和气势取胜的美，给人以巨大、永恒、庄严、豪迈的审美感受，而这种感受经常是扑面而来，使人惊心动魄，肃然起敬，精神振奋。

（二）崇高在不同领域的特点

自然界中的崇高如浩瀚无垠的海洋、飞流奔泻的瀑布、黑暗幽深的夜空、高耸入云的山峰、无边无际的沙漠，以及山崩地裂、江河泛滥、火山爆发等。它们无不显示无穷无尽的数量与力量，以压倒之势向实践主体即人来挑战。这些自然物之所以被人们当作崇高的对象来欣赏，就是因为在这些自然对象中体现了人类征服自然

华山

的伟大的本质力量，表现着人类永恒的生命力和实践主体的巨大力量，让人从中获得崇高感。

社会领域的崇高比自然领域的崇高更为丰富。社会生活本质上是人们改造现实的实践活动，在这活动中，实践主体要付出一定的代价甚至是巨大的代价，特别是那些推动历史前进的斗争中要求进步的力量及其代表人物，他们的付出会造成一定的痛苦甚至牺牲。斗争越复杂、付出越巨大，越能显示出实践主体的本质力量，崇高的精神更能体

现。所以崇高主要体现在人们所进行的不屈不挠的实践斗争中，从这个意义上说，社会生活中的崇高是一切崇高的本质和首要内容。如夸父追日的精神是崇高美，在他身上显示了古代人民征服自然的强烈愿望和坚持斗争的顽强精神。孔子在歌颂尧的功业时，称赞其崇高为"巍巍""荡荡""涣乎，其有文章"，这不仅是一种道德的赞美，也是审美的歌唱。社会领域的崇高美集中体现了人类对创造美好生活的热望、对美好品质与情操的追求，因此具有十分积极的审美意义。

艺术领域的崇高既表现在内容上也表现在形式上，是内容和形式的完美统一。这种统一表现在刚健、豪放、雄浑、粗犷、磅礴等崇高的艺术风格上。在艺术作品里，崇高作为一种昂扬的激情和悲愤不平，表现得愈激烈就愈显得崇高。艺术对自然中崇高的反映，正如李白经常借大自然雄伟的景象和磅礴气势抒发豪情壮志，似乎只有奔腾咆哮的万里江河和峥嵘挺拔的山岳才能诉说满腔的情感，才能展示郁积胸中的豪迈气魄。"登高壮观天地间，大江茫茫去不还。黄云万里动风色，白波九道流雪山。""黄河西来决昆仑，咆哮万里触龙门。""天姥连天向天横，势拔五岳掩赤城。"李白这些描写波澜壮阔的雄伟自然景色的诗与其像海洋一样的胸怀非常协调地交融在一起，具有豪迈粗犷的气魄和激动人心的艺术魅力。艺术对社会中崇高的反映，正如电视剧《长征》再现了中国工农红军为了伟大的解放事业，在敌人的围追堵截下，进行了史无前例的二万五千里长征。在这过程中，革命人物身上所体现出的赴汤蹈火、前仆后继的革命精神，是崇高美的典型化、集中化，激动人心、催人奋进。

詹建俊油画《狼牙山五壮士》　　　詹建俊油画《回望》

总之，优美是主客体和谐统一的静态美，是柔性的美；而崇高是主客体在对立冲突中统一的动态美，它呈现出的是一种庄严、伟岸的美，是刚性的美。从现象上看，优美表现为量小，崇高表现为量大；优美吻合形式美的规律，而崇高打破形式美的规律。优美表现为缓慢、渐进、平稳、柔和的运动状态，它侧重于静态的美；而崇高一般则是表现出快速、剧变、严峻、冲突、不可遏制的运动状态，它侧重于动态的美。

三、悲剧

悲剧由来已久，在古希腊文中叫"山羊之歌"。因为古希腊人在祭祀酒神狄奥尼斯时，要献上山羊，同时表演以酒神故事为内容的歌舞。不过此时的悲剧只是指一种戏剧类型而已。作为美的范畴的悲剧，内容更为广泛，它可以反映在多种艺术中。除戏剧外，小说、雕塑、音乐等艺术也可反映悲剧性的内容，展示悲剧美，凡是反映了悲剧性的矛盾冲突的文艺作品，都属于悲剧的美学范畴。

在西方美学史上，真正奠定了悲剧理论基础的是古希腊的亚里士多德。他指出：悲剧是人生中严肃的事情，它不是悲哀、悲痛、悲惨、悲观或死亡、不幸的同义语。作为美学意义上的悲剧与我们生活中所说的悲剧的含义不尽相同，它不是单纯的悲惨、悲痛、悲哀、悲伤或死亡，而有深刻的人生意义、社会意义，能够借助引起人们的怜悯和恐惧之情来使人们的灵魂得到净化和陶冶，使人奋发兴起、提高精神境界，并产生审美愉悦。作为美学意义上的悲剧也同戏剧类型中的悲剧的含义不同，它是美的一个范畴，它既可以存在于戏剧中，也可以存在于文学、音乐、舞蹈、绘画、电影和电视等艺术种类中，而且还广泛地存在于历史和现实的社会生活中。艺术中的悲剧是艺术家对生活中的悲剧进行典型化、集中化的结果，因而其能直接显示出巨大的意义，因此在美学学科里所探讨的悲剧实际上是以艺术中的悲剧为主要对象的。

（一）悲剧的特点

悲剧是崇高美的集中形态。悲剧通过丑对美的暂时的压倒，强烈地展示了美的最终和必然的胜利。所以悲剧美所显示的审美特性必然体现出一种崇高的美，而且是崇高的集中形态。如被称为悲剧典范的古希腊悲剧《被缚的普罗米修斯》。

悲剧的崇高特征是通过社会新旧力量的矛盾冲突以显示新生力量与旧势力的抗争，在这个抗争中表现出新生力量的失败、痛苦、死亡及其伟大的抗争精神。在实践斗争中显示出先进人物的巨大精神力量和伟大人格就是一种崇高的美，悲剧中所体现的崇高经常以其庄严的内容和粗犷的形式震撼人心，对社会进步力量的实践斗争给予积极的肯定，并让人通过看到主人翁遭受挫折以至毁灭，唤起人们心中以悲为特点的审美感受，引起人们的崇高感。

悲剧《窦娥冤》剧照

（二）悲剧的类型

1. 新生事物、新生力量的悲剧

新生事物、新生力量的悲剧是根源于它本身的不够强大或存在片面性，如普罗米修斯。无产阶级革命先烈们的悲剧也属于这类，如夏明翰的就义诗、周文雍的绝笔诗、《红岩》中的许云峰和江姐等。代表新生力量的伟大人物的悲剧，实际上是新的社会制度代替旧的社会制度的信号。

2. 旧事物、旧制度的悲剧

曾经是先进合理的社会力量、社会制度在一定阶段上转化为旧的力量时，与社会历史进程相矛盾，但它还没完全丧失存在的根据，因而它的毁灭具有一定的悲剧性。如文天祥为了挽救南宋的灭亡，誓死抵抗元军而造成的悲剧。

（三）悲剧的审美意义

由于悲剧反映了先进的社会力量在严酷的实践斗争中的苦难和死亡，美暂时被丑所压倒，因此悲剧使人产生一种痛苦之感，是痛苦之中的愉快，使人心灵受到极大的震撼，这就是悲剧的崇高感。它使我们认识到生活的道路不是坦途，而是充满了矛盾、曲折和艰苦的斗争，为了实现伟大的理想，需要付出代价，有时甚至需要付出生命的代价。

人们在欣赏悲剧时不仅流泪，同时由于美在受到摧残时显示出光辉的品质，这又使人在道德情感上受到"陶冶"，激起人们对丑恶事物的憎恨，增强人们对美丑的鉴别能力。

拓展链接

推荐书目：

1. 蒋勋. 美的沉思 [M]. 长沙：湖南美术出版社，2014.

2. 李泽厚. 美学四讲 [M]. 武汉：长江文艺出版社，2021.

3. 宗白华. 美学散步 [M]. 上海：上海人民出版社，2020.

思考与实践

1. 美的本质为何难解？

2. 如何理解优美这一审美范畴？

3.《红楼梦》的悲剧性体现在哪里？

第二章

新时代高职美育再发展

名人名句

做好美育工作，要坚持立德树人，扎根时代生活，遵循美育特点，弘扬中华美育精神，让祖国青年一代身心都健康成长。[①]

——习近平

美是道德纯洁、精神丰富和体魄健全的有力源泉。美育最重要的任务是教会孩子能从周围世界的美中看到精神的高尚、善良、真挚，并以此为基础确立自身的美。

——苏霍姆林斯基

引入概述

2022年12月中共中央办公厅、国务院办公厅印发《关于深化现代职业教育体系建设改革的意见》(下文简称《意见》)。《意见》是在系统总结党的十八大以来职业教育改革发展成就基础上，对职业教育体系建设改革的进一步深化，是全面贯彻党的二十大精神、着力破解职业教育改革发展突出矛盾和问题的重大改革，是统筹职业教育、高等教育、继续教育协同创新的重要抓手，是推进职普融通、产教融合、科教融汇的关键步骤，集中体现了党中央、国务院部署职业教育改革新主张、新举措、新机制。

《意见》破除了"矮化""窄化"职业教育的传统认知，直击改革实践中的难点痛点问题，提出了一系列新理念、新观点、新判断，极具理论与实践价值。《意见》提出职业教育的功能定位应由"谋业"转向"人本"，更加注重服务人的全面发展。职业教育是促进就业的重要途径，但绝不是单纯的就业教育。《意见》重申了职业教育的定位，就是要服务人的全面发展，建立健全多形式衔接、多通道成长、可持续发展的梯度职业教育和培训体系，推动职普协调发展、相互融通，让不同禀赋和需要的学生能够多次选择、多样化成才。

新起点、新使命、新方向，高职教育在新时代的历史方位更加明晰。高职院校在推进经济社会高质量发展方面发挥着重要作用，承载着培养高素质技术技能人才的重要使

---

① 习近平. 习近平书信选集：第一卷[M]. 北京：中央文献出版社，2022：191.

命。为适应经济社会高质量发展需求，推进高职教育高质量发展，高职院校应致力于探索将美育与素质教育、专业教育融合，构建全方位的美育课程体系，打造高层级育人品牌，全过程、全覆盖地提升大学生审美和人文素养，满足学生多样的审美需要，实现立德树人的教育目标。

第一节　美的"无利害"与审美"有用"的思考

一、审美本质的"无利害性"愉悦

众所周知，"审美无利害"是美学中的核心概念。它通过屏蔽个人化的、与现实利益相关的因素，使审美获得了稳定、客观的品质，从而成为一个独立的领域。夏夫兹博里是18世纪最早提出"无利害的美"学说的美学家。在他的著作《道德家们》中，虚构了一场精彩的辩论，"是否需要拥有山谷、果园这类实际的地产，才可以欣赏其中的美景，并从中获得愉悦感？"其中一方的论点，也代表了作者本人的观点，即我们是否占有某种事物，或者说这种事物对我们来说是否有实际功用，这些因素并不影响我们感受到的美。夏夫兹博里之后的美学家哈奇生进一步指出，美是一种纯粹的愉悦，不依赖于知识、原理与功用，同时哈奇生还强调，当人们摆脱

伊曼努尔·康德

了贪婪和野心，就会有超越功利的需求，比如追求"房屋、花园、服装、用具的美和秩序"。

康德认为美是不需要涉及任何利害的纯粹喜欢。他在《判断力批判》中提出了"审美不涉利害"的命题，认为人在审美的过程中是自由的，不受束缚的，超脱实用功利的一种精神享受，是一种无利害关系的自由的快感。他用"无利害"来界定审美判断，认为鉴赏所获得的愉悦感是无利害的，它不会引起任何欲望成分，也不会让人联想到与该对象相关的实用性内容。只有建立在这种愉悦之上，才可以宣称是一个审美判断。朱光潜先生在《谈美》一书的第一章，提出了"我们对一棵古松的三种态度"，通过一位木商、一位科学家、一位画家的视角来看待同一棵古松，得出了实用的、科学的、审美的三种态度。无疑，从现实的角度来看，审美应是最无用的，对于生命活动而言应是最没有意义的。

以上强调"审美无利害"理论派的艺术家、美学家，主张在个体进行审美观照时，奉行打消实用功利的目的。一方面要保持一颗非功利的、自然客观的心态来审美；一方面要切断科学求真的条框思维，要求审美主体思维在进行审美观照时，能有一颗超越功

利的纯美之心。这种"无功利"的审美愉悦，侧重强调在美的欣赏过程中，应不带有任何功利色彩，用康德的话来说，就是"无目的的合目的性"。通俗的理解就是，审美没有现实的功利用途，但有超越于其上的，即满足精神需求的用途，也就是我们所说的，审美教育之于产生愉悦情感、培养善良人格、熏陶美好品格上的合目的性。

二、审美教育的"无用而用"功效

20世纪初的中国，处在一种大变革时期，虽然当时的思想家们受西方美学思想的影响，认同美与审美的"无利害"性，但从鸦片战争开始，中国的美学以及美育就不可避免地带有救世的情怀了，他们希冀通过美育来改造人生，改造社会。蔡元培"以美育代宗教"的审美教育理念对中国美育影响很大，他是第一位提出"军国民教育、实利主义教育、公民道德教育、世界观教育、美感教育皆近日之教育所不可偏废"的教育思想家，主张这五类教育并举，这也代表着蔡元培教育思想的显著特点。中国的美学家们顺应时代的要求，将中国的传统美育思想与西方美育思想相结合，形成了具有中国特点的中国美学。正如蔡元培先生所说："纯粹之美育，所以陶养吾人之感情，使有高尚纯粹之习惯，而使人我之见、利己损人之思念，以渐消沮者也。"[①] 蔡元培先生的"以美育代宗教"指出了审美具有超脱性、普遍性、无利害性，以此来维护艺术的精神本质和审美的独立价值。

蔡元培　　　　　　　　王国维

王国维先生也常讲美虽是"无用"，但实际上还是"用"。他认为美的基本特性和价值是"可爱玩而不可利用"，认为美的意义和价值应该是直接存在于美本身，而不是由外在事物强加或传递给它的。人们在专心欣赏美的事物的同时，专心于美的表现形式而自然地忘却其他的利害关系，由此就会形成一种纯粹的美感，这种纯粹的美感不仅有可能存在于当下，影响当下，更有可能继续延展到以后。

---

① 沈善洪.蔡元培选集（上卷）[M].杭州：浙江教育出版社，1993：210.

客观地说，美的确不能给人带来实际的福利，尤其是经济的、物质的回报。对个体而言，美是可有可无、无足轻重的，但在审美活动中不涉及功利性的行为少之又少，尤其是审美教育。单从教育来看，教育在一定的层面上是为了更好地教导人，培育人。而当下美育的倡导，同样有着较为强烈的功利性，希望通过美育的实施，改变以往各学科、各专业课程设置的片面性，在完善人才培养方案的同时，全面提升民族素质。因而在高校中"审美教育"虽讲"无用"，但实际上还是"用"，是要通过对美学的基础知识和基本技能的学习，在潜移默化中培养学生感受美、认识美、鉴赏美、追求美和创造美的能力，提高审美水平、审美趣味，从而实现个人的人生理想，完善人生境界，达到灵魂的升华。

第二节　艺术教育与审美教育的关系

艺术教育和审美教育有着密切联系。众所周知，艺术是审美的集中、典型形态，作为审美教育的美育当然也是以艺术教育为主要途径。但是，美育和艺术教育不是等同的关系，而是交叉关系，它们有相互重合的部分，又有不同的部分。

一、审美教育大于艺术教育

"美育"是一个远大于"艺术教育"的概念。美育由德国诗人、美学家席勒在18世纪末提出。他在著名的《审美教育书简》中，把美育作为解决由现代化进程造成的人性分裂问题的途径。他认为，人性的完美状态是感性和理性的和谐统一，但是，现代化使人远离自然，人的感性方面受到不应有的压制，造成了人的生存发展危机。因此，要借助感性方面的教育来恢复人的感知的敏锐性、情感的丰富性、想象的多样性，以实现感性和理性的平衡协调。这种具有特殊意义的教育就是"美育"。

艺术教育重在将人引向具体艺术活动中的艺术分析能力与作品技能的把握，使人知道如何做某些事情，并且知道如何合理利用所学到的技巧和知识来体验艺术作品。而美育则像席勒所写的，"有促进健康的教育，有促进知识的教育，有促进道德的教育，有促进鉴赏力和美的教育。这最后一种教育的目的在于，培养我们感性和精神力量的整体达到尽可能的和谐"[1]。要通过德、智、体、美的教育，促进人的全面发展。这也就是说，美育一方面总是包括了通过"艺术教育"的途径和手段，即丰富人的艺术作品感受以及培养丰富艺术感受的基本艺术技能的训练，来实现"使人成其为完整意义上的人"的目标，但同时更重要的是，它又不受限于"艺术教育"，而是包括了能够满足人的生命发展需要的全部人的活动。另一方面，由于艺术教育特定地指向了人的基本艺术技能的训

---

① 席勒.美育书简[M].徐恒醇，译.北京：中国文联出版公司，1984：22.

练和提高，因而并不能完全指称以"素养"为根本、"育人"为追求的审美教育的全部内容和全部过程。

二、审美教育的主要途径是艺术教育

18世纪出生在德国的哲学家鲍姆嘉通首先明确提出"美学"一词，强调"审美"特别关注的是艺术、视觉和美，同时特别强调艺术和美的基础概念是以人为主体的感觉，并由此将艺术和美同现代社会、文化等相互联系并加以区别。现在更多的美学观点认为美是一种认识、欣赏、创造。其实更确切地说，美育偏重培养人的基本生存方式和全面发展，保持生命的活泼和原创力，保持理性接受教育的同时，对人的感知觉、想象力、情感的丰富和表达都要同时进行情感性的训练和创造性的培养。而艺术教育，刚好能够激发人独特的情感，产生舒心、愉悦的状态，怡情养性，陶冶情操。

首先，我们必须清楚地看到，审美教育的主要途径是艺术教育。尽管各个教育学科都同样存在着不同程度的审美表达，但是艺术教育较之于智育、德育或其他教育与审美更为密切。从美育的含义上说，艺术的审美教育和其他美育并不是完全等同的，美育重在内在的审美感染力，激发受教育者的审美能力和情感；艺术教育也具有这种普遍性，但是艺术教育更多关注具有艺术气息和特质的人。只有通过艺术课程才能使每一个学生得到审美体验，培养学生的审美兴趣和能力，进而提升他们的审美和人文素养。其次，在学校教育中，艺术课程是学校实施美育的专门课程，艺术课程也是实施美育最为便利的途径。尽管美育还应该渗透到其他课程，但是艺术课程是实施美育毋庸置疑的主渠道。因为艺术教育注重操作的能力，换句话说，在某种程度上，艺术教育可以依托绘画、音乐等方式把人审美能力低的逐渐培养成高的。通过艺术进行的感性教育是潜移默化的，不是空对空的，也不是以理服人，而是以具体的人物形象、具体的情感感人。最后，美育的基础是艺术教育。从个体的发展来讲，人们是从学习艺术开始，然后再学会观赏自然的，并不是一朝一夕能够完成的，也不是空对空的。所以艺术教育是循序渐进地培养人的审美能力和审美素养最有效的途径，能够在过程中肯定人的价值，陶冶、培养人格、锻炼人的能力。由此可见，离开了艺术教育，美育就很难得到落实。

三、艺术教育有助于审美人生的培养

艺术教育是以人的艺术感为培养核心的教育活动，是关于艺术技能和艺术知识传授及实践的学科，实质是人生艺术感的潜移默化。对艺术品审美能力的培养，是人生艺术感的中心，由此拓展到自然、社会、科技和其他美感，构成人生艺术美感。艺术教育带有艺术技能及知识的传授特点，如音乐演唱、舞蹈动作、绘画技巧、书法笔法、戏剧台词等技巧，需要一定天赋和教师指导的后天训练。但是后天学习技巧不代表不再学习关于艺术史、艺术理论、艺术批评的内容。艺术技巧确实有基本作用，但是却离不开艺术思想和境界。假如不进行艺术教育思想和理念的学习，再熟练的技巧也是难以走远的。

艺术教育围绕艺术美感这一核心对整个人生过程的审美价值、审美直觉能力进行提升，是一种长期"浸染"的过程，由此扩展到社会美、自然美、科技美。艺术教育并不是"形而上"的口头说教，而是具有实践性的参与活动。简单来说，艺术教育不单单是看，听，还有想象和体验。艺术理论的传授，必须配合"身临其境"的操作，以此来激发人们的实践意识，提升操作能力，由内心为出发点，真正感受到震撼。通过艺术作品鲜活的形象、曲折的故事感染人，培养人具有高尚情操和思想的道德美、人格美。

四、通识艺术教育和专业艺术教育的异同

我国的"艺术教育"概念至少包含两个意思：一个是专业艺术教育，一个是通识艺术教育。前者是以培养艺术专门人才为目标的，按艺术门类分为音乐教育、舞蹈教育、美术教育、设计教育、戏剧教育、影视教育等专业，分门别类培养从事艺术创作、制作、表演等的专业人才。在这类艺术教育中，也需要培养学生的审美和人文素养，也有促进学生全面发展的根本任务，但同时，大量的艺术专门知识和技能的教学是为培养专门人才服务的。后者则是面向全体学生的通识教育，以美育为主要导向，以提升学生的审美和人文素养为主要目标。作为美育主要途径的艺术教育指的是后者。这类艺术教育也需要有一些艺术知识和技能的教学，但那是为了激发学生的艺术兴趣和艺术理解力服务的。因此，这两种艺术教育虽然有重合之处，但是，目标不同，其特点、规律、内容和方法也相应不同。作为美育的艺术教育，就必须遵循美育的特点和规律，紧扣美育的目标，做出相应的教育教学安排。然而令人遗憾的是，实际情况恰恰经常混淆这两种艺术教育，而且专业艺术教育的许多做法被硬性"移植"到作为美育的艺术教育课程中。

第三节　家庭美育、学校美育与社会美育

一、家庭美育——贯通审美人生

家庭是社会最基础的细胞，是人生第一所学校，也是美育的摇篮和实践基地。家庭美育在陶冶情操、升华思想、建构审美人格方面发挥着至关重要的作用。家庭美育是指在家庭中，家长利用美的事物以及丰富多彩的审美活动，对孩子进行潜移默化的影响、熏陶，培养孩子认识美、感受美、创造美的能力，以提高孩子的审美情趣和能力，为孩子之后的发展以及健全人格的养成打下良好的基础。家庭美育融于日常生活中的每个细节之中，个体审美能力的发展，深受父母和其他长辈审美情趣和道德修养的影响，可以说，个体在家里所受的美育主要来自对父母或其他长辈的模仿。家长优雅的行为举止、良好的生活习惯，都能够发挥循循善诱的作用，潜移默化地构建起和谐健康的家庭关系，让每个家庭成员都可以沐浴在美的光芒之中。

家庭美育

家庭美育具有早期性和长期性的特征。早期性是指家庭美育在实施的时间上比学校和社会美育要早得多，当婴儿还没出生时，他就已经开始接受父母的影响了。蔡元培认为："我们要作彻底的美育，就要着眼最早的一步，虽不能溢出范围，推到优生学，但至少也要从胎教起点。"①随着经济社会的发展，人们越来越重视"胎教"，通过聆听优雅的音乐、诵读优美的诗词来让胎儿在各种美好的事物中接收信息，促进其大脑的发育。孩子出生后，父母的一言一行很容易被孩子效仿，家庭的环境氛围也是对孩子实施美育的重要影响因素。长期性是指家庭美育的实施是终身性的。通常情况，家庭是人生的起点，同时也是人生的终点，一个人从原生家庭受到的教育，将对他之后的学习、工作和生活产生十分重要的影响，而这种影响很容易伴随一生。良好的家庭美育对个体的个性心理、行为习惯和价值观念的形成都有积极的促进作用，家文化的审美情趣直接影响着个体审美人格的发展与提高，成功的家庭美育也会成为一种惯性力量直接影响到今后的学校美育和社会美育。

二、学校美育——培育审美能力

学校美育是指根据学校教育目的，有计划地向学生实施审美教育的活动。其任务是传授美学知识，培养审美观念和感知美、鉴赏美、创造美的能力。学校要培养德、智、体、美、劳全面发展的人，就必须致力于各种教育的平衡、和谐发展，美育是其中必不可少的环节。

新中国成立以来，党和政府十分重视学校美育工作，做出一系列重大决策部署。党的十八届三中全会强调，"改进美育教学，提高学生审美和人文素养"。2015年，国务院办公厅印发《关于全面加强和改进学校美育工作的意见》，对当时及之后一个时期推进学校美育改革发展做出全面部署。2020年，中共中央办公厅、国务院办公厅印发《关于

---

① 沈善洪.蔡元培选集（上卷）[M].杭州：浙江教育出版社，1993：295.

全面加强和改进新时代学校美育工作的意见》，对加强和改进新时代学校美育工作进行总体部署，对学校美育工作进行再认识、再深化、再设计、再推进。教育部也多次针对大中小学各学段，研制出台系列改革文件，着力构建全员、全过程、全方位育人格局，推动将美育纳入人才培养全过程，先后印发《关于学习贯彻习近平总书记给中央美术学院老教授重要回信精神的通知》《教育部关于切实加强新时代高等学校美育工作的意见》《学校体育美育兼职教师管理办法》《教育部办公厅关于开展体育美育浸润行动计划的通知》《教育部关于在全国中小学开展中华优秀文化艺术传承学校创建活动的通知》《教育部关于开展中华优秀传统文化传承基地建设的通知》等指导性政策文件，为学校美育政策体系构建了"四梁八柱"。正因如此，学校美育从课程建设、课程资源、师资队伍、后勤场地等各方面都有了制度保障、队伍保障和资金保障，取得了不错的育人成效。

学校美育

学校教育承担着培养人的使命，审美教育也同样肩负培养人的责任。审美教育能提高学生的感受力、洞察力和创造力。审美能力的提高能够加深学生对外部世界的直观把握能力，并逐渐形成从整体上观照与领悟客观世界的能力，以帮助学生敏锐地觉察到事物的细微变化，在发现美、鉴赏美的过程中激发创造美的能力。而审美教育情感性的特点，有利于激发人的创造情感，丰富人在创造过程中所培养起来的感情，宣泄人在从事创造的过程中所产生的各种各样的不利于创造的思想感情，从而达到世界观、人生观、价值观的统一，形成"真、善、美"的人生境界之和谐。

但就目前情况来看，学校的审美教育基本上还是停留在对学生的审美观的形成以及美的感触力、鉴赏力、创造力这些层面上，而对于深层次的教育目标升华还不够到位。梁启超先生曾说："我确信'美'是人类生活一要素，或者还是各种要素中之最重要者，倘若在生活全内容中把'美'的成分抽出，恐怕便活得不自在，甚至活不成。"[①]也就是说，审美教育的终极目的并不是让学生停留在"形式养育"的层面上，而更应该通过"形式美育"教育让学生尽可能地能达到具有独特个人特征的审美趣味和自己的审美境界。

---

① 梁启超.美的生活[M].苏州：古吴轩出版社，2022：14.

三、社会美育——营造审美环境

社会美育是指在日常生活中，社会各方力量参与、作用于大美育环境营造的审美教育活动。各方美育力量包括各类政府公益组织（如美术馆、博物馆、艺术馆、文化馆、剧院等）和市场盈利的社会艺术机构，以及各类美育场馆的工作人员、文艺工作者、艺术家等自然人。社会美育的核心任务是发挥社会美育力量的专业化与高水平优势，协助学校美育力量，填补家庭美育、学校美育发展的短板，提升综合美育质量。

社会美育

在社会分工中，学校虽然承担教育的职责，但教育绝不仅仅只是学校的职责。教育的复杂性和教育任务的艰巨性，使得全社会都要承担起教育的职责，才能共同有效实现对人的全面发展教育。当今时代是信息化的时代，教育时间的无限性、延续性和教育空间的无限扩展性，意味着教育途径也需拓展，包括美育途径。信息化时代要求教育从"封闭型"走向"开放型"，学校教育就必须实行开放式办学，既要十分重视社会实践的教育，与社会紧密联系，又要调动各部门、各行各业办学的积极性，关心教育，支持教育，包括关心支持美育。美育是全面发展教育的组成部分，其本质在于通过自然美、社会美和艺术美的丰富内容，在广阔和真实的社会生活中对学生进行美好事物的认知、美好态度的培养，进而提高其审美能力。这一特点决定了美育既是学校的工作，也应是社会相关部门的工作，社会美育与学校美育各有侧重，但有机统一、相辅相成。学校美育有专门的时间、固定的教材和系统的安排，但容易囿于资源和场所的限制；而社会美育有着广阔丰富的资源和场地，但却远离学生。只有将社会美育力量补充进学校美育，共享双方资源和优势，才能形成教育合力。社会美育力量参与学校美育的最初目标是让专业"走进"学校，而其更重要的作用是让专业"留下来"，不仅发挥"输血"作用，更要帮助学校培养美育"造血"能力，在为学校美育注入新鲜活力的同时，带动学校美育教师专业发展、内涵发展和持续发展，从而增强校园美育的内生发展动力。

四、终身美育生态的构建

朱光潜在《谈美感教育》中强调"美感教育的功用在于怡情养性",认为美育有解放的作用,即开启心智、自由思想、释放人心灵的力量。当今社会,信息、数据、网络等非情感要素对人类精神世界不断侵袭并逐步蔓延,容易造成诚信缺失、浮躁功利之风盛行、精神疾患增多,严重影响着青年一代的人生观和精神风貌。

一直以来,家庭美育被认为是学龄前阶段的审美教育,学校美育被认为是学龄阶段的审美教育,社会美育被理解为青年步入社会后接受的补充审美教育,三者的衔接与交融至关重要。事实上,在步入社会后,个体接受美育教育是以个体的审美兴趣与生活态度为取向的内在选择,而这一选择,大多与早期家庭、学校对个体审美素养的基础塑造有关。如果家庭、学校重视对学生审美素养的培育,社会美育将影响个体未来的发展,反之则不然。这就使得部分学生在离开学校后与审美教育渐行渐远,并逐渐在碎片化、高压力、单向度的社会场景中失去了审美能力,造成了上述种种不良倾向。倡导家庭美育贯穿人生,学校美育培养能力,社会美育营造环境,是强调美育教育的整体性、系统性和可持续发展性,是践行终身美育理念的重要举措。党的十九届四中全会提出,要构建服务全民终身学习的教育体系,着力形成全社会共同参与的教育治理新格局。审美教育同样如此,通过家庭美育、学校美育与社会美育的合力,在审美主体内心深处种下一颗美的种子,在个体的不同成长阶段发芽、长大,将审美教育的作用区间延展至个体的一生,进而促进个体理想人格的建构,实现社会国民精神的塑造,发挥美育教育的终身性特点。

因此,高等职业教育在家校政企协同育人机制的构建下,需要厘清家庭美育力量、学校美育力量与社会美育力量之间的关系,明确多方在协同育人中的角色和责任,充分发挥好家庭美育、学校美育和社会美育各自的作用,形成密切有效的配合。尤其是专业性更强,资源更丰富的社会美育力量,依托专业化的师资团队、先进的美育教育理念、丰富的教学内容、富有创新性的教学方法等优势,可协助、补充、扩展、深化家庭美育和学校美育的条件、环境,缓解家、校美育中现存的不足,为家、校美育建设提供专业化支持,从而发挥出家庭美育对个体持久性发展,学校美育对个体全面性发展的最大促进作用,形成终身美育的良好生态。

第四节 问题导向的快捷育人与云淡风轻的浸润育人

一、高职美育需要调"节奏"

产教融合、校企合作是职业教育的题中之义。随着社会经济的发展,市场对应用型技术技能人才的需求也变得迫切，许多高职院校把"企业效益最大化"、学生的"高就业率"作为人才培养的首要目标，高度重视职前技能培养，在一定程度上忽视了隐性素质教育和职后培训，放松了对学生可持续发展能力的培养。尤其是相较于本科教育，高职教育学制短，2～3年的培养时间，既要学好基础理论知识，又要熟练掌握相关技能，实属不易。专业课、技能课已经占满了大部分课时，因此审美教育在高职院校的课堂教育活动中难觅踪迹。这种"重技能，轻人文"的现象，直接导致高职院校学生出现美感危机，学生文化素质低下、审美认知贫乏，破坏了高职院校学生个体人格的完整性。造成学生毕业后，岗位工作质量不高、创新能力不足、可持续发展后劲不足等问题。并且，这些"快节奏"培养出来的学生，容易受社会不良思潮影响，随波逐流，社会责任感不强。

随着国民经济发展进入"新常态"，传统产业的转型升级和新兴产业的孕育发展，逐渐显现出高职院校学生适应社会和就业创业能力不强，创新型、实用型、高素质、复合型人才紧缺的现象。21世纪是全面建设社会主义现代化国家的关键时期，国家提出的转变经济发展模式、推进新农村城镇化建设、推进新型工业化进程、加快现代制造业和现代服务业发展战略，促使产业结构优化升级、行业技术不断创新和企业经营深度调整，对高素质劳动者、实用技能人才的需求更加迫切，进而对我国高等职业教育发展提出了新的更高的要求。完善现代职业教育体系，发展本科层次职业教育或许至少在学制上可以给审美教育留出些许宽松的时间。

要实现培养德智体美劳全面发展的社会主义建设者和接班人的目标，打造应用型"高素质"技能型人才是"快"不起来的。因为综合素质能力无法通过某一堂课、某几项技能的学习而快速提高，而应该体现在整个教育的过程中，体现在校园学习生活的各个环节，要让学生自然地"慢浸润"在德智体美劳育人育才体系中，从而实现全面发展。这种审美教育应该是无处不在的，教师在上课的时候应该将美的发现、美的感触、美的认知、美的理念分享给学生，这种分享并不局限于审美相关的课程，而可以存在于任何课程，使学生在专业课与技能课中也能感受科学美、技能美、劳动美。

二、"技能教育"和"审美教育"融通

当前，我国职业教育将专业技能教育与人文素质、审美教育分割开来，在思想重视度上易形成强弱之分，事实上，"艺术创造是一种美的创造，科学创造同样也是一种美的创造"，马克思主义美学观念早就论定"劳动创造美"，人类在大脑开发思维活跃后所展开的认识世界、改造世界的实践活动，根本上就是一种认识美、追求美、创造美的实践活动。而审美教育，就能让学生从美的认知和鉴赏出发，带来更多的美的体验，从想象力出发，敏锐地抓住事物的本质，进而激发出人的创造能力，这是一种高层次的审美能力。高职院校要培养"高素质技能人才"，要助推学生走进社会有可持续发展性，必须关注学生创新创业能力的培养，而创造力的一个重要源头就是审美能力。教育部《关

于深化职业教育教学改革全面提高人才培养质量的若干意见》指出："发挥人文学科的独特育人优势，加强公共基础课与专业课间的相互融通和配合，注重学生文化素质、科学素养、综合职业能力和可持续发展能力培养，为学生实现更高质量就业和职业生涯更好发展奠定基础。"在这里，国家给高职院校以明确的政策性指导，解决这个问题的办法就是加强审美教育与职业技能教育的融通。

那么，如何融通审美教育和职业技能教育呢？首先，单从审美教育的教学链构成看，普通本科院校在审美教育上就做得较为完整和充分，高职院校应该走出去，学习本科院校在人文素质教育和审美教育上的好经验、好做法。如华中科技大学在人文教育和审美教育上就总结了一条经验："起于知识，启迪精神，渗透美育，行为互动，营造氛围，以悟导悟，以人为本，止于境界。"表达的正是将审美教育融入知识教育的理念，以育人为根本，以对美的"悟"达到对专业知识的"悟"，高职院校也应该树立这种理念，发挥审美教育独特的开发个人联想力和想象力、激发创造力的优势，让学生在精神愉悦中学习专业技能知识。其次，将审美教育渗透到每一堂专业技能课中。在学校教育中，教学是目的，教育学生的最重要的途径是通过课堂教学，教师应该根据学科的特点和规律，把美育渗透到每一堂课中，如：在课件中插入经典的音乐，在网络教学中，给学生推荐优秀的网站，指导学生自觉摒弃网络暴力，文明地使用网络，在技能实践中，训练学生对美的感知力，领悟技术技能的形式美、节奏美、速度美、对称美、和谐美，让学生感受到职业技能中美的存在，从而更加热爱自己的职业，由热爱产生工作激情，从而达到创新的目的。

拓展链接

推荐书目：

1. 叶朗.中国美学史大纲[M].上海：上海人民出版社，2005.
2. 席勒.美育书简[M].北京：社会科学文献出版社，2016.
3. 杜卫.美育论[M].北京：教育科学出版社，2000.
4. 曾繁仁.美育十五讲[M].北京：北京大学出版社，2012.

思考与实践

1. 为什么说审美教育的主要途径是艺术教育？
2. 家庭美育、学校美育与社会美育之间是什么关系？
3. 高职院校如何开展浸润式的审美教育？

第三章

审美活动

名人名句

美是到处都有的，对于我们的眼睛，不是缺少美，而是缺少发现。

——罗丹

先从人世间个别的美的事物开始，逐渐提升到最高境界的美，好像升梯，逐步上进，从一个美形体到两个美形体，从两个美形体到全体的美形体；再从美的形体到美的行为制度，从美的行为制度到美的学问知识，最后再从美的学问知识一直到只有以美本身为对象的那种学问，彻悟美的本身。

——柏拉图

引入概述

审美，是人类掌握世界的一种特殊形式，指人与世界（社会和自然）形成一种非功利的、形象的和情感的关系状态。从广义上说，它的范围涵盖了整个美学涉及的内容。本章将对审美的本质、审美的心理要素、审美判断过程等问题进行讨论，以便为后续各类型审美判断和各种艺术门类的审美鉴赏做铺垫。

我们在此章节谈论的"审美"，取其狭义，即审美主体对于"美的对象"的体验、品藻和鉴赏活动。从这个角度上说，我们可以把审美看作一种动态化的接受活动，它是人们对一切事物的美丑作出一个评判的过程。审美作为人类精神生活的重要组成部分，为人类提供了看待世界的崭新视角，人类通过审美实现人与世界万物的亲密和谐。

对于大学生来说，培养健康高尚的审美情趣，提高审美能力十分重要。大学生正处在人生的黄金时期，处在更上一层楼的关键时期。在这一时期学习、交往、实践等集中且频繁，能力会得到很好的锻炼，个人性格、能力以及生活习惯在这一时期都会基本定型。当前，部分大学生普遍缺少敏锐的感觉、直觉、领悟、灵气，看问题、做事情往往呈现出模式化、程式化。在他们心灵中，"自我思考""自我想象""自我判断"的领域越来越小。风华正茂的年纪，却不能给人一种意气风发、诗意盎然的精神风貌。相反，有相当一部分人的心理状态、审美境界、审美情趣、人生态度与他们所具备的专业知识水平不相匹配，束缚和制约着他们向更高层次发展。

第一节　审美感受

一、什么是美感

美感是美学中与美的问题同等重要的问题之一，研究美感关系到美学的全局。尤其值得注意的是，美感是现代美学一个非常重要的研究领域，是美学研究的重心从本质论研究转向审美主体研究之后的必然。

美感通常有广义和狭义之分：我们通常所说的美感是狭义意义上的，也叫审美感受。这是指审美主体在审美活动中由具体的审美对象的美所激起兴奋愉悦等情感状态，这是审美主体对审美对象所产生的一种积极主动的主观反映，而且是多种心理功能互相作用的结果，它既包括了感情上的体验评价，又包括了精神上的满足，还包括了理智上的启示。广义上的美感则叫审美意识，它指的是审美中意识活动的各个方面和各种表现形态，包括审美感受、审美体验、审美情趣、审美判断、审美观点、审美态度、审美能力、审美理想等共同组成的审美意识系统。

美感研究处在美学研究的核心地位，但这一认识在中西方美学史上是经历过曲折的：

在西方，1750年，鲍姆嘉通创立美学，是将其放在哲学中的。1876年，德国心理学家、哲学家和美学家费希纳在他的《美学入门》中提出：要把"自上而下的美学"和"自下而上的美学"区别开来。他把对美的哲学探讨，即从一定的哲学体系出发，经过哲学思辨和逻辑论证，用演绎的方法从一般到特殊来探讨美的本质的传统美学称为"自上而下的美学"。这种美学历来都是哲学的分支，从古希腊的柏拉图到近代的康德、黑格尔，他们的美学都属于这一类。

亚历山大·戈特利布·鲍姆嘉通

费希纳主张美学必须从哲学体系中解放出来，着重研究主体的审美感受，经过不断地归纳去寻求美学的法则。他把这种研究方法称为"自下而上的美学"。从费希纳开始，"自下而上的美学"逐步成为西方美学的主流。这一发展趋势，虽然没有，也不可能取消人们对美的本质的哲学探讨，但却证实了审美心理研究在美学中的重要地位。

在20世纪二三十年代的中国，朱光潜、宗白华留学西欧，受这一潮流影响，也认为美学应该以研究审美经验为主。1932年，朱光潜在《文艺心理学》中指出："美学的最大任务就在分析这种美感经验"[①]。此后，宗白华也在《略谈艺术的"价值结构"》中

---

① 朱光潜.文艺心理学[M]//朱光潜.朱光潜全集：第3卷.北京：中华书局，2012：116.

说："美感过程的描述，艺术创造与艺术欣赏之心理分析，成为美学的中心事务。"[①]由此可见，朱光潜和宗白华都是承接了西方美学的现代转向并积极适应这一历史潮流的。

但在 20 世纪 50 年代，朱光潜的观点却受到不公正的批判，许多美学、心理学思想被不适当地提到哲学上来讨论。如"移情"说，这在经验上是极为常见的。高兴时，花儿也向我点头；痛苦时，青山亦为我含悲。这正是王国维所说的"以我观物，故物皆着我之色彩"。但是这一现象放在哲学上就会被列入"唯心论"，这其实是把两个不同层面的东西硬扯在一起。直到 20 世纪 80 年代，人们才重新认识到美感研究在美学中的重要地位。

二、美感产生的根源

正如美作为一种有价值的社会存在而非自然存在一样，美感也是一种社会性的感觉或者说精神化的感觉，而非生物反应的自然感觉。所以，美感的产生依赖于人类的社会实践，并随着社会实践活动内容的扩大、水平的提高而演变、发展。

美感产生于人类在实践活动中用实用性感觉去把握事物的过程中逐渐积累起来的实用性的形式感，如从劳动工具的使用和劳动过程中形成的形体感和节奏感。我们从打制石器到磨制石器的劳动工具变化中可以看出，劳动工具的大小、形状变得越来越精巧、适用，明显体现出原始人类逐渐发达的形体感。

打制石器

磨制石器

再如《淮南子·道应训》记载："今夫举大木者，前呼邪许，后亦应之。此举重劝力之歌也。"这里说的"劝力之歌"就是劳动中为鼓舞士气、提高效率而形成的节奏感。对此，鲁迅在《门外文谈》中以其特有的幽默作了精彩的阐释："我们的祖先的原始人，原是连话也不会说的，为了共同劳作，必须发表意见，才渐渐练出复杂的声音来，假如那时大家抬木头，都觉得吃力了，却想不到发表，其中有一个叫道'杭育杭育'，那么，这就是创作；大家也要佩服，应用的，这就等于出版；倘若用什么记号留存了下来，这就是文学……"[②]远古人类实用性的形式感虽然还不是严格意义上的美感，但为美感的产生提供了必要的心理基础。可以说，美感正是在实用性的形式感之中孕育起来的。

---

① 宗白华.略谈艺术的"价值结构"[M]//宗白华.宗白华全集 2.合肥：安徽教育出版社，1994：69.
② 鲁迅.且介亭杂文[M].沈阳：万卷出版公司，2014：55.

人类从实用性的形式感到美感的产生，经历了漫长的发展过程。在这个过程中，原始巫术（宗教）和图腾崇拜对美感的产生具有不可忽视的作用，因此原始艺术中多多少少含有巫术的因素。在远古生产技术低下的时代，人类以万物有灵的想象来看待世界，希望通过某种"技术"来控制事物的变化，这种"技术"就是巫术。与巫术密切相关的是图腾。图腾是印第安语totem的音译，意思是"族徽"，作为部落祭拜的佑神或凶神。一般认为，龙就是古代中华民族的图腾，由蛇、鹿、鸟等形象融合而成。巫术、图腾中的祝咒、舞蹈、面具、偶像以及祭拜仪式，在长期演变过程中积淀为一种逐渐脱离实用性的形式感，对真正美感的产生起到一定的促进作用。

美感是人类接触到美或美的事物时所引起的一种主观反映，一个对象之所以能引起人们的美感，并不是由于虚无缥缈的观念，也不仅仅由于对象某些自然属性的特征，更不是天生的本性，而是由于人们从美的对象可感形式中看到了与自己的创造性生活相联系的东西，而引起愉悦的心理情感状态。美感是一种带有明显的主观色彩的特殊的社会意识，是人们以独特方式进行的综合心理过程，是通过感觉与思维观照到审美对象中人的本质力量所产生的包含着认识与评价的情感愉悦，是人类认识世界、改造世界不可缺少的一种独特的思想情感方式。在人类漫长的净化活动中，只有社会实践才能完善人的肉体组织，完善人的心理、意识、情感的发展。如果说，美是从客体方面对人的自由创造的积极肯定，那么，美感则是主体从精神方面对人的自由创造的自我观照。

三、美感的基本特征

美感区别于其他情感和感受，具有特别显著的象征，主要表现在美感是感性与理性的统一、情感与认知的统一、差异性与共同性的统一以及非功利性与功利性的统一。

（一）感性与理性的统一

审美过程始终是在对形象的具体的、直接的感受中进行的。人类要获得美，就要以直接的感知方式去感受，而不能以间接的经验来获取，这一点不同于科学意识和道德意识。但是，这个感性体验的背后潜藏着理性的内容。

1. 美感认识以感性认识为基础和前提

美感中的感性认识，是指审美对象作用于审美主体的感觉器官而产生的审美感觉、知觉和表象等直观形式的认识。它只反映审美对象的现象和外部联系，而未达到对对象的本质或内部联系的把握。一般说来，美感主要是指由美的客体所引发的主体情感的激动和变化。在这种意义上说，人们的审美活动总是充满了感情色彩的。情感，是人对客观现实的一种特殊的反映形式，是人对客观事物是否符合自己需要所做出的一种心理反应。这种反映不是对客观事物本身的反映，而是对某种关系的反映，有很强的主观色彩。

2. 美感认识包括着理性认识的内容

美感中的理性认识，是审美主体在对美的对象的感性认识的基础上，经过审美思维活动，对审美对象的本质或内部联系的能动反映，是不同于一般逻辑认识中的理性认识的。逻辑中的理性认识虽依赖感性认识，是从感性认识中抽象出来的概念、判断、推理，但它最终排斥一切感性认识的因素。而美感认识中的理性因素，不是排斥一切知觉、表象等感性因素的抽象概念，而是存在于上述感性认识之中。它既离不开审美对象的具体形象，又对这形象的整体悦情性有所领悟。它主要包括美的概念、审美趣味、审美理想和审美的标准等审美意识。

3. 在美感认识中，感性与理性是圆融统一的

审美主体在审美的过程中，是要把自己的主观意识渗透到美感中去的。而这种主观意识，是在以往的社会实践包括审美活动中形成的，它的形成就经过了感性认识活动和理性认识活动，这就意味着它自身就是感性与理性的统一体。用这种感性与理性相统一的意识去再现、观照、认识新的审美对象，这样所形成的美感就必须包括感性因素和理性因素，成为感性与理性的统一。也正因为美感认识是感性与理性的统一，所以在同一个审美对象面前，人们的美感既有基本相同之处，又不可能绝对相同。

（二）差异性和共同性的统一

人是审美的主体，具有审美的能力，而审美又属于社会的一般意识形态，与一定时代的社会生活发生较为直接的联系。它受着社会政治、经济、文化各种因素的影响，有着鲜明的时代、民族、阶级的印记。生活在同一时代、同一阶级里的人，往往受同样的外部条件，如地理环境的一致、风俗习惯、语言气质，以及历史文化传统等的共同因素的影响，在美感上容易产生共同性。同时由于个人的内在因素，如素质、经历、修养等的影响而产生的个体审美差异也很大。

1. 美感的差异性

审美感受具有时代差异，它是随着时代而发展变化的。在欧洲中世纪，神权高于一切，当时的绘画、雕刻的圣母像，几乎千篇一律地都得戴上大大小小的灵光圈，而且面部严肃、呆板、无表情，以显示神的威严与至高无上。与之相对立的文艺复兴时代、启蒙时代，神权动摇了，人们的审美观改变了，正在新兴的资产阶级的审美理想肯定了人生和自然。在威尼斯画派中，画家所描绘的圣母和天使，从不作禁欲的容态，她们都带有美丽的日光色的头发，穿着华丽的衣服，好像是时髦的少女。

审美感受具有民族差异。这种差异性主要来源于历史形成的民族共同性，是各个民族共同的风俗、习惯、生活方式、心理状态在审美活动中的反映。不同的生活习惯、生活方式传统、民族情感和心理特征，形成了各民族不同的审美观。审美的民族差异，又集中表现在艺术作品中。如元杂剧《西厢记》中的崔莺莺和英国莎士比亚戏剧《罗密欧与朱丽叶》中的朱丽叶，个性明显不同。同是追求婚姻自由的贵族女子，但她们在向自己的意中人表达爱情时，采用的方式却完全不同。

审美感受具有阶级差异则是更显而易见。不同阶级有不同的审美情趣，而且还有不同的审美标准。鲁迅先生说："自然，'喜怒哀乐，人之情也。'然而穷人绝无开车交易

所折本的懊恼，煤油大王哪会知道北京捡煤渣老婆子身受的酸辛，饥区的灾民，大约总不去种兰花，像阔人老大爷一样，贾府上的焦大也不爱林妹妹的。"[①]这说明不同阶级的经济地位、生活方式、心理和需要等制约着人的趣味和爱好。

个人差异性产生美感的差异。每个人的生活环境、命运和遭遇以及文化艺术修养与心境等，各不相同。这种不同决定了一个人的特殊性格、需要、爱好和情感的体验，形成了个人的审美情趣和美感。例如有人喜欢杜甫的诗，有人喜欢李白的诗；即使面对同一审美对象，由于欣赏者的经历和环境的不同，所引起的审美感受和体验也是各不相同的。同是明月，既有苏轼在《水调歌头》中的"明月几时有，把酒问青天"那种飞进神话世界里的浪漫主义幻想，也有李白在《静夜思》中"床前明月光，疑是地上霜"那种明月引起悱恻眷恋的乡愁和情怀，以及冯延巳在《三台令》中"明月，明月，照得离人愁"的悲凉情感。

2. 美感的共同性

我们看到审美确有诸种差异性，然而，在审美过程中，人们对审美对象的审美评价也是有一个共同的审美标准的。凡是体现了人类自由创造力，表现出人类对理想事物、理想社会的向往与追求的，显示出人类历史进步趋向，并有助于人类走向进步的便是美的。这一客观的、统一的审美标准可称之为历史的尺度。但是一种标准的出现总有它产生的理由和根据，在审美标准的相对性中同样包含着绝对性的因素。不同民族，不同阶级，不同时代具有共同的美。

不同时代的审美具有共同性。生活在相同时代的人的美感，具有这一时代人所共有的美感特征。如哥特式建筑是从 12 世纪到 16 世纪盛行于欧洲的一种建筑风格，它改变了罗马式建筑的那种厚重、阴暗、圆顶拱门的样式，在盛行时期内，不仅宗教建筑是这种风格，甚至连服饰、家具和盔甲等都带有哥特式建筑的影子。这种哥特式建筑风格当然与罗马式的建筑风格有时代差异，但就哥特式建筑风格盛行的那个时代来说，具有普遍性与共同性。

哥特式建筑——米兰大教堂

---

① 鲁迅. 鲁迅文集精选：二心集 [M]. 成都：四川人民出版社，2020：18.

不同民族的审美具有共性。李白、普希金、雪莱这些伟大作家的诗篇的美，早已超越了本民族的地域，而成为全世界的艺术瑰宝。艺术美范畴有共同性，自然美也有共同性，苏州园林、巴黎圣母院均被世界人民所接受。社会美也有共同性，我国历史上人民一直喜欢像包公、海瑞这样的"清官"，同样，世界上其他民族对官吏的"美德""美政"也有着廉洁奉公、刚正不阿的要求。可见人类各民族有着共同的审美意识。

不同阶级间也有共同美。无产阶级的导师列宁非常热爱贝多芬的《热情奏鸣曲》；资产阶级的"铁血宰相"俾斯麦也异常喜爱《热情奏鸣曲》。他们两人在这一点上有着共同的美感是无疑的。故宫、颐和园是封建帝王按自己的审美趣味修建起来的。时至今日，作为劳动人民智慧和创造才能的结晶，它们早已被人民所珍爱。显然，超越阶级的共同美是存在的。

（三）非功利性与功利性的统一

人类要生存和发展，就必须有物质生活与精神生活。人之所以审美并获得美感，直接目的就是为了过好精神生活，而不是为了物质功利。人们去看美术品展览，就是想得到美的精神享受，或者通过美感体验更好地创造美，而不是为了把这些作品占为己有，拿去出卖赚钱。因此，美感自身必然是一种情感愉悦，是非功利性的。可美感是人类实践的产物，它总是直接或间接、明显或隐晦地打上了社会功利的烙印，而社会功利性在根本上与个人的正当的功利又是一致的。这种统一主要表现在以下三个方面。

1. 从人类美感的始因上说，审美的非功利性源于物质功利性

原始人猎取鸟兽的直接目的在于获得食物，这是一种物质功利性。鸟兽的爪、羽、骨、角不能吃，他们就用来装戴在身上作为显示自己力量和智慧的标记，以取得氏族人们和异性对自己的尊敬和好感，这是一种崇人意识，但仍然与功利目的相连。到了后来，这美丽的爪、羽、骨、角的佩带便与人的高级品质熔为一炉，成为美的形象而给人以美感，这里情感愉悦性就从物质功利性中脱颖而出。俄国的普列汉诺夫曾经举过这样的事例：最初野蛮人用植物液汁或泥土涂抹自己的身体是为了保护身体免遭虫咬，后来逐渐发现这样涂抹的身体显得很美，于是才开始了审美性地涂抹身体。

2. 在审美的过程中，非功利性有时会隐隐约约地与社会功利性联系在一起的

车尔尼雪夫斯基曾经谈到：审美的时候也并不都是不问事物对我们有何用处的。例如欣赏田畴之美，虽然并没有想到它是否属我所有，卖谷的钱是否归我，但是想到谷子长得好，可让农民松口气，带给人间幸福欢乐。这种思想模糊地作用于我们的心里，虽不被察觉，却最能引起我们对田畴的美的欣赏。相反，我们读某部小说，可能从它的某种故事、人物和情节中得到一定的情感愉悦，但是越读越发现它充满着淫秽的描写，于是我们的头脑中便会出现乌七八糟的表象，这就是丑感压倒了美感。如果我们的头脑中具有社会责任感，那么我们就会想到这种丑感将会给社会造成怎样的危害。这则是从相反的角度，说明审美的情感愉悦性与社会功利性的统一。

3. 审美的结果看，美感的非功利性也必然是与社会功利性相统一的

审美是对整个社会有利的，每个人都必须审美。然而每个人都是社会的一员，整个社会就是由许许多多的个人通过各种关系组成的。每个人通过审美，既获得情感愉悦，又在愉悦中受到熏陶，不知不觉地形成一定的审美意识，提高精神境界。在一定的条件下，物质可以变成精神，精神也可以变成物质。社会精神文明程度的发展，反过来必然促进物质文明建设的发展。许许多多美的事物，也就应运而生，从而为个人提供更多更新的审美对象。这种辩证关系，形成良性循环，无论社会与个人，无论物质与精神，都必然得到益处。可见，美感中的非功利性与社会功利性，是隐而不显地统一着的。

第二节　审美心理要素

我们说，人的审美活动，是一种特殊的心理活动，审美过程不可避免地总要遵循一般心理活动的规律，在这里，我们对审美中比较突出的诸如感知、想象、情感、领悟等心理要素做一番探讨。

一、感知

人们的审美活动，总是离不开具体的审美对象。面对一个审美对象，欣赏者的第一项任务，就是通过自己的审美感官去接触对象、感知对象，即用眼睛去观赏它的形状和色彩，用耳朵去倾听它各种各样的声音，也就是说，凭着自己的感知，去获得关于这个对象的比较完整的第一印象。

那么，审美感知具有哪些特点呢？

（一）感知的选择性

我们每一个人，由于主观条件的限制，不可能在同一瞬间去把握所有的对象。当许多事物朝你纷至沓来的时候，你必然会根据自己的需要有所选择，有所舍弃，把其中的少数事物作为自己的感知对象，而其余部分则统统作为对象的背景而弃置一旁。这就是感知的选择性问题。

人要感知某一对象就必须把它从背景中突出才行。因此，所谓感知的选择性，就是对象从背景中突出。那么，在众多的事物面前，究竟把什么作为自己的感知对象，又把什么作为这个对象的背景，这完全取决于主客双方的具体条件。首先是主体的需要，其次是对象是否符合主体的需要，如果双方一致，这个对象就可以选定了。比如，在长篇小说《儒林外史》中，有多处描写众人游西湖的场面。游客们所注意的当然是西子湖美丽的湖光山色；朝山进香的善男信女所注意的是坐落在湖畔的大殿古庙；饥肠辘辘的马二先生注意的却是饭馆里"滚热的蹄子"和"极大的馒头"。可见，由于西湖本身包含着许多方面的属性，不同的人可以按照自己的需要，把其中的某一方面作为自己的感知对象，而把其他的方面作为这个对象的背景。

当然，感知的对象和背景，也不是固定不变的，它们可以相互转换。转换的原因当然还是主客双方的具体条件。比如，曾在神像面前顶礼膜拜的信徒，当他们了却了祭神的心愿之后，也会出庙门兴致勃勃地去观赏一下美丽的西湖景色。

审美活动中，感知具有选择性，这就给美的创造特别是给艺术美的创造提出了具体的要求。艺术家们必须处处考虑欣赏者的心理特点，以完美生动的艺术形象去吸引他们，抓住他们的注意力，满足他们精神上的需求，让他们自觉自愿地来选择你。反之，如果艺术品不生动，缺少应有的魅力，人们自然而然地会疏远它，不把它选为自己审美感知的对象。这也就是为什么一幅山水图一定要配上画框，为的是要让观众的视线固定在一定的范围内。戏剧演出之所以要安排在舞台上，而且还要注意剧场的音响和灯光设备，就是要使观众免受外界的干扰，千方百计把他们的注意力集中起来。当然，这些环境气氛的渲染和布置，只是一些外部条件。要使作品真正能够吸引读者或观众，关键还在于作品本身。

（二）感知的适应性

感知的适应性有两层含义，一是从审美对象的生理条件来讲的，是说任何主体的感知能力总是有一定限度的。一个对象如果超过了视听能力所能接受的限度，就会造成不适应的局面。比如，听觉艺术，声音就不能太响，太响了，听众的耳膜就会被震破；也不能太轻，否则就会听不到。对于视觉的对象也是这样。如果舞台上的光线太强了，观众的眼睛就会睁不开来；太暗了也不行，观众会看不清楚你台上演的究竟是什么东西。因此，一个美的对象要能让主体产生美的感受，首先就要主体能够看见它，能听到它，即能很好地感知它。这是审美感知适应性的一层含义。另一层含义，是说由于个人的具体条件不同，工农兵学商、男女老少幼，各行各业、各种年龄层次的人，他们不但都有与众不同的审美兴趣，而且在不同的场合，也有特定的审美需求。这就要求我们要因人因时提供不同的审美对象，才能让不同主体各自获得美的享受。

（三）感知的整体性

任何一个对象，都有不同的特点、特性。比如苹果，其形状、大小、颜色、滋味、摸上去的质感等，这些个别的特性，都可以通过相应的感觉器官在人脑中分别得到反映。但是，在实际生活中，我们往往是同时反映对象的多种特性，而不是分别看到它的颜色、大小、形状、滋味等，比如当我们看到一只大大的红红的苹果时，虽然还没有闻它、摸它、咬它，但由于以往的经验，我们可以得出这样一些结论：很光滑、甜的、很脆、香的，得到这样一种整体的印象。当人们在感受到了某一事物的个别特性时，同时也就反映了这一事物的整体。所以，完全离开事物的整体，单纯去感受它的个别特性是不可能的。这种感觉之间的沟通现象，在日常生活中是经常发生的，心理学把它称为通感。比如，各种各样的颜色，本是视觉的对象，可是，人们看到了红的颜色，就会有一种热烘烘的感觉；再比如，欣赏歌唱家的演唱，本来只要能够听到就行了，可是，人们非要坐在舞台的近旁，似乎只有看清了歌唱家的形象，才能更好地欣赏他的歌唱。

既然人们可以通过各种感觉之间的相互联系，从整体上去把握对象，那么，文艺创作就不能仅仅以诉之于某一感官为满足。一件成功的艺术作品，不只诉之于感官，而且还诉之于想象，诉之于心灵，为欣赏者提供了再创造的广阔天地。事实上，凡是优秀的作品，总是能把欣赏者的整个身心和感情，熔铸到作品所描写的境界中去，从而获得美的享受。晚清有位名叫虚谷的画家，擅长画枇杷，是海上画派的杰出代表。它的那幅有名的《枇杷图》至今还保藏在上海博物馆。大画家吴昌硕曾用"十指参成香色味，一拳打破去来今"来赞美他的作品。这说明，大家都认为他的枇杷实在画得太好了。人们在欣赏中，除了看到枇杷的颜色，似乎还可以感到扑鼻的清香和甜润的滋味。

总之，一切优秀的文艺作品，总是有着无穷的奥妙，它不只是简单地诉之欣赏者的某一感官，而是可以诉之有关相邻感官，甚至还可以通过感知，进一步拨动他们的情感，激起他们的想象和思考，让他们在反复的回味和品尝之中，不断获得新的感受。

虚谷《枇杷图》

二、想象

审美活动离不开审美主体想象的参与，当代英国著名美学家科林伍德非常强调想象在审美中的作用。为了获得审美经验，他认为光凭"感官经验"是不够的，还必须有"想象经验"才行。他说："任何人只要使用感官，他就可以看到一幅画所包含的全部色彩和形态，就可以听到组成一部交响乐的全部音响；但是他并不因此而能享受到一种审美经验。为了享受审美经验，他必须使用他的想象力，于是就从这种经验的第一部分前进到第二部分，前者是感觉给予的，后者则是在想象中建造的。"[1]

（一）再造想象

再造想象是根据别人运用语言、声音、色彩、线条等物质材料对某一事物所进行的描述，在自己头脑里再现这一事物新形象的心理过程。这类想象往往较多地表现于人们的欣赏活动之中。比如，当我们在阅读杜甫的名作《兵车行》时，"车辚辚，马萧萧。行人弓箭各在腰。耶娘妻子走相送，尘埃不见咸阳桥。牵衣顿足拦道哭，哭声直上干云霄。"只要初读了这几行，我们的脑海中就会出现当年咸阳桥畔，出征战士与亲人告别时的那幅悲天悯人的场景。在这幅画面里面，有车，有马，有桥，有水，有痛苦号啕的男女老幼，整个场面充满着浓重的悲剧气氛，但是，这个画面的首席创造者却不是读

---

[1] 科林伍德.艺术原理[M].王至元，陈华中，译.北京：中国社会科学出版社，1985：193.

者，而是作者，它是诗人杜甫根据彼时彼地的生活，根据自己对这种生活的感受精心创造出来的，欣赏者只是根据作者所提供的文本进行再创造而已。

所谓再造，实际上就是二度创造。再造想象的一个突出特点在于它的无意性，就是说，这种想象是在欣赏过程中自然而然产生的，甚至当想象已经深入展开时，作为想象的主体还没有意识到自己的灵魂已经飘离了现实世界，而不由自主地进入到另一个意象世界之中了。

（二）创造想象

创造想象是并不依据现成的描述而在头脑中创造全新形象的一个心理过程。一般来说，这种想象较多地表现在艺术创作活动之中。艺术作品的魅力，与创造想象的成功与否关系很大，如果这种想象越具有新颖性和独创性，那么，这部作品在艺术上也就越成功。

如果说再造想象的特点是它的无意性，那么，创造想象则在于它的有意性。当然，创作中的想象也具有一定的无意性，但是，这种无意性较多地表现在对生活的感受上，在艺术家的创作中，往往是由于生活中某一特定事件无意地打动了他，才引起了他强烈的创作欲望。当艺术家的这种创作活动过程进入到艺术构思和艺术表达阶段时，他所展开的想象活动就显得非常有意了，有时为了创造一个人物，表现一个场景，会仔细斟酌，反复推敲。

据说，达·芬奇为了创作他的名作《最后的晚餐》前后花了约四年的时间，特别是当其他人物都画好以后，唯独犹大的头却长期空着，因为他需要反复揣摩作为一个叛徒的性格和相貌，后来经过长时间的摸索，在现实生活中找到了相应的模型后，才着手动笔完成。这足以表明艺术家在创作中所花费的苦心。

达·芬奇《最后的晚餐》

三、情感

审美活动也是一种情感活动，审美的过程也就是情感的激发、演进的过程，无论是美的欣赏活动还是美的创造活动，都离不开审美主体的情感的参与。

欣赏活动是审美的一个重要方面。在审美过程中，欣赏者总是怀着一片深情去欣赏面临的对象。根据审美欣赏活动中情感参与的强度和浓度的差异，可以分为表情层、痴情层、悟情层三个层次。

（一）表情层

所谓表情层，实际是一种浅层次的情绪反应。比如，看到一处美景，感到赏心悦目；听到一支乐曲，感到轻松欢快；遇到一堆垃圾，顿时会厌恶反感。在这个层面上，主体往往很少主动投入，情感的流程也会比较短暂，不会使你如痴如醉，无法排解。

（二）痴情层

这是一个比较深的层次。此时，欣赏者的身心已经完全沉浸到对象所展示的境界中去了，并与对象所包含的意味交融在一起。比如高兴时，你觉得鸟儿在为你歌唱；孤寂时，月亮与你做伴；看戏时，你会与剧中的主人公一起同呼吸、共命运，共同感受人生的酸甜苦辣。这是一种全身心的投入，它填平了物我之间的鸿沟。

（三）悟情层

随着情感活动的逐步深入，欣赏者会不由自主地对在对象中所显示出来的意蕴进行一番体味和品悟，从而产生一种发人深省的审美效果。比如，当宋代文学家范仲淹面对气象万千的滔滔洞庭，在情感上激起了一番强烈的波澜之后，开头是"心旷神怡，宠辱偕忘"，接着就发出了"先天下之忧而忧，后天下之乐而乐"的豪情。这里明显地表达了他对社会、对人生的处世态度，也是他在对洞庭湖的欣赏过程中所达到的一种最高的审美境界。

上述三个层次，都是情感流动的层次，情感贯穿在整个审美欣赏的全过程。

四、领悟

审美是在感性形式中所进行的一种精神活动。一次，列夫·托尔斯泰欣赏了柴可夫斯基的《D大调弦乐四重奏》。当听到由民歌改编而来的第二乐章时，这位伟大的作家情不自禁地流下了眼泪，他说："我已经接触到苦难人民的灵魂深处。"这种感受，就是我们所说的审美领悟。

我国传统美学非常重视审美活动中的理性因素这一特点，但在阐述中，美学家们往往不太用思考、理解这样的提法，而使用我国所特有的"领悟"这样一个美学术语，诸如"妙悟""神悟""意悟"等大体也是这个意思。王飞鹗在《诗品续解序》中强调，对诗歌应该心领神会，"贵悟不贵解"。一般说来，理解是指用脑子进行的一种思考活动。领悟虽然也离不开脑子，但更重要的却是要身心去体验、去品味。

与认知活动中的理解相比，审美领悟具有以下特点。

（一）随意性

从主体事先有无目的性角度着眼，我们可以把人的思维活动分为有意性活动和随意性活动两种，前者往往出现于认知性领域，后者却较多地出现于审美活动之中。在一般认知性活动中，主体的求知意识是十分明确的，他们总是反复推敲、苦心思索、循序渐进、步步深入，直到问题的最后解决。审美活动中的领悟就不是这样了。一般说来，人们欣赏美或艺术时，其目的不是要得到什么认识，而是在精神上得到某种充实和调节。比如，读到《红楼梦》第九十八回，当林黛玉在孤寂凄凉的境遇中悄然离开人世时，你的精神世界也许会很不平静，泪水会十分自然地流出眼眶，你会同情这位薄命女子的不幸，甚至感叹生活的复杂、人世的艰辛，这就是一种领悟，但这种领悟不是事先所企求的，而是随意的。

（二）难以言传

平时，在认识活动中，懂与不懂的界限是十分明显的，也是很容易说清楚的，懂就是懂了，不懂就是不懂。审美活动就不同了。当你面临一处美景，你会感到无比的欢快；欣赏一部文艺作品，你会深深地被其中所展示的境界所陶醉；在各种各样的欣赏活动中，你心头会情不自禁地发出"美呀！"的赞叹。可是，这个美究竟是怎样的呢？你又会一时难以言传。南宋词人张孝祥夜游洞庭湖，面对交相辉映的水光月色，激动不已，一时兴起，写下了《念奴娇·过洞庭》词一首。其中的上阕是这样的：洞庭青草，近中秋，更无一点风色。玉鉴琼田三万顷，着我扁舟一叶。素月分辉，明河共影，表里俱澄澈。悠然心会，妙处难与君说。

的确，中秋佳节，在一片月色的映照下，碧波万顷的洞庭湖是很美的，游客们在湖中泛舟荡漾，无不唤起一种飘然欲醉的审美感受。可是，它的"妙处"究竟在哪里呢？词人却感到只能"悠然心会"，"难与君说"。在审美活动中，经常会产生这种"难以言传"的效果。当然，难说不等于不可说，一些审美修养很高的欣赏家、文艺评论家，他们面对一处胜景、一部作品，照样也可以说得头头是道，引人入胜。

第三节　审美判断

一、审美判断的过程

审美活动是一种复杂的、具体的、动态的个体心理活动过程。这个过程是主体的审美能力具体发生作用的过程，也是审美价值真正实现的过程。审美活动作为一种个体活动，由于主体的审美追求不同、审美能力不同及各方面条件的不同，必然呈现出复杂的局面。而作为一个动态的过程，审美心理活动也必然具有依次展开的各个阶段。

一般说来，审美心理过程可以划分为四个阶段，即准备阶段、初始阶段、深入阶段和升腾阶段。在各阶段起主要作用的心理因素不同，因而各阶段的整体状态与特征也不同。

（一）准备阶段：审美态度的形成

在人们真正进入审美活动之前，有一个心理上的准备阶段，这个阶段的标志是审美态度的形成。审美态度就是朱光潜先生所说的"美感的态度"，是一种不含利害关系的态度。

1. 审美态度的作用

当你对对象的态度摆脱个人的功利需要和目的，即保持适当的心理距离时，就能感受到对象的美。摆脱实用意识的非功利态度，这是进行审美活动的前提条件。

2. 审美态度的心理表现

审美态度是一种积极主动的追求对象的态度。审美态度的心理表现，则是审美注意的出现。

3. 审美注意的特点

是一种超实用功利性的或无实用目的的注意，其集中点是对象的外形，一般与对象的本体存在无关。审美注意必定是一种特殊的情感指向，是对于对象的一种情感上的渴求。审美期望是积极的、富有活力的，用马克思的话来说，就是作为一个完整的人，以其全部感觉"占有"对象的期望。

4. 审美态度的完全形成

当审美注意产生时，一切与审美无关的事物都退居为背景，只有审美客体孤立出来，清晰地呈现在充满着情感渴望的主体之前。主体本身亦已排除了种种功利目的的干扰，心理意识专一、凝神而又积极地投向了客体，把客体变成自己观照的对象。此时此刻，主体的审美态度完全形成，主客体之间的审美关系真正建立。所谓审美态度，是以摆脱日常功利意识产生审美注意为标志的、充满着情感渴求和期望的、强烈地追求对象的感性形式的态度。审美态度的形成是审美活动的必要前提，是审美活动的准备阶段的完成。

（二）初始阶段：审美感受的获得

真正的审美活动是从审美感知活动开始的。当人们的审美注意力集中到对象上之后，紧接着便是对对象的形式、形象进行感觉知觉活动。审美的初始阶段即审美感知阶段，这个阶段的标志是审美感受的获得。

1. 审美感觉与通感现象

所谓通感，是指从感知、表象到意象形成过程中的感觉的挪移、转化、渗透现象，也称作通觉、联觉。审美感觉由于受着审美欲望的支配，作为享受器官的全部感官都会全力选择符合自己要求的对象属性，因此审美感觉活动中感觉的挪移、转化、渗透现象更为普遍，所获得的心理快感也更为全面。

2. 审美知觉与错觉、幻觉

在审美知觉活动中，由审美知觉的特点所决定，一些在认识和科学活动中需要纠正和防范的特殊的知觉，如"错觉""幻觉"等也常常起着重要的作用，而且它们本身就属于审美知觉。错觉是一种对对象的不正确的、歪曲的知觉。幻觉是一种与外界物象并无直接关系，但对于幻觉产生者却具有客观真实性的知觉。

3. 审美感知的过程

审美感知过程主要就是运用审美感觉与知觉对审美客体形成知觉完形，建构起一个心灵中的审美对象的过程。在这个过程中，主体把握住对象的情感表现性，并对情感表现性作出"同构"反应，实行主客体之间的交流从而获得审美感受。

4. 主体的审美感受

审美感知既是主体沿循客体的形、色、质、声等所暗含的结构及其运动来组织，形成整体形象的知觉完形过程，又是主体对对象的情感表现性的情感接受过程。在审美感知活动中，主体建构起一个新的审美对象，它与实存客体相似而又不相同。这个审美对象能与主体内在的审美需要发生强烈的共鸣，能引起主体不脱离感官的剧烈的情感活动。这种情感活动一般称之为审美感受，实际上是指由对象的刺激所引起的一种心理感奋状态。

作为这种"接受"的心理反应，主要是一种感性的愉快，形象地说，就是"悦耳悦目"。这种感性的愉快往往促进审美活动的进一步深入。审美感受、感性的愉快是一般审美者都能达到的审美阶段。这个阶段的特殊性和它的普遍性，使美学理论中美（客体）决定美感（主观的愉快感受）的观点源远流长。然而，审美愉快并不只是感性的愉快，感官层次的满足也不是最后的审美满足，人的审美活动会由审美感知阶段进入更高的阶段。

（三）深入阶段：审美体验的展开

当主体在审美感知阶段所获得的感性的愉快作为一种心理力量加入审美动力系统时，审美过程会迅速深入到审美体验阶段。

在这个阶段，主体的想象活动全面展开，并以想象为媒介，以体验的方式从对象的外在形式进入对对象意义层次的把握和理解，从心物交感进入"物我同一"的境界，从而从想象所创造的审美世界中体验到自身的生命活动，发现生命的内在意义，获得更高的审美愉悦。

这个阶段的标志，是想象的充分展开和审美世界的建构，以及心意层次的审美愉快的获得。

1. 审美体验与审美想象

由知觉对象展开想象，在审美活动的深入中是一个很自然的过程。而这种想象，是受审美需要和在审美感受中获得的情感推动的。通过想象，人们要使自己的情感要求得到进一步的满足，也就是要发现生命、生活的意义。因此，想象过程往往就是主体的体验过程。

体验是人的一种基本生命活动，带有"以身体之，以心验之"的亲历性含义。体验着就是生活着，就是使自己经历过的生活再经历一遍。

审美体验必须以感受为基础，必须通过感受来实现。但它所感受的，并不是对象的纯粹自在的属性，而是对象所蕴含或体现的人的情感内容和人的生命活动。在这种情况下，主体的精神与对象相交融、相汇流，达到"物我同一"的审美境界。因此，审美体验首先是人的一种基本的生命活动，一种自我肯定的特殊方式。

2. 审美体验的过程

由于审美体验具有亲历性的特点，它在审美活动中具有更大的认识作用。审美感受和审美体验均属于直觉性认识，都采取非概念、非逻辑的把握方式，但两者又有所区别。如果说，审美感受是对对象形象的直觉性感知，那么，审美体验就是对对象意蕴的直觉性领悟。在体验阶段，主体调动自己的生活经历、知识水平和审美修养等多方面的因素参与体验，丰富和扩大了审美对象，从中领悟到生活的意义和价值。

（四）升腾阶段：审美超越的实现

审美主体在审美体验中直接感受到自己的心灵追求，一种对理想世界的追求，对无限或永恒的追求和对美的追求。由于这种追求的导引，审美活动由内部体验向精神无限自由的境界升腾，实现审美超越。

1. 审美超越的含义

审美超越有广义和狭义之分。从广义上讲，人类的整个审美活动便是一种超越。它作为高尚的精神活动，超越人的动物性和凡俗性，在人的身上唤起那些真正具有人的价值的性质和属性，使人获得精神的无比自由。从狭义上讲，审美超越是指审美过程中的一个阶段，即主体心理状态所达到的一个层次。它体现的是主体的一种心灵追求，一种对美的理想的追求。

2. 审美超越的过程

审美超越的发生与实现都是以理性为基础的，因此达到审美超越要以审美理解为基础。与审美知觉、审美体验中的理解不同，它不是想象、移情、体验，不是完全进入对象和与对象合而为一，而是了悟、把握，是从对象中浮出来，升腾到一个更广阔深邃的境地。体验是理解的基础，体验越深，领悟越透，就越能理解对象的底蕴，主体在获得难以言传的审美蕴含时，进一步升腾，获得了最高的审美愉快，从而实现审美超越。

二、审美判断力的培养

（一）培养审美情趣，提高感官敏锐度

英国心理学家斯宾塞曾经说过："没有油画、雕塑、音乐、诗歌及各种自然美所引起的情感，人生乐趣便失去了一半，这就会给各种疾病的入侵洞开门户。"[①]要通过系统

---

① 赫·斯宾塞.斯宾塞教育论著选[M].胡毅，译.北京：人民教育出版社，2005：30.

的美育学习，在感受美的过程中，灵活调动各种感官去发现美、表达美、创造美，以提高自身审美感官的敏锐度。

（二）欣赏优秀作品，提高审美境界

在进行美的欣赏的时候，要多选择艺术价值高的作品或有强烈美感的审美对象，这是培养审美判断力的重要途径。接触经典，直接与大师对话，通过与大师作品的体验接触，吸收大师表达的意境和情感，滋养自身的精神世界，丰富自身的艺术感受，提高自身的审美素质。

（三）多渠道结合，提高审美体验

要积极参与各类艺术实践活动，如看画展、听音乐会等，也要时常走出教室体验自然，到公园、去村庄等地，观察周围的一切，发现大自然的美，发现周围的美，多渠道结合，提高自身的审美体验。

（四）情感共鸣，提高审美判断能力

审美判断不仅是视觉的体验更是一种情感体验的活动，只有当欣赏者有了真正的体验和情感参与，才算是真正的审美。因此，要提高审美判断力，理应运用多种感官综合调动来激发情感，与美的对象产生共鸣，产生真实的审美体验。要不断养成欣赏美和表达真情的习惯，逐步提高审美判断能力。

拓展链接

推荐书目

1. 鲍姆嘉通.鲍姆嘉通说美学[M]. 高鹤文，祁祥德，编译.武汉：华中科技大学出版社，2018.
2. 朱光潜.文艺心理学[M]. 上海：复旦大学出版社，2009.
3. 宗白华.美学散步[M]. 上海：上海人民出版社，2020.

思考与实践

1. 审美感知有哪些特点？
2. 科学想象与审美想象有什么区别？
3. 什么是再造想象和创造想象？
4. 如何看待情感在审美活动中的作用？
5. 你在审美活动中有领悟吗？它有什么特点？

第四章

自然美

名人名句

众鸟高飞尽，
孤云独去闲。
相看两不厌，
只有敬亭山。

——李白《独坐敬亭山》

惟江上之清风，与山间之明月，耳得之而为声，目遇之而成色，取之无禁，用之不竭，是造物者之无尽藏也，而吾与子之所共适。

——苏轼《前赤壁赋》

引入概述

自然美是人的审美活动的重要领域。人栖居于大自然之中，大自然以丰厚的馈赠为人提供了衣食住行的基本物质条件，又以温暖的怀抱给人以精神的慰藉。自然美体现了人主观性的选择或赋予，并不外在于人，而是处处蕴含着人的意志品格。自然以其形状、色彩、质感等感性特征直接引起人的美感，由自然生发出来的美感是人将自然对象化的审美体验。它既不是纯客观的，也不是纯主观的，而是主观与客观统一或交融的结果。自然蕴含着生动、丰富、深厚的美育资源，是人人都可从中发掘、欣赏和升华的。中华文明从起源时代起就具有整体生态的视角，最核心的天人合一思想便是其集中体现。现代生态美学要建立在自然科学常识的普及之上，促使我们追求一种完善的、深入的、专业的生态美学知识结构，那就是感情与认识统一的、道德和规律协调的、感性与理性融合的、由表及里又全面合理的新型自然审美。

千姿百态、五彩缤纷的自然界是一个无比美的世界。不论是蓝天白云，高山流水，花香鸟语，彩虹落霞等自然风光，还是那烟波浩瀚的洞庭，巍巍耸立的五岳。"秀丽甲天下"的桂林等游览胜地，它们各以自己朴素、雅致、恬淡、奇异、雄伟、妩媚等不同姿色，时时吸引着人们，在精神上给人们带来了极大的愉快和满足。

第一节　探寻自然美

　　自然界的山水风光、草木鱼虫，何以会是美的呢？有人认为自然界的美来自于它自身的自然要素，即它所具有的特定的色彩、声音和形状；有人认为自然界的美是神赋予的；还有人认为自然之所以美，是因为欣赏者把自己的感情移入到对象中去了。我们认为生活中各式各样的美都是人创造的，自然美也离不开人类生活，人类的社会实践才是自然美的源泉。

海上明月

一、自然美的定义及其范围

　　自然美即自然事物的美。自然美是自然的人化这一历史进程的结果。自然美是指客观世界中进入审美范畴的自然物的美，它是现实美之一，是与社会美、艺术美有着根本区别的审美客体。

　　美不是抽象的概念，而是具体的形象。自然界的美总是要通过一定的自然物质形态表现出来的，自然物的自然属性是构成自然美的物质基础。如鲜花的美离不开具体的花瓣和色彩；高山的美离不开特定的体积和形状。自然美离不开特定的自然物，否则，就没有自然美。

　　自然美既是指自然物的本身美，又是指作为审美客体的经过"自然的人化"所产生的自然物的美。因此，自然美既不是脱离人而独自存在的自然物的美，也不是脱离自然物的人的主观意识、情感等的自我复现。自然美产生于人的本质力量对人的本质力量与自然物的某种属性相契合、交融、统一后的自然物的美。

　　自然美的范围是无限广阔的，大至宇宙天体、日月星辰、高山巨川、小至花鸟虫鱼、飞禽走兽、微风弱柳。其中包括有生命的机体和无生命的物质，包括单个的个体和群体的景观，包括静态的和动态的，包括空中、地上和水中、水下的，也包括过去和现在的。一句话，凡是人类实践所及甚至可能所及或相关的自然对象世界，都是自然美的

57

范围所在。

自然美与人的实践活动密切相关，范围极其广泛，地球和宇宙间的一切都可以成为人类的审美对象。随着文化和科学技术的不断发展，人类征服自然、改造自然的能力不断增强，狂风骤雨、险峰怪石、荒原大漠、毒蛇猛兽，在人们眼中再也不感到可怕，且已变得愈来愈美了。自然美的范围随着人类实践活动的不断发展，也由狭而广、由浅入深了。

二、自然美的形态

无论从自然与人类的关系而言，还是从审美实践中自然美的实际情况而言，自然美包括两种显著不同的形态。

（一）未经过劳动改造的完全是原生态的自然对象的美

如繁星密布的夜空、辽阔无比的大海、温暖灿烂的阳光、皎洁明媚的月色、生机无限的原始森林等，它们都没有经过人类生产时间的改造，但仍作为人类生产生活的积极背景而存在。这种自然美虽然没有直接打上人类社会实践的烙印，但仍然与人类发生着直接或间接的联系，仍然凝聚了人的某种本质力量。这种自然对象的美，其社会内容比较间接、隐晦曲折，它们和社会生活的联系是以形式美为中介的，这种美在自然界中却占有广阔的领域和多样的形式。它们主要是以其自身特有的自然风貌、自然形式而取悦于人，使人得到愉悦并获得美的享受。好像它的美就在它自身的各种质料、性能、规律和形式之中，与人类没有关系。实际上，自然的这些规律和形式都是在与人类社会生活发生长久紧密的关系时才成为美的。一定的自然质料如色彩、声音、形体，一定的自然规律如整齐一律、对称均衡、变化统一，一定的自然性能如生长、发展等，是在长时期与人类社会实践发生密切的联系、关系，被人们所熟悉、习惯、掌握、运用，对人民生活实践有用、有利、有益之后才逐渐成为人们的审美对象的。所以，自然并不需要完全改变其外在面貌、形式、规律，并不需要与某个特定的狭隘社会功利目的直接联系起来，便能以其与社会生活的长久普遍的概括联系而成为人们的审美对象。

沙漠绿洲

（二）经过劳动改造和利用的自然对象的美

因人工建设而成名胜，如三峡大坝、改变原来三峡地貌"高峡出平湖"；在戈壁、沙漠中人工开辟的绿洲；还有浙江的千岛湖。因文化设施而成名胜，泰山因石刻、封禅等取得历史文化内涵，可视为民族文化的象征；九华山、峨眉山等成为佛教胜地。因神话传说、名人题咏、摩崖石刻而成胜地，如黄山有皇帝炼丹的传说；巫山神女峰有动人的神话传说。这种自然美直接打上了人类社会实践的烙印，凝聚了人的智慧、力量、愿望和创造，亦即人的本质力量，使人从中能够直观自身，具有较为明显的社会内容。它又可分为一般加工和艺术加工两种。属于一般加工的如山川绿化、江河治理、珍奇异兽的驯养等。属于艺术加工的有经过精心构思的园林景观、盆景、插花艺术等。这类自然对象之美，主要是以其社会内容的直接显露为特点，所以，它们与社会事物的美十分接近。随着人对自然的不断改造，不仅愈来愈多的自然物成为人们物质生活中有益有用的东西，而且它们在人们的精神生活中，也由一种漠然的、对立的东西转化为一种可亲的东西。人们在被加工过的自然事物上或多或少地打上人类劳动和智慧的印记，这种自然事物的某些特征，后来就成为人的能动创造的特定标记，它能唤起人们的审美愉悦，因此具有了审美价值。

自然美的这两种形态并不可以截然划分，相反，它们经常是相互渗透和转化的。

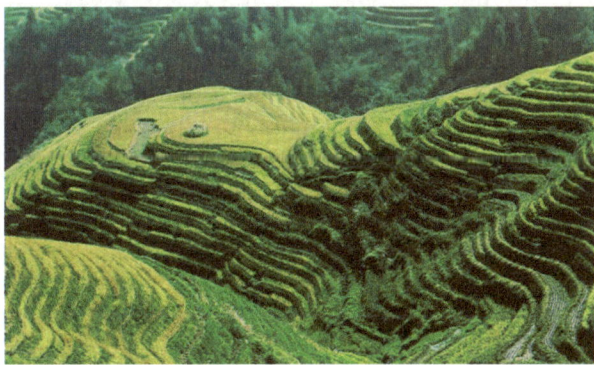

梯田风光

三、自然美的美育作用

当人类有意识地开始对自然进行审美的时候，自然也同时对人起到美育的作用。不同的自然景物风貌，可以陶冶人们的性情、寄托人们的思绪、培养人们的襟怀气质，进行爱国主义教育，对于不同的民族艺术风格形成也有一定的影响。

自然美的美育作用，可概括为以下三方面。

其一，舒心悦目，陶冶性情，净化审美情趣。当人们漫步在秀丽的西湖，不仅心情舒畅，也陶冶人们的情感和性格；浩瀚无边的大海，令人心胸开阔；险峻的高山，磨炼人的意志。自然界诗情画意的美景，激发人们想象力与创造力的发挥。在《论语·雍也篇》中，子曰："智者乐水，仁者乐山。"这也说明自然界的山山水水，对于人的性格修养是很有关系的。平时，人们赞美梅、兰、竹、菊为"四君子"，这是因为它们的自然素质与人的精神品质有着许多类似之处，如梅的耐寒、兰的素雅、竹的正直、菊的坚贞等，所以，许多人常常用它们来寄寓自己的情感，锤炼自己的性格和意志。

其二，开阔胸襟，激发爱国热忱，培养爱国主义精神。

祖国美丽的江山、秀丽的景色，引无数诗人作家吟哦赞美、无数英雄壮士为她献身。祖国，在人们的心中不应是抽象的字眼，它与祖国的山山水水、一草一木联系在一起。如果把祖国比作一个巨人，山脉好比是她隆起的肌肉；江河好比是她流动的血液；森林好比是她美丽的毛发；而社会制度好比是她的灵魂。热爱祖国，应该爱她美丽的外表，更应该热爱她的灵魂。美丽的风景，对人们心灵的发展具有重大的教育影响，教育家的影响是很难和它匹敌的，古往今来，充满爱国主义伟大情怀的仁人志士，无不对祖国的山川大地深怀挚爱之情。爱国诗人杜甫面对雄伟辽阔、烟波浩瀚的洞庭，遥想北国久年不息的动乱，慨然发出了"吴楚东南坼，凭轩涕泗流"（出自《登岳阳楼》）的悲叹。

其三，享受美感，帮助人们更好地创造和欣赏文学艺术的美。

文学艺术家要创造艺术美，必须接受自然美和社会美的熏陶，并从中汲取创作的动力和源泉。我们欣赏艺术美，也应该有自然美和社会美的基础，有助于更深刻地领悟作品的深刻内涵。自然美千姿百态，斗艳争妍，奇险无比，不仅令人心旷神怡、流连忘返，而且使人神驰意飞、情摇心荡。置身其中，王羲之"仰观宇宙之大，俯察品类之盛，所以游目骋怀，足以极视听之娱，信可乐也"（《兰亭集序》）。柳宗元"悠悠乎与颢气俱，而莫得其涯；洋洋乎与造物者游，而不知其所穷。……心凝形释，与万化冥合"（出自《始得西山宴游记》）。苏轼则大彻大悟："夫天地之间，物各有主，苟非吾之所有，虽一毫而莫取。惟江上之清风，与山间之明月，耳得之而为声，目遇之而成色，取之无禁，用之不竭"（出自《前赤壁赋》）。范仲淹在"去国怀乡，忧谗畏讥"和"心旷神怡，宠辱偕忘"之际，奏响了"先天下之忧而忧，后天下之乐而乐"的千古绝唱（出自《岳阳楼记》）。生活在明代末期的徐霞客，长期投身自然，探险历奇，在自然美的陶冶之中，摒弃了古代知识分子非仕即隐的传统人生，开拓了非仕非隐的科学考察的人生，创造了新的人生价值，锤炼了彪炳史册的审美人格，创作了既是科学著作又是文学精品的皇皇巨著。

自然美丽的景色兴旺了现代旅游事业。而今，旅游已成为一种世界性的事业，世界各国人们都热爱旅游。大自然的矿藏是巨大的物质财富，自然美同样也是一笔巨大的精神和物质相统一的财富，有待人类进一步开发和利用。

第二节　感受自然美

一、自然美的特点

自然美的特点，是与自然界丑的事物，与社会美、艺术美相比较而认识的，自然美具有美的一般性，又具有美的特殊性。自然的美与丑，是人类在长期的社会实践中逐步被感知和判断的。自然美的特点，可以归纳为三点：

（一）自然美重在形式的美

自然美具有丰富多彩的外在形式，鲜艳的色彩、奇特的形状是形成自然美的最主要条件。人们在欣赏自然美时，最直接感受到的是自然物的色彩、声音、线条、质料、结构、姿态等形式因素。美的自然物表现在形式上，具有一些符合比例、对称、秩序、节奏以及均衡、和谐等形式美的特征。高耸入云的奇峰、伟岸峭拔的岩壁、挺立不屈的苍松，共同构成了华山的雄浑之美；而婉转低回的小桥流水、杨柳岸的晓风残月，也赋予了江南水乡阴柔之美。自然属性决定了对象的形式特征，使它呈现出具体可感的形象，并且显现出相当独立的社会价值。羽毛洁白、体态优雅的天鹅被人们视为纯洁、善良、高雅的象征。自然美肯定与显示人的自然本质力量，其物质形式客观存在，是自然本身发展的结果。如光照万物的太阳，人们自古以来就赞美它，歌颂它，没有灿烂温暖的阳光，万物不能生长，美也随之毁灭。因此，我们判断自然物美不美，通常会首先从它的自然属性出发，考虑它的形式是否具有形式美的价值，同时它的社会价值、社会意义以及它所间接传达的社会生活内容，往往也是以自然属性为基础的。

自然美与人的社会功利、政治理想、道德行为的联系比较间接、疏远，一般不具备什么倾向性、阶级性，这是自然美内容方面的一个重要特点。如庐山瀑布、黄山云海等，能够被各个阶级欣赏。且自然美由于重在形式的美，更容易被人们接受，从这而言，自然美有着最广泛的群众基础。

（二）自然美具有多面性

所谓多面性，就是自然事物或自然现象在不同的时空练习和不同的自然条件下，会呈现多种不同的美。为什么会有这样的现象呢？

其一，自然美多面性的显示与人们观察、欣赏美的角度有关。

"横看成岭侧成峰，远近高低各不同"（出自宋代苏轼的《题西林壁》）。山形的美在各种角度有不同的美感。作为美的自然物，其自身形体就是由多面构成的。这些不具有固定意义的线、面、体由于欣赏的时间、光线、距离、角度的不同，同一自然物就会呈现不同的美。所谓"景随步移"就是这个道理。叶圣陶先生在《苏州园林》一文中就谈到苏州园林的美，之所以能形成从任何一个角度看过去都是一幅画的审美效果，正是因为自然美具有多面性。欣赏大自然的雷电现象，当看到它耀眼的光辉时，会觉得它美丽；当听到由远及近传来隆隆的雷声时，又会觉得它壮美。观察角度不同，所领略的美也不同。

大自然生生不息，自然美也是不断变化、层出不穷。如宋代郭熙的《林泉高致》云、山有四时不同，"春山烟云连绵人欣欣，夏山嘉木繁荫人坦坦，秋山明净摇落人肃肃，冬山昏霾翳塞人寂寂"。自然界气象万千、森罗万象、瞬息万变，它给人的感受也是时时不同。

与此相似，欧阳修在《醉翁亭记》中所写琅琊山，"若夫日出而林霏开，云归而岩穴暝，晦明变化者"，写的是山间景色早晚的差异；"野芳发而幽香，佳木秀而繁阴，风霜高洁，水落而石出者"，则是山间景色四季的不同。

其二，由于自然本身的属性是多方面的，与人类生活的联系也是复杂的，决定了自然物的美在与人类生活的特定联系中，会得到不同侧面的显示。甚至同一自然物，在不同条件下可能出现美与不美这样完全对立的情况。如八月十五观看钱塘江大潮，滚滚波涛给人雄伟壮丽、气势磅礴的美感。但当怒潮冲毁堤坝，毁灭农户村庄，危及人民生命财产安全时，就毫无美感可言，已变成一种危害人民生命财产安全的丑恶。

在自然美中常出现美丑两重性，面对同一对象不同的人会有不同评价。如老虎，苛政猛于虎、笑面虎，这里的"虎"都是邪恶的象征，人们对它的评价是丑。而将门出虎子、虎头虎脑、虎头鞋等的"虎"又成为威严、壮美的象征，人们对它的评价是美。可见老虎既有赞誉，又有骂名。

老鼠亦然，如民间有"老鼠成亲"的年画，齐白石画中也有可爱的老鼠，《夜静鼠窥灯》中的老鼠极为机灵。但在大多数情况下人们还是憎恶老鼠的，它毁人财物传播瘟疫，所以"过街老鼠，人人喊打"。

又如柳絮，李白《金陵酒肆离别》中"风吹柳絮满店香"，表现出很热烈的氛围；而杜甫《漫兴》中"癫狂柳絮随风舞，轻薄桃花逐水流"，给柳絮以否定性评价。

自然事物的美丑两重性何以产生？是因为它的外在形式与人的利害关系发生交叉。倘若形式联系是有益于人，至少是无害于人的一面，自然物就是美的。倘若形式联系是有害于人的一面，自然物就是丑的。总之，美丑两重性是自然物的自然属性（决定了外观形式）与社会属性交叉的结果。如：老虎，作为食肉动物一般不吃人，但吃人们豢养的家畜则是常事，这是它凶残、于人有害的一面。但是，如果老虎于人无害时，它也显得很富有阳刚之美。它的皮毛很漂亮，杏黄底起深褐色花纹，而且纹路是有力量的折线。更别说爪牙、吼声、动作……这样它才成为森林之王。不过人们要欣赏老虎的美，必须与它的实际利害相隔绝，如：拍成录像、关进笼子等。这些，正是"距离产生美"的一个佐证。

（三）自然美的易变性

所谓易变性，就是自然事物或自然现象的美，常常处在不断的变化之中，那些最美妙最富魅力的景象，甚至像昙花一现那样稍纵即逝。自然美较之于社会美，特别是较之艺术美，具有易变的特点。其原因在于：自然物本身是在无休止地运动变化的。云雾烟霭的美是如此飘忽不定，日光月辉的美又是那样的千变万化。雨后的彩虹、沙漠里的幻景，万顷碧波上的蓬莱仙景，转眼间不知去向。早晨的霞光、落日的暮辉，同是金黄的世界，却又是那么的千差万别。而月光下的世界更是千姿百态、变幻莫测。

高山、大海、冰川等变化较为缓慢，但也要随环境这些自然物的其他外部条件的变化而变化，因而也会呈现不同的美。如水的颜色，一般是春绿、夏碧、秋青、冬黑；天上云彩的颜色一般是春灵、夏苍、秋净、冬暗。就是远离人类多少光年的星体，随着它们自身运行的变化，也会出现日食、月食等自然现象。概言之，自然物不停息的变化是造成自然美易变性的根本原因。

自然美是"自然的人化"——直接或间接打上人的烙印，从而，自然物既受自然内部变化规律的支配，又受人类社会实践的影响，使自然美呈现出不同的审美特性。由于人们观赏自然物处在不同的时空条件，有远近、方位、四季、梦暮、阴晴的变化，所以对同一个审美对象就会产生不同的审美感受。我国古代画家从不同季节观察山、水、云、木的变化，总结出不同的美感。例如，山景四时是"春山澹冶而如笑，夏山苍翠而如滴，秋山明镜而如妆，冬山惨淡而如睡"（出自宋代郭熙《林泉高致·山水训》）。水色是春绿、夏碧、秋清、冬黑。云气四时是春融怡，夏蓊郁，秋疏薄，冬暗淡。林木四时是春英，夏荫，秋毛，冬骨。春英是指叶细而花繁，有一种萌芽之美；夏荫是指叶密而茂盛，有一种浓郁之美；秋毛是指叶疏而飘零，有一种萧疏之美；冬骨是指叶落而树枯，有一种枝干如骨的挺劲之美。同一对象选择不同时间对其进行观照就能产生不同的审美感受。

不同的环境下观赏，也能获得不同的美感。应选择适当的条件去观照对象，才能获得更多美感。如清代文人张潮所说："赏花宜对佳人，醉月宜对韵人，映雪宜对高人。""月下听禅，旨趣益远；月下说剑，肝胆益真；月下论诗，风致益幽。""楼上看山，城头看雪，灯前看月，舟中看霞，月下看美人，另有一番情趣。"松下听琴给人深厚古朴的审美感受，月下听箫给人悠远静逸的审美感受，涧边听瀑布给人飞流倾泻的壮美之感，山中听松风给人超凡入圣的审美感受，觉耳中别有不同。（出自《幽梦影》）。

自然美的丰富多彩，还可以从自然物与人的不同联系去分析。同一自然物，由于人们的欣赏角度不同，也获得不同的美感。欣赏角度又可分为空间角度和情感角度。黄山"耕云峰"上有块奇石，如从皮蓬一带观看像鞋子，而在"玉屏峰"前右侧去欣赏却像一只松鼠，面对"天都峰"仿佛正要跳过去，因而又称松鼠天都。这是空间角度的转换，使观赏者获得不同的感受。老舍的小说《月牙儿》中，有这样的描写，同一个"我"在同一个院子里看同一个月牙儿，由于主体的心境不同，看到的月牙儿的美就不同：有时，看到的是"一点点微弱的浅金光儿"；有时，看到的是"老有那么点凉气，像一条冰似的"；有时，看到的是"比什么都亮，都清凉，像块玉似的"；有时，看到的是"清凉而温柔，把一些软光儿轻轻送到柳枝上"。这是情感角度的转换，使主体获得不同的感受。因此，对同一对象可以选择不同角度对其进行观照。

总之，由于自然事物的运动变化，自然对象与人的不同联系，表现出丰富多彩的自然美，体现出它的易变性，给人以不同的审美感受。

此外，人们不停顿的实践活动也会影响自然界。人们正确的实践活动无疑会增添自然物的美。如按照合理的布局进行城市建设；在一些公园、风景区修建一些亭台楼阁、植树栽花等，都可以美化自然环境。但当人们还未充分认识掌握客观规律，而又盲目进行一些带有破坏性的活动时，如毁坏山林、破坏生态平衡等，必然会削弱、破坏自然美。总之，无论是建设性或是破坏性的活动都会引起自然美的变异。

夏荷

残荷

二、感受自然美的独特魅力

我们每天都生活在美丽的大自然中，自然美无处不在，无时不有，早晨漫步河边，有清风拂面、朝霞满天；傍晚徜徉于校园，有花香扑面，杨柳轻扬；夜晚静卧，窗下有明媚的月光洒落你的枕旁。只要你是一个善于运用审美感官发现自然美的有心人，就会敏锐地发现，生活周围处处都有自然美。

（一）要培养一种欣赏自然美的习惯，训练一双善于发现自然美的慧眼

法国著名雕塑家罗丹曾说过："美，到处都有的。对于我们的眼睛，不是缺少美，而是缺少发现。"[1]早晨，我们推开窗户，窗外的绿树红花、云蒸霞蔚便展现在眼前；中午，我们踏上马路，路边树影婆娑，树上蝉鸣鸟语，自然美就在我们的环境中。要欣赏自然美，首先就在"发现"二字。我们生活的每一步都应当是审美行为的一个积累。失之于草，不能"发现"，惯而成俗，终究要使每天弥漫在自己周围的许多自然美悄然溜走。因此养成审美习惯，练就一双善于"发现"美的慧眼是获得自然美的首要条件。

（二）要重视自然美形象的直观特征及其各构景要素的组合关系

自然美是以其宜人的形式特征取悦于人的。欣赏自然美就必须以审美对象的形式美和现象美作为感知的基础和起点。人们欣赏桂林山水，首先就是通过感官直接感知其江

---

① 罗丹.罗丹艺术论[M].葛塞尔，记.沈琪，译.北京：人民美术出版社，1978：18.

水的碧绿澄澈的色泽、蜿蜒曲折的流态,感知其山峰平地拔起的形状、青翠苍郁的颜色之美的。但是自然美不仅仅是单一的具象美,在通常的情况下多是由各构景要素有机组合的完整统一的形象美。一朵山茶花是由其鲜红的颜色、硕大的花蕊及其相互关系而构成的整体美的形象。一看桂林山水,其基本构景要素是青山与绿水,同时这山与水又以其各自的幻变特征、色彩对比与彼此相互映衬的组合关系,构成了一种明媚、秀丽、清奇的山水景观。当人们掌握了这些审美对象的直观特征和构景要素之后,就会产生审美愉悦,强化审美感受,从而为审美感受的高一层次的联想、想象和创造新的美的形象打下基础。韩愈的"江作青罗带,山如碧玉簪"(出自《送桂州严大夫同用南字》),贺敬之的"云中的神呵雾中的仙,神姿仙态桂林的山,情一样深呵梦一样美,情深梦美漓江的水"(出自《桂林山水歌》),都是以其所感知的桂山漓水的具体表象为前提进行升华,从而再造想象和创造想象的高级形态美的。这就使桂林山水由此而倍增光辉,使人们的审美愉悦也由此而达到了极致。

(三)把握各自结构特点,多角度地观赏

大自然的具体形态主要表现为形式美。形式美又可分为因素美与整体美,看到垂直竖线,产生挺拔感;看到水平横线,产生稳定感;看到曲线,产生流动感。看到红色,感到温暖、热烈;看到蓝色,感到清凉、沉静;看到橙色,感到温和、活跃,诸如此类,都是形式不同的因素美所唤起的美感。但对自然形式的美来说,整体美却更为重要。实际上,任何一个自然物象,都是由多种形式因素构成的。一朵花的美,就是由色彩、姿容、线条、芳香四者有机构成的外在形态的美。一块雨花石的整体的形式美,则是由雨花石的质地、造型、色泽、花纹共同组成的。"一道残阳铺水中,半江瑟瑟半江红。"白居易《暮江吟》这里主要描绘残阳映水所产生的色彩美,是由夕阳的金红色光芒同瑟瑟颤动的碧绿江水相映生辉造成的。水波荡漾,使色彩不断变幻,更增添了引人的魅力。

我国山水画的散点透视就是多角度观赏自然山水的审美经验的集中表现。或仰视或平视或俯视,视线是流动的,影像是丰富的。有时即使是平凡的小景,也能呈现出仪态万千的魅力。如黄山半山寺对面天都峰上一块奇石"金鸡叫天门",活似一只引颈高啼的鸡,但当人们登上龙蟠坡的左上方再回顾这块奇石的时候,它却变成了"五老上天都",五位老人弓腰曲背,联袂而行,他们不畏艰险的攀登姿态,鼓舞游人向天都峰进发。

(四)把握自然美的多层次性和完整性

浏览风景,还处在时间流动的过程中,所以还得注意时间因素。首先是观赏要顺应自然感性面貌因时而变的特点。同一景物,在不同节令、不同气候、不同时刻,风貌各异,欧阳修是深谙此中奥秘的。他在《醉翁亭记》中说:

"若夫日出而林霏开,云归而岩穴暝,晦明变化者,山间之朝暮也。野芳发而幽香,佳木秀而繁阴,风霜高洁,水落而石出者,山间之四时也。朝而往,暮而归,四时之景不同,而乐亦无穷也。"

这段文字精彩记述了琅琊山朝暮晨昏、春夏秋冬景色的变化。既然景随时变，观赏就得选择时间。其次，景观欣赏是在时间流动的过程中进行的，景观的空间结构和观赏的时间流程统一，决定了景观欣赏动观和静观相结合的原则。旷景提供的空间开阔，狭景提供的空间较小，前者宜动观，后者宜静观。但动观也不是走马观花，而需要选择若干观赏点，驻足静观，这就叫"动中有静"；静观也不一片死寂，我们或凭栏眺望，或坐石小憩，所见行云流水，鸟飞花落，则是以静观动，这就叫"静中有动"。观赏时动静结合，使景物越发多姿多彩，兴味无穷。

第三节　欣赏自然美

自然美有变化无穷的形式。它在空间中展开为各种各样的静态形象；在时间中的展开，无论是四季交替，昼夜变化，风蚀浪淘，生命变换，都使自然呈现出变化无穷的形式与形象。

自然美有神秘深远的意蕴。它并非只是以形式示人，而是真正蕴含着宇宙感、历史感、规律感、生命感等，自然美的意蕴是人类无法完全了解，或者说人类也许永远不能完全了解的，深远的意蕴使自然美有着一种神秘感。人化自然中的美还体现着人的力量、智慧，有着丰富的文化历史蕴含。

因而，任何一次自然美的亲历，都会给人带来愉快和享受。

自然充满了灵性、充满了生命、充满了力量，与自然的对话使人升华与深沉。每棵小草，每片岩石，都会悄悄地诉说着生命的秘密。在大自然中人会发现自己的渺小与卑微，会去追求生命的无限与永恒……

在今天，在逐步被灰色的钢筋水泥包围的、熙熙攘攘的环境里，人的心灵与思绪也像是灰暗的、烦躁的、被束缚的，当人们走近自然的时候，都会产生陶渊明《归园田居》时同样的想法——"久在樊笼里，复得返自然"，人是自然之子啊！

一、自然美的欣赏

自然美丰富多彩，自然界中美的自然事物千差万别。由于自然美的象征性、不确定性和审美主体的美感差异性等原因，使得自然的审美效果因人而异。但又因为美是有规律的，美感是有共性的，所以我们又可以对在长期审美实践中所形成审美指导经验进行归纳概括。

（一）从自然景物的形式特点去欣赏

通过前面的学习我们知道了自然美侧重于形式美，它的美的展示是靠色彩、光线、线条、形状、声音、质感等形式因素来完成的。这些形式因素及它们的组合所形成的色相、色调、彩度、亮度、垂直、弯曲、高低、宽窄、长短、大小、软硬、冷暖、轻重、比例、均衡等形式感会在一定的时空里给审美主体带来各种各样的审美感受，如艳丽、素雅、沉重、飘逸、崇高、伟大、优美、渺小、刚劲、柔弱、匀称、稳定等。因此，欣赏自然美首先要从自然物的形式特点着眼，比如，山看形、水看势、花观色、树观姿、石看肌理、云看动静等。为此，欣赏者要努力培养锻炼自己的形式感受能力，在自然美的审美活动中这只是第一步的浅层次要求。

钱塘江潮

（二）在时空运动中欣赏

一切事物都在时空中运动、变化、发展。自然美的多面性、易变性更要求我们的审美活动一定要在时空运动中进行，自然景物的具体形状、姿态、颜色等会因为欣赏者与之相对的距离、方位、视角、时间的变化而变化。这种变化使自然美更加千姿百态，百看不厌。

在空间运动中欣赏自然事物的美，较之静观更全面、更生动、更富于变化而趣味无穷。"横看成岭侧成峰，远近高低各不同"（出自宋代苏轼的《题西林壁》）的审美效果就是在空间运动中得到的。山和人世间相对地说山是不动的，倘若人固定在某一位置静观，那是绝对看不到峰岭相易、高低变换的奇观美景的，所谓"景随步移"就是这个道理。我们常见摄影家们为了拍好一个景物，不断变换方位角度，有时登高俯拍，有时倒地仰拍，这俯仰之间就使自然景物情感表现大相径庭了。我们在泰山脚下仰视泰山时，泰山是那样的巨大、沉稳、雄伟、挺拔，一种震撼心灵的仰慕、崇敬之情油然而生；当我们登上泰山极顶透过云海俯视群山"会当凌绝顶，一览众山小"（出自唐代杜甫的《望岳》）时，泰山是那样的博大、超尘，一种胸襟宽广、无限豪迈的情感涌动于怀，同样的我们，同样的泰山，只因距离、位置、角度的变换就使我和泰山都得到了更新。至于像雁荡山的"合掌峰"那样，因为方位、视角的变化而不断变换造型的例子就不胜枚举了。当然，也要注意动静结合，需要仔细玩味，甚至需要遐想冥思的地方也要驻足静观。

时间是取得最佳审美效果的必要条件。要想看到惊心动魄的钱塘江大潮，错过八月十八你就只能十分遗憾地望江兴叹了。松花江在吉林市穿城而过，据说由于上游有名的丰满水电站的作用，这里的松花江水温稍高于其他地方，所以严冬季节松花江边所有的树上都会挂满晶莹剔透的"雾凇"。然而，要欣赏到这一派"玉树琼花"的北国奇观，就只有在冬季。就是同一景物也会因时间变化而变化，如一棵湖边杨柳，春天是杨柳依依，夏天是绿柳成荫，秋天是黄叶凋零，冬天是光秃秃的枝条在冷风中萧瑟了。

（三）从自然景物的文化附着去欣赏

自然景物的文化附着是指和自然景物相关的文字、绘画、雕塑、建筑及典故传说、风土人情等文化因素。"山不在高，有仙则名；水不在深，有龙则灵"（出自唐代刘禹锡的《陋室铭》）。自然与文化相得益彰，自然山水因名人而成胜地，名人因山水胜景而名扬四海。例如，久负盛名的江南三大名楼和崔颢、王勃、范仲淹三人的名字已是浑然一体了。试想，如果没有"昔人已乘黄鹤去，此地空余黄鹤楼。黄鹤一去不复返，白云千载空悠悠"（出自唐代崔颢的《黄鹤楼》）、"落霞与孤鹜齐飞，秋水共长天一色"（出自唐代王勃的《滕王阁序》）、"先天下之忧而忧，后天下之乐而乐"（出自宋代范仲淹的《岳阳楼记》）这些千古绝句，那黄鹤楼、滕王阁、岳阳楼的审美价值不知道要贬值多少了。通过欣赏自然美而了解历史，增长知识，欣赏文化艺术，较深的学识文化和艺术修养能够加深对自然美的审美感受。

（四）寄情于景的欣赏

自然美的象征性和不确定性给了欣赏者以联想和想象的极大空间。审美主体在审美过程中，以具体可感的形象为基础，通过联想与想象，以人度物，寄情于景，托物抒怀，化景物为情思才能达到情景交融的境地，欣赏自然美景如能到此境界，可说是深化一层了。寄情于景、情景交融是中国传统的审美观。早在南北朝时期的刘勰就提出了这样的审美观。他提出，"物以情观"，"情以物兴"（出自刘勰的《诠赋》），"登山则情满于山，观海则意溢于海"（出自刘勰的《神思》）等观点，对后人走上以情观景的审美道路起了极大的指导作用。"物以情观"就是以饱满的情感去观物，这种"观"是审美的"观"，是包含情感的"观赏"；"以物观物"，主客是对立的，这种"观"是科学研究的"观"，是客观冷静的"观察"。这既是审美欣赏和科学研究的不同，也是中西自然审美观的差别。寄情于景或以情观物有两方面的含义。一是说审美主体在观赏客体景物时，把原本没有生命的东西看成有生命的东西，仿佛它们也有感觉、情感、思想、意志，同时主体自己也受到客观景物的这种错觉的影响，和这种错觉发生共鸣。例如前面所列举的登上泰山极顶时自我感受到的这种"胸襟宽广、无限豪迈"的情感，正是物我交融而产生的"泰岳即我，我即泰岳"的错觉所带来的。二是说审美主体带着某种主观感觉、情感、思想、意志去观赏外界事物时，主动将主体生命力移入或灌注到对象中，对象也就染上了主观色彩。比如杜甫的两句诗，"感时花溅泪，恨别鸟惊心"（出自《春望》），是诗人目睹"烽火连三月"的战乱及由此造成的"城春草木深"的景象，又联想到妻儿生死未卜、音信杳然，于是诗人的忧国、忧民、忧家，百忧交集之情赋予花，花"溅泪"；赋予鸟，鸟"惊心"。

（五）由情入理的欣赏

这可以说是自然美欣赏的最高阶段。由情入理的欣赏就是不停留在自然山水外部形象的审美，而是由情入理，发掘出内在的精神美。《初学记》上说，"孔子观于东流之水。子贡问曰：君子见大水必观焉，何也？孔子曰：大水，遍与诸生而无为也，似德。其流也埤下，裾拘，必循其理，似义。……主量必平，似法。……其万折也必东，似志。是故君子见大水必观焉。"在孔子看来，东流之水蕴涵着德、义、法、志等精神，貌似观水，实乃体会精神。苏轼在《宝绘堂记》中提出"君子可以寓意于物，而不可以留意于物"的自然审美观。"寓意于物"是说审美是寄托情感与外物，"情以物兴"获得审美愉悦。这种审美愉悦是"心游于物外"而获得，因而没有功利目的，才能物以情观、情以物兴，由情入理。如若"留意于物""心游于物内"就有了对物的占有欲的功利目的，因而有伤于审美愉悦。如他的《题西林壁》就是观物寄情而由情上升到理，"不识庐山真面目，只缘身在此山中"，达到了自然审美的最高境界。

二、景观美的欣赏

景观泛指风景、景物、景色。《辞海》解释为：一般的概念，泛指地表自然界的；特定区域的概念，专指自然地理区划中起始或基本的区域单位，是发生上相对一致和形态结构同一的区域，即自然地理区；类型的概念，类型单位的通称，指相互隔离的地段按其外部特征的相似性归为同一单位，如草原景观、森林景观等。这个定义严格地说不够严密，除上述地表界外还应包括天象和太空景色。景观可分为两大类：自然景观和人文景观。景观的审美意义是以其构成因素的天然自然物象或人造自然物象来体现的，所以不管是自然景观美还是人文景观美，其美的形态基本上属于自然美。

置身于大自然的美丽风光之中，不但会使我们得到美的享受，使自然景观与人的情感交融在一起以达"畅神"之境界，而且会丰富我们的历史知识。展现在我们面前的风景美，往往同历代建筑、文物古迹所反映的人工美结合在一起。

（一）自然景观形象美的构成

1. 结构形状美

自然风景的结构，是各种形式的自然因素有规律的组合。

自然美的基础和核心是形状美。自然美首先是以它的空间形式给人以美感。如我国著名的五岳，它们有着各自的外形特征：泰山如坐，华山如立，衡山如飞，恒山如行，高山如卧。这如坐、如立、如飞、如行、如卧的外形造成它们的形象美。再如号称"天下第一奇观"的云南路南石林，长满了奇峰异石，或如母子相偎，或如夫妻对叙，或如少女静立，或如勇士驰骋，或如长剑刺天，或如古塔入云……正是这高低错落、纵横俯仰的千姿百态，使之蔚为大观，令人目不暇接。

2. 色彩美

大自然就是由五彩缤纷的鲜花、绿树、山石及红日、白雪等构成，为我们提供了极为丰富的色彩美。以鲜花为例，不同的花有不同色彩，如雪白的梨花、火红的茶花、粉红的桃花、金黄的菊花等。云南的山茶花、峨眉山的杜鹃花、八达岭的杏花等，都是以色彩美闻名于世的。自然界中的色彩随着季节的变化而变化，深秋时北京香山红叶"红似二月花"，冬季时长城雪景洁白无瑕，银装素裹。大自然中比较稳定的是土壤的暗色调，给人以浑厚、深沉之感。和土壤相比，岩石的色彩要丰富一些，有黄色、白色、红色、灰色和绿色等。在植物世界里，99%的色彩是绿色，绿色是一种使人视觉最舒服的基调色彩。绿色象征着生命力，生活在绿色的海洋里，能使人有一种清新和愉悦的心理感受。大自然中还存在着动物的色彩美，如金鱼、白鹤、黄雀、蝴蝶、孔雀等，都能呈现出极其丰富的色彩美。

秋

3. 声响美

自然风光是有声有色的，它还具有声响美，让人在获得视觉享受的同时，也获得听觉享受，晋代左思诗云："非必丝与竹，山水有清音"（出自《招隐二首》）。在大自然中，风起松涛，雨打芭蕉，飞瀑飒飒，流溪淙淙，虫鸣啾啾，鸟啼唧唧……构成了和美的交响曲。辛弃疾一次夜行，沿路风光给他留下最深刻的印象中有蝉声和蛙声："明月别枝惊鹊，清风半夜鸣蝉。稻花香里说丰年，听取蛙声一片"（出自《西江月·夜行黄沙道中》）。还有一次，他在山岩游玩，为流水声陶醉："高歌谁和余，空谷清音起。非鬼亦非仙，一曲桃花水"（出自《生查子·独游雨岩》）。在我国许多名山里，建有"听泉亭""松涛亭"等，就是为了便于游人欣赏大自然的音乐般的声响美。

风光美中也给人以嗅觉、味觉、触觉上的审美享受。"稻花香""鸟语花香"的"香"是嗅觉上的，品尝甘泉、清溪、香茗是味觉上的，"山路元无雨，空翠湿人衣"是触觉上的。风光美让人得到作用于全身所有感觉的愉悦。审美时，在所有感觉中视觉和听觉特别重要，因此形状美、色彩美、声响美最为人所重视。

4. 动态美

动与静是相对的，又是相辅相成的。人动物静、物动人静都是产生动态的变化。风景中动态美主要由流水、瀑布、波涛、溪泉和浮云飘烟等要素构成。风是无形的，但它是形成动态美的动力。它能驱散浮云、掀起波涛、吹拂柳枝、传送花香。诗人常把垂柳比喻成美女的长发，随风飘摆，显示出柔和的动态美。黄山素有"云海"之称，许多画家、诗人认为黄山妙就妙在烟云中。每当烟云升腾，时而犹如大海波涛翻滚，汹涌澎湃，时而悠然飘逸，从你脚下徐徐而过，真像在"仙境"和"云中游动"一般，使人感受到一种飘动的美、荡漾的美。山海关地区的燕塞湖有小桂林之称，当人们乘船在湖中观赏两岸风光时，群峰环抱，白云飘浮，碧水如镜，奇峰似乎在水中飘荡，船儿似乎在青山顶上游动。如果在风景区再看到彩蝶翩翩起舞、雄鹰展翅飞翔，就更增添了风景中的动态美。

（二）自然景观形象美的特征

雄、秀、奇、险、幽、旷等既是自然景观的形式美，也是自然景观美的特征。

1. 雄

所谓雄，就是粗犷壮美、气势磅礴的自然景观。它能使欣赏者产生惊心动魄、庄严伟大、崇高敬仰、豁达豪放等深刻情感，进而产生赞叹敬畏之心。山势的雄伟是此种形象的最具代表性的景观。如五岳之首泰山，就以雄伟高大而闻名于世。杭州钱塘潮也是典型的雄伟美形象。苏东坡曾有诗赞曰："八月十八潮，壮观天下无"（出自《催试考官较戏作》）。

李白的《望庐山瀑布》："日照香炉生紫烟，遥看瀑布挂前川。飞流直下三千尺，疑是银河落九天。"苏轼的《赤壁赋》有云："月出于东山之上，徘徊于斗牛之间。白露横江，水光接天。纵一苇之所如，凌万顷之茫然。浩浩乎如冯虚御风，而不知其所止；飘飘乎如遗世独立，羽化而登仙。"古人对自然造化之伟大壮美，竟如此神往，一洗尘世俗鄙屑琐之心，飘飘然如羽化飞升。此种心境和幻觉的产生，正是由于作者面对赤壁的壮美景色所致。

2. 秀

所谓秀，就是柔和秀丽、优美妩媚的自然景观。《康熙字典》上对"秀"是这样解释的："秀，荣也，茂也，美也，禾吐华也。"秀美又可细分为雄秀、雅秀、清秀、媚秀等不尽相同的美。这种景观能使人产生轻快、亲切、闲适、恬淡的审美感受。面对此种风景往往能产生一种心旷神怡、精神愉快的美感效果。如四川峨眉山、杭州西湖等。

杭州西湖

3. 奇

所谓奇，就是形态奇特、出人意料的自然景观。这种景观会使人产生意想不到而又要探其所以的审美心理感受。面对此种自然风景最容易使人浮想联翩，唤起审美主体对生活的联想，如黄山的奇松怪石、云海佛光等。

黄山奇松

黄山云海

4. 险

所谓险，就是那种峻峭、突兀、危绝的景观形象。这种景观会使人在心惊肉跳、惊恐万状的心理感受中得到痛快淋漓、永难忘怀的审美感受。面对此种自然风景能使人产生好奇心，激起审美主体一种"明知山有虎，偏向虎山行"的豪情壮志，坚定征服自然的决心和意志。当经过"千尺幢""擦耳崖""上天梯""苍龙岭"等险境而攀上华山顶峰时，你会陡然产生一种征服大自然后而激起的由衷的自豪感。

5. 幽

所谓幽，就是景色深藏、隐蔽、僻静，是一种静谧、幽深、清冷、单纯而又略带神秘的景观形象。这种景观可以使人得到清雅、安静、含蓄内在的审美感受。优美的自然风景区一般都呈封闭或半封闭状态，如山谷、山间盆地；再就是由高大的树木遮天蔽日而形成的寂静空间。如四川的青城山素有"青城天下幽"之称。

6. 旷

所谓旷，即开阔、开朗之意，其特征就是视野开阔，一览无余。这种景观可以使人产生心旷神怡、襟怀宽广、宁静致远的审美感受。构成旷美的自然风景有平原丘陵或高原地区的江河湖泽、田畴原野等。位于云南省昆明市的滇池，以开阔的水观为主体，视野开阔，水面坦荡，空阔无边。登临西岸大观楼，美丽滇池风光尽收眼底。"天苍苍，野茫茫，风吹草低见牛羊"，是形容大草原的开阔气势。

（三）人文景观的文化内涵

自然美中还包括人文景观美，对于艺术化了的风光区来说，更为突出。人文景观，一是指人文古迹。我国有悠久的观赏山水的历史，很多自然风光区，都留有前人整修的遗迹。特别是一些著名风景区，大都经历了数百年甚至一两千年的改造、加工，凝聚着我国人民的智慧和民族文化。例如杭州西湖，远在六朝就得到开发，唐代便成为游览胜地。以后历代，直到现在，始终未曾中断过对它的修饰。西湖的白堤、苏堤、三潭印月、林和靖墓、岳王庙等，以及人们精心养殖的鱼塘、培育的花圃，处处可见的历代字画、碑刻、文物等，都为西湖装点了美景，营造了浓郁的文化氛围。郁达夫的诗写道："江山也要文人捧，堤柳而今尚姓苏。"（出自《乙亥夏日楼外楼坐雨》）说明了人文遗迹对造就西湖风光的重要性。

人文景观，还指当地的民俗和传说。各地风光，都是和这些地区的风土人情、文化习俗联系在一起的。当地的服饰、烹饪、民居、婚丧礼仪习俗，以及民间工艺、歌曲、舞蹈、神话、传说等，也是风光审美的对象，让游览者兴趣倍增。例如，游览云南大理的苍洱风景区，当我们憩息在苍山的蝴蝶泉边，荡漾在被称为高原明珠的洱海上，漫步在摆满蜡染、扎染、大理石等各种工艺品的旅游摊点旁，看到热情好客的苗族青年身着

太湖石

民族服装，边唱边跳，向你献上苗族人敬客的王道茶时，你就会觉得景美人更美，人、景融为一体，相得益彰，构成了最美的风光。有关自然风景的民间神话和传说，还能使你在观看自然美景时趣味盎然。如三峡之畔的神女峰、雁荡山上的夫妻峰、桂林七星岩上的歌仙台、路南石林里的阿诗玛……都有和它们鬼斧神工的自然风貌相联系的神话、传说，笼罩上别有情趣的审美色彩。

人文景观是人类艺术文化的结晶，是民族风貌和特色的集中反映，同时还是社会和时代的物化成果。人文景观具有以下的一些特点。

1. 悠久性

人类文明的脚步已经走过了几千年，在漫漫的历史长河中，人类不但创造了丰富的物质财富使自身得以生息、繁衍、发展，而且创造了辉煌的人文财富使自己的精神世界得以陶冶和拓展。仰韶文化、河姆渡文化、良渚文化，还有古希腊文化、古埃及文化、古印度文化……从古人类遗址、万里长城、埃及金字塔到宫殿皇陵、寺庙碑塔、名人故居、苏州园林，无处不在诉说着人类文明灿烂的悠久历史。

2. 多样性

不同种族、不同民族的人们，不同区域、不同国家的人们，必然产生各自不同的文化。每个民族都有自己的文化历史，并因此形成独特的民族风情、地域习俗、建筑风格和审美情趣。所以，人文景观因上述的种种差异而形成了形式、内容多姿多彩的形态多样性。比如，新疆维吾尔族姑娘的舞蹈热烈、奔放；西双版纳傣族姑娘的舞姿如水轻柔；西北山区的窑洞，沿海都市的高楼；大兴安岭的狗拉雪橇，洞庭湖上的点点白帆……无不体现着人文景观多姿多彩的形态。

3. 融合性

人类文化的发展一般是要经历一个原创—继承—创新—发展—扩散—融合的过程。只有具有了民族性，才能进而具备世界性。每一种文化都会在世界的经济文化交流中融合其他文化，和被其他文化所融合。比如，中国的园林艺术被复制到了美国，而美国的爵士摇滚却得以在中国流行。所以人文景观具有很明显的融合性。

西湖夜景

4. 时代性

人文景观是"附在自然景观上的人类活动形态"，是人类为满足某种实际需要，利用自然界所提供的材料有意识地在自然景观之上叠加了人类的创作而形成的。人类有意识的活动是无休止的，人类为满足某种实际需要，将会不断地制造出新的人文景观。很多自然资源是不可再生的，自然景观也是不可再造的。人文景观却会和人类社会同步前进。所以，人文景观具有很强的时代性。比如，上海这个国际化的大都市日新月异地更新着城市功能和面貌。一个国家、一个民族的时代感，在它的人文景观中将得到充分体现。

三、景观美的实例

（一）中国园林

中国园林，历史渊远流长；中国园林，极富诗情画意，是融自然美和建筑美于一体的景观。中国园林的艺术特色，主要有以下几个方面：自然天成、情景交融、诗画意境、起承转合、时空变幻和借景对比。

中国园林的
艺术魅力

1. 自然天成

我国的园林艺术"虽由人作，宛自天开"，意为虽然园林是由人工建的，却仿佛是自然形成的一样。我国园林艺术是在自然山水的基础上进行的再创造，强调自然山水草木本身的美。园林中的各景点的设计不能破坏自然的和谐统一。

无论是石的堆叠、水的分聚、树的排列、花的分布，都要效法自然，使园林的写意性和浪漫色彩与自然本身的特征水乳交融地统一在一起。"宛"，包含有似真非真的含

义，具有与我国古典艺术中所追求的"贵在似与非似之间"一脉相承的美学意蕴。

2. 情景交融

我国园林在强调自然外貌的同时，还强调运用园林景物来表达人的情感志向。融情于景，以情驭景，通过景物来表达人的情感，景物是人的人品外化的载体。我国古人用"江山"来代表国家社稷；用松、竹、梅来自喻清高的品格。园林中的掇山、掘湖、植花、种树、置景、设亭、题匾、编联等都讲究比兴，着意于情绪的渲染和情感的寄托。

3. 诗画意境

我国的园林从来都是被当作诗和画来欣赏的，被看成是立体的诗、流动的画。园林设计者往往从高度发达的抒情诗和内容丰富的山水画中寻求再现自然美的灵感，把园林当作诗画来创造。无论是形象构造，总体布局，还是山石、林木、花卉的细节处理，都力求诗情画意之韵味。

园林景点的命名也非常讲究，寥寥数字要概括出景点的意图和性格。如北京颐和园取"颐养冲和"之意，意述是下辈对上辈的孝养。所以园中殿堂多以"寿"字来命名。如"万寿山""仁寿殿"等；杭州西湖十景，名字极美，韵味无穷："苏堤春晓""断桥残雪""雷峰夕照""曲院风荷""平湖秋月""柳浪闻莺""花港观鱼""南屏晚钟""双峰插云""三潭印月"，每一景点的名字都是一首诗、一幅画。

在《红楼梦》第十七回，贾政为省亲大观园景点取名，可谓绞尽了脑汁，贾宝玉为此也遭了不少罪。从中可以反映出我国古代对园林取名的重视程度。

4. 起承转合

我国园林的创意不是平铺直叙的，而是把文学、戏剧的技法融入其中，讲究景点的连接转换，景观变化的起伏跌宕。有人形容道：园林山水是案头上的文章，文章是地面上的山水。"起"就是开头，"承"就是承接过渡，"合"就是概括。园林山水好比是一出戏剧，它同样有序幕、发展、高潮、尾声部分。

5. 时空变幻

我国园林注重把日涉成趣、移步换景作为园林构思的重要组成部分。日涉成趣就是在同一园林每天都能发现新的趣味，移步换景就是每当审美主体的欣赏角度发生变换，都能看到新的景致。

为达到这一目的，园林设计者在园林游园的路线设计上讲究曲直开合、封闭放纵、高低穿插、上下往复、前后衔接、左右环绕，通过立体交叉的空间位置的变换，使观赏者从不同的方向、角度、层次、视点，对景观进行全方位的审视，造成变幻无穷的审美意境。

6. 借景对比

借景对比是我国园林艺术中常用的技巧和手法。所谓借景，就是开辟一四周之间环境的风景透视线，借助观赏者的视觉，让外景进入园内或景点之内。有远借、邻借、仰借、俯借和遐想借意等。所谓对比，就是让两种或两种以上不同意趣的风景用藏露虚实等手法形成对照而相互突出、衬托，相得益彰。

（二）杭州西湖

杭州西湖是我国十大名胜之一，面积5.6平方千米。西湖旧称武林水、钱塘湖、西子湖，宋代始称西湖。

"水光潋滟晴方好，山色空蒙雨亦奇。欲把西湖比西子，淡妆浓抹总相宜。"（出自宋代苏轼的《饮湖上初晴后雨二首·其二》）苏轼站在西湖岸边胸中顿觉朗然：满眼一片烟波浩渺的湖水，环绕着绵延起伏的山峦。在波光粼粼的湖面周围，繁花似锦，芳草如碧，曲径风荷，树影斑驳。经过历代装点，使江湖、山林、洞壑、溪泉、春华秋实、夏荷冬雪等自然之胜与古刹、丛林及园林艺术家的雕凿融为一体。

杭州西湖

早在南宋年间，西湖即有"十景"著名天下，它们是苏堤春晓、断桥残雪、雷峰夕照、曲院风荷、平湖秋月、柳浪闻莺、花港观鱼、南屏晚钟、双峰插云、三潭印月。

苏堤春晓是西湖十景之首，堤上遍种桃柳。每当春天的黎明时刻，月落星稀，晨钟初响，悠扬悦耳。此刻堤上垂柳低拂，晓露迷茫；放眼晓雾中的湖光山色，耳闻百鸟和鸣的啁啾之声，使人飘飘欲仙。断桥是白堤与陆地相接的一座石拱桥，是《白蛇传》中许仙和白娘子相会定情的地方。神话传说使它家喻户晓。断桥两旁，桃披红云，柳笼绿雾，香风送爽，波光摇翠，待到冬末积雪未化时，这里又是观赏雪景的好地方，即"断桥残雪"。三潭印月是在苏东坡治理西湖后，作为湖界而在水中立的三座小塔。塔状如花瓶，浮漾水中。塔面有五个距离相等的圆洞。月明之夜，塔内点起灯火，水面上就会映出很多月亮。其景扑朔迷离，惚兮恍兮，胜似仙境。

杭州为吴越古都，又是丝绸之府，鱼米之乡，人才辈出，留下了许多可歌可泣的史实和传诵千古的诗篇，与西子湖畔大量名胜古迹如岳飞墓、秋瑾墓等，互为印证。

另外，还有游客必往的灵隐寺、虎跑泉、六和塔等，构成以西湖为主体的30平方千米的杭州西湖风景名胜区。"未能抛得杭州去，一半勾留是此湖"（出自唐代白居易《春题湖上》）。如今的西湖正以其更加妩媚的美姿，吸引着五湖四海的宾朋游人。

（三）黄山

黄山位于安徽省南部黄山市。为三山五岳中的三山之一，中国最美的、令人震撼的十大名山之一。1985年入选全国十大风景名胜，1990年12月被联合国教科文组织列入《世界文化与自然遗产名录》，是中国第一个同时作为文化、自然双重遗产列入名录的。

黄山

黄山经历了漫长的造山运动和地壳抬升，以及冰川和自然风化作用。才形成其特有的峰林结构。黄山群峰林立，素有"三十六大峰，三十六小峰"之称，主峰莲花峰海拔高达1864米，与平旷的光明顶、险峻的最高峰天都峰一起，雄踞在景区中心，周围还有77座千米以上的山峰，群峰叠翠，有机地组合成一幅有节奏旋律、波澜壮阔、气势磅礴的立体画面。

黄山集名山之长：泰山之雄伟，华山之险峻，衡山之烟云，庐山之飞瀑，雁荡山之巧石，峨眉山之清凉。明代旅行家、地理学家徐霞客两游黄山，赞叹说："登黄山天下无山，观止矣！"又留"五岳归来不看山，黄山归来不看岳"的美誉。更有"天下第一奇山"之称。黄山可以说无峰不石，无石不松，无松不奇，并以奇松、怪石、云海、温泉四绝著称于世。其二湖，三瀑，十六泉，二十四溪相映生辉。春、夏、秋、冬四季景色各异。黄山还兼有"天然动物园和天下植物园"的美称，有植物近 1500 种，动物 500 多种。

1. 奇松

黄山绵延数百里，千峰万壑，比比皆松。黄山松分布于海拔 800 米以上高山，以石为母，顽强地扎根于巨岩裂隙。黄山松针叶粗短，苍翠浓密，干曲枝虬，千姿百态。或倚岸挺拔，或独立峰巅，或倒悬绝壁，或冠平如盖，或尖削似剑。有的循崖度壑，绕石而过；有的穿罅穴缝，破石而出。忽悬、忽横、忽卧、忽起，"无树非松。无石不松，无松不奇"。过去曾有人编了《名松谱》，收录了许多黄山松，可以数出名字的松树成百上千，每棵都独具美丽、优雅的风格。

黄山四绝

2. 怪石

黄山"四绝"之一的怪石，以奇取胜，以多著称。其形态可谓千奇百怪，令人叫绝。似人似物，似鸟似兽，情态各异，形象逼真。黄山怪石从不同的位置，在不同的天气观看情趣迥异。其分布可谓遍及峰壑巅坡，或兀立峰顶或戏逗坡缘，或与松结伴，构成一幅幅天然山石画卷。

黄山千岩万壑，几乎每座山峰上都有许多灵幻奇巧的怪石，其形成期约在 100 多万年前的第四纪冰川期，黄山石"怪"就怪在从不同角度看，就有不同的形状。站在半山寺前望天都峰上的一块大石头，形如大公鸡展翅啼鸣，故名"金鸡叫天门"，但登上龙蟠坡回首再顾，这只一唱天下白的雄鸡却仿佛摇身一变，变成了五位长袍飘飘、扶肩携手的老人，被改冠以"五老上天都"之名。黄山峰海，无处不石、无石不松、无松不奇。奇松怪石，往往相映成趣，譬如位于北海的梦笔生花以及"喜鹊登梅"(仙人指路)、老僧采药、苏武牧羊、飞来石等。据说黄山有名可数的石头就达 1200 多块，大都是三分形象、七分想象，从人的心理移情于石，使一块冥顽不灵的石头凭空有了精灵跳脱的生命。欣赏时不妨充分调动自己的主观创造力，可获更高的审美享受。

3. 云海

自古黄山云成海，黄山是云雾之乡，以峰为体，以云为衣，其瑰丽壮观的"云海"以美、胜、奇、幻享誉古今，一年四季皆可观，尤以冬季景最佳。依云海分布方位，全山有东海、南海、西海、北海和天海；而登莲花峰、天都峰、光明顶则可尽收诸海于眼底，领略"海到尽头天是岸，山登绝顶我为峰"之境地。

大凡高山，可以见到云海，但是黄山的云海更有其特色，奇峰怪石和古松隐现云海之中，就更增加了美感。黄山一年之中有云雾的天气达 200 多天，水汽升腾或雨后雾气未消，就会形成云海，波澜壮阔，一望无边，黄山大小山峰、千沟万壑都淹没在云涛雪浪里，天都峰、光明顶也就成了浩瀚云海中的孤岛。阳光照耀下，云更白，松更翠，石更奇。流云散落在诸峰之间，云来雾去，变化莫测。风平浪静时，云海一铺万顷，波平如镜，映出山影如画，远处天高海阔，峰头似扁舟轻摇，近处仿佛垂手可及，不禁想掬起一捧云来感受它的温柔质感。忽而，风起云涌，波涛浪滚，奔涌如潮，浩浩荡荡，更有飞流直泻，白浪排空，惊涛拍岸，似千军万马席卷群峰。待到微风轻拂，四方云漫，涓涓细流，从群峰之间穿隙而过；云海渐散，清淡处，一线阳光洒金绘彩，浓重处，升腾跌宕稍纵即逝。云海日出，日落云海，万道霞光，绚丽缤纷。

红树铺云，成片的红叶浮在云海之上，这是黄山深秋罕见的奇景。北海双剪峰，当云海经过时为两侧的山峰约束，从两峰之间流出，向下倾泻，如大河奔腾，又似白色的壶口瀑布，轻柔与静谧之中可以感受到暗流涌动和奔流不息的力量，是黄山的又一奇景。

玉屏楼观南海，清凉台望北海，排云亭看西海，白鹅岭赏东海，鳌鱼峰眺天海。由于山谷地形的原因，有时西海云遮雾罩，白鹅岭上却青烟缥缈，道道金光染出层层彩叶，北海竟晴空万里，人们为云海美景而上下奔波，谓之"赶海"。

4. 温泉

黄山"四绝"之一的温泉（古称汤泉），源出海拔850米的紫云峰下，水质以含重碳酸为主，可饮可浴。传说轩辕黄帝就是在此沐浴七七四十九日得以返老还童，羽化飞升的，故又被誉为"灵泉"。

拓展链接

推荐书目：

1. 阿兰·德波顿,约翰·阿姆斯特朗.艺术的慰藉 [M].陈信宏,译.武汉：华中科技大学出版社,2019.
2. 理查德·加纳罗，特尔玛·阿特休勒.艺术：让人成为人（文学通识）[M]. 8 版. 舒予，吴珊，译.北京：北京大学出版社,2012.
3. 罗伯特·亨利.艺术精神：一本给艺术爱好者的美学手札 [M].孟宪平，译.上海：上海人民美术出版社,2019.
4. 彭吉象.艺术鉴赏导论 [M].北京：北京大学出版社,2018.
5. 徐观复.中国艺术精神 [M].沈阳：辽宁人民出版社,2019.

思考与实践

1. 举例分析自然美的形态。

2. 举例说明自然美的特点。

3. 请结合自身经历和体悟，谈谈自然美在生命情怀、人生体验和身心健康方面的重要作用。

第五章

艺术美

艺术的真正意义在于使人幸福，使人得到鼓舞和力量。

——海顿

艺术能养成人有一种美的精神，纯洁的人格。

——蔡元培

艺术的魅力来自于艺术的美，艺术美具有现实美所无法替代的特殊的审美价值。艺术美的感悟能力可以作为衡量一个人审美能力的重要尺度。对于一部优秀的艺术作品来说，欣赏者的审美能力越高，他从艺术作品中所感受到的美就越多，艺术所发挥的作用就越大。而人们欣赏能力的培养和提高，又离不开艺术欣赏的实践，也离不开艺术美的熏陶。人们创造了美的艺术，美的艺术又创造了能够欣赏艺术、具有审美能力的人们。人类就是在这种美的创造和美的欣赏的循环往复的过程中，不断地培养和提高自己的审美能力。

什么是艺术？这个问题也就是艺术的本体的问题。伟大的英国学者贡布里希在他享誉世界的巨著《艺术的故事》中，开篇就说："实际上没有艺术这种东西，只有艺术家而已。"确实，一代又一代的艺术家以他们卓绝的才情和超人的智慧，不断拓展着艺术的疆界，也由此带来艺术观念的日新月异。而无数理论家的热烈讨论，又使这一问题变得更加扑朔迷离。根据我们的日常经验，"艺术"应该是指创造和欣赏艺术作品的活动。什么是艺术美？艺术美作为美的一种形态，是艺术家创造性劳动的产物。艺术家的创造活动，作为一种精神生产活动，从本质上说，也是人的本质力量的对象化活动。因此，艺术美，也就是人的本质力量在艺术作品中（通过艺术形象）的感性显现。艺术美实际上就是艺术形象之美，人们只有通过对艺术形象的欣赏，才能感受到文艺作品的美。但应指出的是，不是所有的艺术形象都是美的。只有那些具有普遍而又深刻的思想意义的、鲜明而又独特的典型形象才是美的。因此，艺术的典型性，就成为艺术美的重要标志。艺术美在推动社会生活前进方面，有着特殊的价值。艺术美具有供人娱乐和消遣的一面，但更重要的是，它负有推动社会生活前进的特殊使命。艺术美是通过征服人心、鼓舞人心而达到推动社会生活前进的目的的。艺术作品不仅可以打动听觉、可以冲击视觉，而且具有打动人的整个心灵的魅力，产生欣赏者与艺术作品、欣赏者与艺术家之间的强烈共鸣，从而激励人们为理想的生活而努力奋斗，推动社会生活不断向前发展。

艺术美的特征是什么？第一，艺术美具有集中性。自然界和社会生活中的美，纵然千姿百态，但它们往往是彼此孤立的、分散的。而艺术家把这些分散的美集中起来，进行艺术的典型化，创造出典型形象，这样，艺术美就比现实美更集中、更强烈、更有普遍意义。第二，艺术美具有纯粹性。在现实美中，美与不美的东西往往并存一体，这使现实美显得芜杂、粗糙。而艺术家在创作过程中，要去伪存真，把不美的部分清洗掉，使艺术典型比现实美更加纯粹和精致。第三，艺术美具有永久性。由于现实美一般都处于动态之中，它不稳定，易于消逝。即使现实美的最高表现形态——人的美，也不可能青春永驻。艺术美却不这样，它一旦被创造出来，就能跨越时空，久远流传。

由于艺术传达手段及物质媒介的不同，艺术美的种类也就不同。现就绘画、建筑、音乐、影视、舞蹈等艺术形式分别作阐述。

第一节　绘画美

清代著名画家郑板桥在题画中写道："江馆清秋，晨起看竹，烟光日影露气，皆浮动于疏枝密叶之间。胸中勃勃遂有画意。其实胸中之竹，并不是眼中之竹也。因而磨墨展纸，落笔倏作变相，手中之竹又不是胸中之竹也。总之，意在笔先者，定则也；趣在法外者，化机也。独画云乎哉！"[1]

在这段话中，郑板桥揭示了绘画复杂而充满了差异和变化的过程。画家提到了画竹过程中三种竹的形态："眼中之竹""胸中之竹""手中之竹"。当他晨起"看竹"时，产生了"眼中之竹"；随后胸中涌起"画意"，此乃"胸中之竹"，最后"落笔倏作变相"，最后形成了"手中之竹"。画家反复强调"眼中之竹"不同于"胸中之竹"，而"胸中之竹"又异于"手中之竹"。其中层层复杂的"变相"使得艺术摹写现实充满了玄机和变数，截然不同于镜子反射事物的简单过程。试想一下，假如在绘画的创作过程中，真实的竹子和"眼中之竹""胸中之竹""手中之竹"完全一致，没有差异和变化，那么，绘画便失去了驱使人去探究和发现的动力，将蜕变为简单复制的过程，就会显得索然无味。

---

[1]　郑板桥.郑板桥集 [M].上海：上海古籍出版社，1979：154.

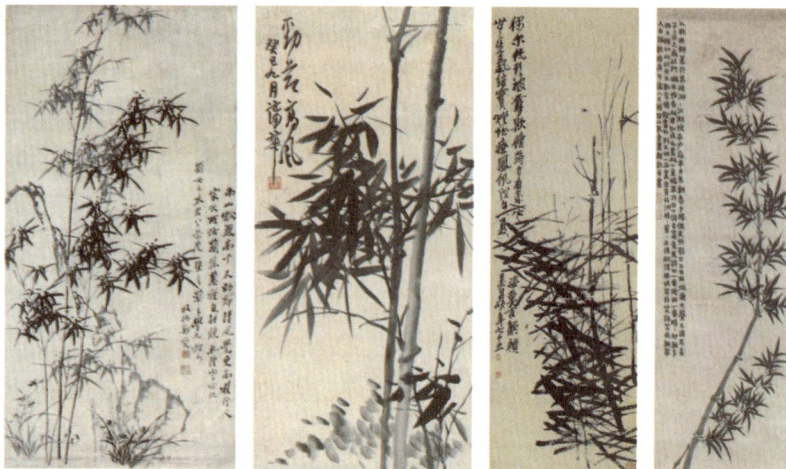

郑板桥《竹》　　　蒲华《竹》　　　吴昌硕《竹》　　　金农《竹》

绘画在观众面前呈现出一个意象的世界，让观者产生美感。

绘画的美离不开审美活动。绘画的美是一个完整的、充满意蕴、充满情趣的感性世界。

一、绘画的概述

绘画是以点、线、面、色彩等元素在二维空间上塑造艺术形象，反映现实生活，表达思想情感的视觉艺术。在所有的艺术形式中，绘画最接近于模仿论。柏拉图、达·芬奇等在把艺术比作镜子之时，都曾以绘画作例证。忠实地再现外部世界的真实形象，被许多美学家看作是绘画的本性。在这种习惯影响下，绘画观赏者往往首先注意它再现了什么物象。不同画家对同一事物之所以有不同的表现方法，主要是由于艺术家的意象有着鲜明的个性差异。同是山水画大师，范宽的作品与倪瓒的作品大相径庭；同样是"扬州画派"画家的金农和郑板桥都喜好画竹，但画的竹子风格迥然异趣；同是描摹女性肖像，凡·高与高更的作品各具个性。绘画艺术并不是依样画葫芦，而是创造性地再现现实世界。

凡·高笔下的吉努夫人　　　高更笔下的吉努夫人

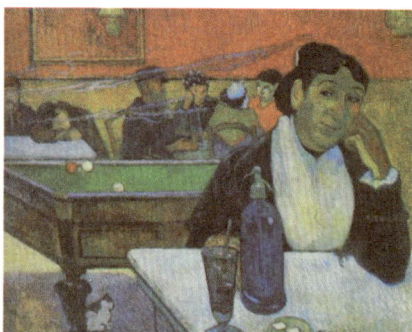

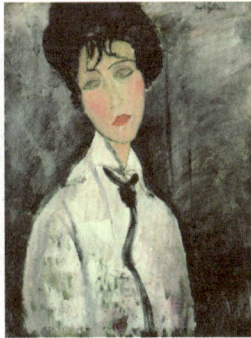

安格尔肖像画　　　　莫迪里阿尼肖像画

二、绘画的审美元素

从美学上看，绘画的创造过程是从艺术家对现实世界的观察感悟，到内心酝酿和构思，再到诉诸绘画媒介的外化表达，它是一个由外至内，再由内到外的过程。绘画的审美过程本质上就是观赏者通过对绘画作品的观赏，去体验绘画创作者对现实世界的感悟，体会创作者所要呈现出的美，达到与创作者共情的过程。举例来说，我们观赏宋代画家张择端的《清明上河图》，我们既能从张择端绘画作品的细致写实中看到北宋时期汴梁繁华的城市面貌和百姓日常生活现实之美，也能在其精湛的笔墨技法、构图设色中感受画作的形式和意蕴之美，画面中的建筑、桥梁、商铺、服饰、生活用具等等便是现实世界的再现，画面呈现的繁华和谐之意蕴便是画家心中之意蕴，画家就是形式美的发现者和创造者。

张择端《清明上河图》局部

（一）线条

线条是绘画艺术用以构成视觉艺术形象的最基本的元素。无论东方绘画还是西方绘画，最初都是用线条造型，这已为众多的原始绘面的遗迹所证明。东方绘画尤为重视线的应用，不仅以线造型，随类赋彩，还有纯以线绘画的白描画，书法更是纯粹线条的艺术，即使是抽象绘画，也必定有线条存在，以线条来表现情绪。

鲁本斯的线稿　　　　　　顾闳中《韩熙载夜宴图》局部

　　画家为何这样重视线条的运用呢？因为线条勾勒形貌，成为可视的绘画元素，而且具有情感意味，能表达艺术家精致细腻的感受和意趣。究其原因，线条具有假定性，在实际生活中，我们见到的事物均为立体存在、均有体积。所谓线，不过是事物的外缘轮廓，或面与面的交界线。绘画的线条是从中抽象出来的，它本身即含有人的创造，所以成为绘画表情达意的重要手段。

　　也由于人的普遍的生理和心理因素，线条的形状和走向具有很强的表现情感的功能。比如：水平线给人以开阔和宁静的感觉；垂直线给人以挺拔和庄严的感觉；斜线给人以倾倒和危急的感觉；螺旋线给人升腾、超然的感觉；而有规律的曲线则给人以流动、柔和、轻巧、幽雅的感觉；折线所形成的角度则给人以上升、下降、前进等方向感。线条的虚实和质感同样具有很强的感染力。如枯涩遒劲的线条给人浑厚坚韧、朴拙之感；光滑、细致的线条给人轻快、流畅、柔和之感。线条的这种审美价值，使得画家在利用它来塑造形象时，不是形体的冷冰冰、枯燥无味的简单复现，而是各种线条富有美感、富有节奏的联系，是充满活力、充满激情的再创造。

毕加索速写《公鸡》　　　　　齐白石《虾》

　　线条的运用是创造绘画美的重要因素。看线条运用是否美，首先要看它是否生动地表现了审美对象。诸如人物的外貌和精神、山水的形态和气韵、花鸟的生动和情趣等。例如，唐代画家韩干用又细又挺拔的线条勾勒骏马的神态，这种挺劲有力的线条恰到好处地表现了善于奔驰的骏马的特征；而另一位唐代画家韩滉，则采用较粗拙而又滞重的线条画牛，也恰到好处地表现了牛的特征。表现同类事物，由于画家用线风格不同，也会产生不同的效果。南北朝时期北齐画家曹仲达画人物用笔稠迭，多垂线，衣服紧贴身体，有从水中提起之感；唐代画家吴道子，用线紧劲飘举，富有运动感，后人评论他们的用线风格时，有"曹衣出水，吴带当风"之说。

韩干《牧马图》

韩滉《五牛图》局部

（二）色彩

色彩是绘画形式的重要因素，是引起我们审美愉悦的最为敏感的形式要素之一。色彩的性质直接影响我们欣赏绘画作品时的心情。色彩是由物体反射的光通过人的视觉而产生的印象。每种色彩都有自己的特征，可以在视觉上、感情上、意味上产生许多不同的审美效果。

由于人的生理特点和生活经验等因素的影响，人对色彩的感觉有冷暖之分。如：紫、绿、蓝色，可以引起人冷的感觉，而红、橙、黄色，则可以引起人热的感觉。一般来说，暖色能引起观赏者激奋、高亢的情绪，并产生近、暖、动、膨胀的效果；而冷色则引起观赏者静穆、凄凉的情绪和远、冷清、静、收缩的效果。根据这些视觉反映，画家在用色点染画面时，就可有意创造某种特定的视觉效果，并可赋予某一色彩特定的社会意义，比如红色象征革命，黄色象征光明，绿色象征生命等。一些艺术大师对于色彩的运用，往往有其鲜明的个性色彩，譬如在凡·高的画作中时时出现的暖色调，虽然未必符合事物的色彩，却表达出作者的炙热情感。中国画的色彩，不拘泥于光源冷暖色调的局限，比较重视物体本身的固有色，而不去强调在特殊光线下的条件色。画哪一件物品，就赋予哪一件物品的基本色，达到色与物、色与线、色与墨、色与色的调和。

凡·高《鸢尾花》

高更《乡村风景》

凡·高《吃土豆的人》局部　　　　大卫《约瑟芬加冕》局部

（三）构图

构图是画家为了体现作品的思想主题和美感效果，在二维空间内，安排布置表现对象的形、色因素及其关系，使若干个别或局部的形象组织成为艺术整体的手法。

构图能极大地影响作品的内容和主题以及艺术效果。因为构图的不同使得表现效果之间存在巨大差异。比如籍里柯《梅杜萨之筏》和顾闳中《韩熙载夜宴图》这两幅作品，从构图上看，这两幅作品给人什么感觉呢？在籍里柯《梅杜萨之筏》中，我们看到扭曲的人体在死亡线上奋力挣扎，整个画面充满紧张感；而金字塔构图，使这种紧张感得到了有效的平衡和缓冲，让我们感觉这条船暂时还能稳定，这些人的生命暂时还没有危险。《韩熙载夜宴图》是水平线构图，随着长卷的展开，形成从右向左的视觉感觉，引导我们逐步进入这场夜宴，从容不迫地去观察画面中所有人物的不同面貌、不同心情、不同性格。不同构图方式给了我们不同的视觉感觉，从而影响我们的审美心理。金字塔构图给我们空间上的稳定感，而水平线构图给我们时间上的从容感。再如，达·芬奇《最后的晚餐》构图和设计极其精巧，采用了透视法和对称及三角形组合的构图技巧，极大的增强了画面的逼真感和动态感。

拓展阅读：
达·芬奇《最后的晚餐》

顾闳中《韩熙载夜宴图》

籍里柯《梅杜萨之筏》　　　　达·芬奇《最后的晚餐》　　　　胡安·德·胡安内斯《最后的晚餐》

（四）形式

在各种不同的绘画作品中，线条、色彩、形状等形式因素以某种特殊的方式组成某种形式或形式间的关系，激起我们的审美情感。我们看齐白石的《柳牛图》。这幅画上的牛和柳条都可以说是形式美的经典。牛是以背后画，先用淡墨画了牛的身子和两条腿，再用浓墨画了一只牛角和一条尾巴，极其简洁。最为精彩照射的是从上面垂下的布满画面的柳条，细长、柔软而又坚韧，在春风中摇荡，显示出一种蓬勃的生命力，真正达到了古人所说的"妙造自然""着手成春"的境界。笔墨形式在这里释放出了无穷的意味。这种形式感大大加浓了整幅画面的春意和生意，成为整个意象世界的美感的一部分。[①]我们看柯勒惠支的黑白版画《面包》。这幅画描绘第一次世界大战后德国老百姓遭受饥饿的痛苦生活。画面上母亲的肩膀耸了起来，在背人饮泣，两个小孩牵拉着母亲的身子。这幅画首先吸引观众注意的是左边小孩的一双"悲伤而热烈的希望的眼"，这是两个黑点，却像是两个看不见底的深洞，从里面溢出了饥饿的痛苦，以及对面包的热切的希望。这两个黑点似有一种魔力，像吸铁石一样把读者的目光吸引住。这是形式的魔力。[②]我们看马蒂斯的《红色的和谐》，整个画面是一间红色的房间，只是画的左上角的窗外景色是绿色和蓝色。这幅画的大面积的红色，给人一种纯净、明丽的感觉。

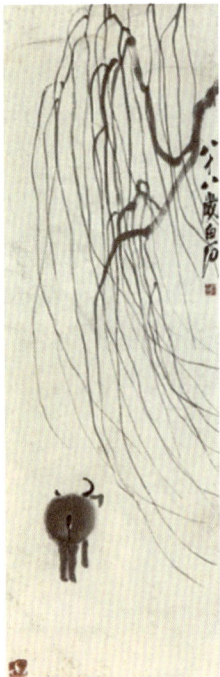

齐白石《柳牛图》　　柯勒惠支的黑白版画《面包》　　马蒂斯《红色的和谐》

---

① 叶郎.美学原理[M].北京：北京大学出版社，2011：255-256.
② 叶郎.美学原理[M].北京：北京大学出版社，2011：255-256.

6789907able

形式感对于我们理解现实世界和艺术是相当重要的，没有这些形式感，也就不存在审美欣赏。一个有创造性的艺术家、一个有较高审美趣味的鉴赏家，都是具有敏锐形式感的人，而形式感就是他们的审美能力和趣味的表现。

拓展阅读：
扬·凡·艾克
《阿尔诺芬尼
夫妇像》

扬·凡·艾克《阿尔诺芬尼夫妇像》

三、绘画赏析

（一）中国绘画赏析

中国画是现代人为区别于西洋画而对中国传统绘画的泛称。中国绘画根植于中华民族深厚的文化土壤，经过历代不断革新变异，形成了融汇整个中华民族独特文化素养、哲学观念、审美意识、美学思想和思维方式的完整的艺术体系。中国画按题材可分为人物、山水、花鸟三大科。人物画，以描绘人物为主，因绘画侧重不同，又可分为人物肖像画和人物故事、风俗画等。山水画，是以描写山川自然景色为主题的绘画，在艺术表现上讲求经营位置和表达意境。花鸟画，是以描绘花卉、蔬果、翎毛、草虫、畜兽等为主体的绘画，花鸟画不仅准确地描绘了现实中的花卉禽鸟，更体现了中国人与自然生物的审美关系。中国画在创作实践中积淀了丰富的经验，造就了精工细丽的"工笔"与洒脱洗练的"写意"两大样式，更有单纯以色彩图之的"没骨"、运墨而五色俱的"水墨"以及洗尽铅华的"白描"，可谓悠情远思、千姿百态，在世界艺坛独树一帜。

林椿《枇杷山鸟图》　　任伯年《枇杷鹦鹉图》

1. 气韵

气韵是中国传统绘画理论的重要审美范畴之一。是指作品中蕴含的生机、气势、节奏和意蕴。南齐人物画家谢赫首先把它作为绘画理论的基本范畴提出。谢赫说："画有

88

六法，一气韵生动是也，二骨法用笔是也，三应物象形是也，四随类赋彩是也，五经营位置是也，六传移模写是也。""气韵生动"的基本要求是艺术家不能停留在事物的形象、颜色等外形方面，而要把对象的精神真实生动地表现出来，使作品具有艺术感染力。气韵追求的实质就是努力使艺术形象具有超越形象之外的含义。而对形象背后的意义不是通过分析来理解的，而是通过直觉式的感受来品味的，品味后获得的美感又赋予作品以魅力，如此反复，便觉得气韵无穷。

拓展阅读：梁楷《泼墨仙人图》

梁楷《泼墨仙人图》

我们来看南宋画家梁楷的《泼墨仙人图》，乍看黑乎乎一片水墨世界，不见眉目，仔细看，方才发现仙人的头缩在袒露的胸间，眉眼口鼻都集中在一起。硕大的光头、前额格外突出。仙人形象做了极度的夸张，他眯缝着两只小眼睛，嘴角流露不屑的微笑，超脱自乐地行走着，像是刚刚痛饮过美酒，步履得意而又带有几分蹒跚。画面上方有乾隆皇帝的御笔："地行不知名和姓，大似高阳一酒徒，应是琼台仙宴罢，淋漓襟袖尚模糊。"连皇帝都有感画中人"快活似神仙"的样子。梁楷运用了极其粗放简略的泼笔法，只用寥寥数笔，却阔略而传神，把仙人善良、天真、坦诚而十分可爱的精神气质充分表达了出来，让人们在想象中获得审美的愉悦。

2. 意境

潘天寿说："艺术以境界美为极致。""艺术之高下，终在境界。"这里所说的境界实指意境。中国画意境，就是画家通过描绘景物表达思想感情所形成的艺术境界。唐朝诗人王昌龄首先将意境的概念运用于艺术领域："诗有三境，一曰物境，二曰情境，三曰意境。"他将"境"与"意"合为一体，来解释情与境、物与我的浑然一体。意是境中之意，境是意中之境。即此时此地的情、境与彼时彼地的情、境融合在同一个意境里，使得人们超越了时间和空间的限制，审美的心灵获得解放与自由。

中国画的意境美在于"画中有诗"，即画有诗的意境，画的诗化，画的文学化。对于中国画来说，写意便是抒情，便是诗意。它能使欣赏者通过联想产生共鸣，思想感情受到感染。齐白石的绘画，除了在表现技巧方面有独到之处外，耐人寻味的意境也是作品不朽的原因。

齐白石《蛙声十里出山泉》　　　齐白石《青菜图》　　　宋徽宗《双禽腊梅图》

　　《蛙声十里出山泉》是齐白石老人91岁时的一幅重要作品。一次，老舍先生到齐白石先生家做客，他从案头拿起一本书，随手翻到清代诗人查慎行一首诗，有意从诗中选取一句"蛙声十里出山泉"，请齐白石先生用画去表现听觉器官感受到的东西。白石老人凭借自己几十年的艺术修养和对艺术的真知灼见，把"蛙声"通过酣畅的笔墨表现了出来。《蛙声十里出山泉》远远望去，整幅画面黑白分明。画面中没有青蛙，而是淡墨渲染的远山，近处的山涧乱石则用浓墨晕染，使观者的视觉注意力一下子跳跃到了近前。再看那行云流水般的波纹以及浓墨点染的蝌蚪，宛如一首天然形成的五线谱。有水就有蛙，所以蛙就在那山泉之中，而奔流的泉水，何止十里，给观者以无尽的想象空间。

马远《寒江独钓图》　　　李成《读碑窠石图》

沈周《庐山高图》　　关全《关山行旅图》

山水画尤其重视意境。意者心音，是画家的情绪和精神气质的反映，而意境就是这种精神气质迹化之笔下的山川，是画家的情绪借助笔墨和笔下山川的一种宣泄，在这种宣泄过程中，人的精神因素是其中的主体。受画家主观情绪和意念的制约，山川或显以雄奇，或显以清幽，或显以静穆，或显以萧索……如马远的《寒江独钓图》，以极省略的笔墨，表现出澹荡宏阔的意境；沈周的《庐山高图》以繁密严谨的笔致，复杂凝重的景物布置，表现了气势雄伟的意境；李成的《读碑窠石图》置境幽凄，气象萧瑟，古树枝丫奇劲参差，背景空无一物，杳冥深远，寓无限悲凉于其中；关全的《关山行旅图》画风朴素，形象鲜明突出，简括动人，能使观者如身临其境，具有强烈的艺术感染力。

3.笔墨

笔墨是中国画艺术的先决条件，是最基本的绘画语言，离开笔墨也就谈不上绘画。古人曾这样说："吴道子画山水有笔而无墨，项容有墨而无笔。"难道还有没有笔或没有墨的中国绘画吗？可见，古人所谓笔墨并不仅指作为绘面工具的笔与墨，也不仅指作为绘画语言的笔与墨，而是兼而有之的技法性问题。

就山水画而言。所谓笔，是指山水画中山石的外轮廓线及皴类短线，而墨则是指山石皴法的墨色轻重向背。其实从技术性观点看，更准确地说，即使有轮廓线，而线条运用不得法，质量也不高。皴有轻重向背，而其墨法变化不精妙也可谓之无笔无墨。所谓笔，除作为工具解外，主要是指画中所有笔触及其运用方法。墨则除作材料外，主要是指画中所有笔触及画面整体的墨（包括色）的浓淡干湿、自然润化的效果及其运用方法。笔墨精妙，画山能重、画水能清、画人则活，富立体感和浑厚之感，能表现出山峰的奇、绝、险、幽。如宋代李成《寒林平野图》画法简练，气象萧疏，近景处着墨浓郁，所绘树枝，无论粗细，均呈弧曲形，将线条的力度发挥到了最大程度；南宋夏圭，水墨苍劲，笔简意远，遗貌取神，画面平淡天真。北宋范宽的《溪山行旅图》，峰峦浑厚端庄，气势壮阔伟岸，令人有雄奇险峻之感，皴法多雨点、豆瓣、钉头，用笔强健有力。黄宾虹有"五笔七墨"：平、圆、留、重、变，浓、淡、破、泼、积、焦、宿，从他的画中我们可以看出极具典型的书法笔致。

91

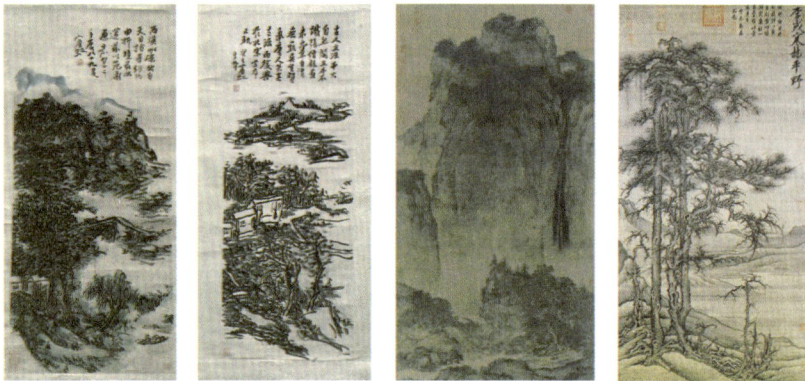

黄宾虹山水卷　　范宽《溪山行旅图》　李成《寒林平野图》

山水画的韵味，山水画蕴含的哲学，归根结底是艺术家心灵自由飞翔的显现，也是观者精神得以畅想的理想依托。画家与观者在咫尺之图中达到了心灵的对话与融合：宁静致远、静气、神游、超逸、清淡、忘我、忘物，是每一个生命的渴望。画家借笔墨符号，在"受之于眼"的方寸之地，获取"游之于心"的心灵感悟。

（二）西方绘画赏析

东西方文化和审美心理的不同，其艺术表现形式也是不一样的。东方艺术更加重主观，西方艺术重客观，东方艺术为诗，西方艺术为剧。对于绘画来说，中国画重神韵，西方绘画重形似。可以说"再现性"是西方绘画的根本所在，我们看西方绘画恐怕第一印象就是觉得画得"像"、画得逼真。当然对于西方现代绘画而言其实并不尽然。西方传统绘画以"再现性"为其主要特征，但是这种再现也绝非对自然一成不变的描摹，这种写实带有浓厚的风格特色：时代的、民族的，以及艺术家个人的风格特色。下面我们就西方近现代绘画不同的流派作一些介绍。

1. 文艺复兴时期的绘画

在文艺复兴之前教皇统治的漫长中世纪，宗教和神灵至上，人的身体和情感被压制，这种状况持续了上千年，绘画二维平面化明显，人物面部严肃呆板，圣母只是一个僵死的神的符号，冷面、呆板、拘束、正襟危坐、高高在上。从中世纪的绘画风格中，可以感受到当时人的精神状态。终于在14世纪前后进入了"人"全面苏醒的文艺复兴时期。波提切利《春》，以饱满的肉体、飘舞的衣带、灵动的色彩，冲破了宗教绘画的心灵禁锢，进入爱与美的情感世界，迎来了人性解放的春天。不少画家借助古希腊神灵，委婉地赞美人的俗世生活的丰富多彩。以基督教为主题的绘画也不再呆板严肃，而去刻画充满人情味的身体语言。拉斐尔《西斯廷圣母》，描绘圣母把小耶稣送往人间经受苦难替人类赎罪，并没有刻画义无反顾的宗教气氛，而是描绘一位母亲的悲伤与无奈。后来，画家们不再用神灵做挡箭牌，而是在绘画中直接描绘人。达·芬奇的《蒙娜丽莎》之所以充满了无穷的魅力，其中有一个原因，是达·芬奇将"神秘感"从神那里，转移到了人的身上。蒙娜丽莎的微笑里含有高兴、厌恶、恐惧等等，人的微妙、复杂的情绪是人所具有的无穷魅力。

文艺复兴时期绘画风格特点：由"神"转为"人"，采用了光线和明暗透视的新手法，既加入了人的因素，又保持了宗教艺术的传统特色，对后来的画家产生了深远的影响。

中世纪绘画　　　　拉斐尔《西斯廷圣母》　达·芬奇《蒙娜丽莎》

波提切利《春》　　　　　　　波提切利《维纳斯的诞生》

2.巴洛克与洛可可绘画

17 世纪的巴洛克风格喜好繁复的装饰、金色的华丽、扭曲多变的缠绕线条，追求强烈的律动感，善于营造堆砌之美。它既是一种国际风格的趋向，同时又是欧洲各地民族美学自觉的开始。这一时期佛兰德斯的艺术家鲁本斯以其成熟的画风、异常丰富的色彩、充满动感的构图以及血肉饱满的女性形象等占据了北欧巴洛克艺术的最高峰。如果说巴洛克风格是阳刚的，那么 18 世纪初的洛可可风格就是阴柔的。洛可可绘画风格更加微细轻巧、华丽烦琐，对应着路易十五所崇尚的享乐主义，以美化妇女和歌咏男女恋爱为主题，主要描绘无所事事的男女们幽会、玩乐的情景。画家们发挥色彩的感性作用，通过飞扬的色彩画面，将豪华的场面、亲切的风景、魅惑的体态，混合成洛可可艺术温柔而华丽的风格。著名的宫廷画家布歇的作品，都非常符合宫廷贵族的审美情趣。

鲁本斯《圣乔治杀龙》　　　布歇《蓬帕杜夫人像》

3.浪漫主义与现实主义绘画

18世纪，革命的浪潮风起云涌。这时，人们重新去古希腊罗马的英雄主义中寻找精神支持。无论是"新古典主义"还是"浪漫主义"，都是借古代英雄主义来激励人们的革命斗志。《荷拉斯兄弟之誓》《自由引导人民》等，都是革命主题。欧洲的革命风暴一直延续到19世纪，底层人民的生活倍加艰难，因此画家笔下多为底层人民的现实生活，如现实主义大师库尔贝的《筛麦妇》和杜米埃的《三等车厢》。经历了文艺复兴的优雅、巴洛克的激情、洛可可的华丽、浪漫主义的高冷，西方绘画终于开始亲近平民。法国近代绘画史上最受人民爱戴的画家米勒，他那淳朴亲切的艺术语言，尤其被广大法国农民所喜爱。

拓展阅读：
米勒《牧羊
少女》

德拉克罗瓦《自由引导人民》　　　米勒《牧羊少女》　　　米勒《拾穗者》

4.印象派和后印象派绘画

19世纪后期，西方光学理论有了很大发展，刺激了绘画艺术的变革。看印象派大师莫奈的《日出·印象》，会感觉与之前的作品有很大不同，如果想在画面上看到清晰明确的风景，恐怕会大失所望；相反，如果将注意力放在光色的微妙变幻上，那将使我们大为惊叹！日出的光芒在水波上玲珑跳跃，水面上光色层次丰富、变幻无穷。印象派画家喜欢采取在户外阳光下直接描绘景物，追求以思维来揣摩光与色的变化，并将瞬间的光感依据自己脑海中的处理附之于画布之上，这种对光线和色彩的揣摩达到了色彩和光感美的极致。

西方绘画走了几百年，终于突破了"酱油色"，开启了明丽鲜妍的新纪元。印象派发展到后期，出现了以凡·高、高更和塞尚为代表的"后印象派"。如果说印象派用色彩呈现客观的景致，那么后印象派就是用色彩呈现主观的景致。凡·高笔下的色彩充满了情绪：《向日葵》燃烧起对生命的热爱；《星空》有深沉忧郁的孤独，也有天才的自信；《自画像》是自我与世界的激烈冲突、灵魂无可遁逃的挣扎与痛苦；《杏花》是令人心疼的孤芳自赏……每一幅作品都是一曲如泣如诉的心灵之歌。

莫奈《日出·印象》

德加《芭蕾舞学校的舞蹈课》

雷诺阿《阳光下的女子》

凡·高《星空》

塞尚《静物》

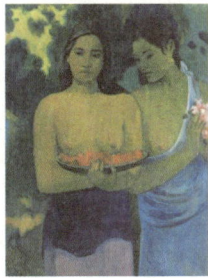
高更《两个塔希提少女》

5.现代艺术绘画

后印象派开启了 20 世纪的现代艺术风格之门。以马蒂斯（《马蒂斯夫人》）为代表的"野兽派"以浓重艳丽的色彩表达情感；以毕加索（《格尔尼卡》）为代表的"立体主义"用支离破碎的画面表现世界大战的惨绝人寰；以蒙克（《呐喊》）为代表的"表现主义"用扭曲的画面表现精神危机；以康定斯基（《构图 8 号》）为代表的"抽象主义"反对肉眼看到的世界，主张用抽象符号来表达真理；波普艺术对都市大众文化十分感兴趣，以各种大众消费品进行创作，现代艺术渗透到日常生活；"当代艺术"的教父杜尚将自己的作品"小便池"——《泉》摆进了美术馆，意为"让艺术回到生活"。没有什么比生活更重要，生活就是艺术——这就是"现代艺术"的真正含义。

马蒂斯《马蒂斯夫人》

蒙克《呐喊》

杜尚《泉》

康定斯基《构图 8 号》

毕加索《格尔尼卡》

拓展链接

推荐书目：

贡布里希. 艺术的故事[M]. 范景中，译. 杨成凯，校. 南宁：广西美术出版社，2011.

思考与实践

1. 中国绘画是如何表现气韵的？
2. 谈谈印象派绘画产生的背景。

第二节　建筑美

建筑是地球上体积最大、形象显著、寿命极长的人工制品和空间艺术品。随着人类历史的进步，建筑从最初的遮风挡雨、保温隔热、驱离兽虫的物质实用功能中逐渐发展出精神上的审美功能，建筑的营造要同时满足人类物质和精神生活的某种需要。因此建筑美反映了建筑造型表现形式与特定时代的社会审美意识。同时，建筑美受建筑技术的制约，新技术，新材料的应用可以使建筑美出现新的形态；建筑周围的环境、内外装饰对建筑的审美属性、审美价值有至关重要的作用。

我们熟知的建筑多为身边的工业、农业和民用建筑。工业建筑如车间厂房，农业建筑如温室、饲养场等，民用建筑类型则十分广泛，包括居住建筑和公共建筑，前者比如住宅、宿舍；后者比如图书馆、博物馆、商业大厦等。喜欢旅游，爱好历史的人对世界各地的著名经典建筑耳熟能详，由于历史原因世界各地留存了很多历史建筑类型，比如陵墓、宫殿、坛庙等，其中不少建筑已经被列入世界文化遗产保护名录。

很多人会有疑问，谈建筑美，为什么还先谈建筑分类，甚至把工业建筑和农业建筑也讲进来了？其实，这是想把很多人对建筑和建筑美的狭隘认识扭转过来。我们要认识到建筑美是可以具有普遍性和广泛性的，美不是只存在于某几种类型的建筑，也并非投资昂贵的代名词，美的建筑是可以普遍存在的。在山海湖岛、在穷乡僻壤、在轰鸣的车间、在乡间小路旁都有可能产生美的建筑。以下我们就来探讨建筑美的衡量原则。

一、建筑美的原则

历史上，人类对美的看法各有千秋，莎士比亚说过"一千个人心中有一千个哈姆雷特"，不同的社会、地域、文化、阶级，甚至不同家庭生活背景的人对美的感受可能千差万别，但美还是有被大多数人共同欣赏的特征以及基本规律，主要是人类从历史生产和生活中总结出来的视觉体验和价值认识，这些特征和规律分形式美和内涵美两方面。作为地球上最大人工制品和艺术品的建筑，其美也要遵循形式美和内涵美两个方面的基本特征和规律。由于建筑是实用性的立体构成的空间艺术，具体包含的美的要素与其他物品或者艺术相比有自身的独特性。

（一）建筑形式美基本原则

建筑形式美可以从建筑形式基本元素和形式组合规律两方面分析。

建筑形式元素包括材质、肌理、色彩、明暗、大小、形状、体积、点、线、面等。

建筑形式组合规律，与形式美法则一样，主要包括黄金分割律、比例与尺度、主从与重点、多样与统一、对称与平衡、质感与肌理、过渡与照应、节奏与韵律、渗透与层次、调和与对比等。形式美法则，是人类在创造和发现美的过程中对美的形式组合规律的经验总结和抽象概括，直到今天它仍随着人类历史的进程不断地发展与丰富，每一个人都可以为此做出自己的贡献。

建筑的外观形式元素会通过视觉在人的心理和情绪上产生相应效果。其美是有客观规律性的，具有普遍意义，即符合形式美法则。对建筑美的欣赏，可以通过观赏点角度、距离的改变，通过时间、季节、环境的变化，唤起情绪感官的变化。它所激发的情绪带有朦胧、不确定的性质，即确定的外观形式可以引发观赏者意义内容（符号学）上的联想，被比喻为"凝固的音乐"。

由于人有主观上的自我认知，社会有时代文化规则，对这些视觉符号元素内容、意义、联想以及视觉效果的价值判断和评价还受到建筑内涵美基本原则的影响。

（二）建筑内涵美基本原则

建筑的内涵美受到建筑的空间功能、服务对象、时代社会、地域文化、民族传统、经济成本、审美意识等因素影响较大，体现特定时代和民族的社会政治、哲学、伦理观念，并受到民族文化传统、地理气候、风俗习惯的制约，如古希腊建筑的崇高庄重、典雅华丽与当时古希腊人崇尚人体美与数的和谐分不开。

建造者和观赏者的三观，即世界观、人生观和价值观影响下的建筑审美意识是建筑内涵美评判的决定性因素。不同时代、社会阶段和不同三观的人判断评价原则、标准和结果可能迥然不同。

建筑内涵美就是内容的意义美。什么样的建筑反映建造者什么样的世界观、人生观和价值观，代表其认可的社会文化意义。而观赏者的审美意识受三观影响，并随时代创新而变化，就比如少年时期非常欣赏的衣服鞋子，到了青年期很可能不屑一顾。

三观成熟稳定、符合当下基本社会和时代规范的人一般潜意识就会将"真善美"联合起来判断建筑内涵是否美。真实、向善的内涵就是美的内涵。

2000多年前，古罗马建筑师维特鲁威在《建筑十书》里提出"适用、坚固、美观"三原则，深刻揭示了建筑的基本内涵。适用和坚固正是建筑持久存在的符合当时当地政治、经济、文化、民族特点的真实价值因素和建造者努力改善生存条件积极进取与发展的结果，是建筑形式美存在的意义，也就是内涵美。没有前者的适用、坚固，建筑就没有后者的美观。所以，真实向善是建筑美存在的基础，可以解释人们所感知的建筑形体美背后富含的内容与意义。真和善就是建筑内涵美的基本原则。

对建筑美的学习和研究，不但有助于全社会提高建筑艺术的创作水平和鉴赏水平，也有助于加深对其他造型艺术如雕塑、绘画、工艺美术等的认识。

二、中国建筑的美

（一）中国建筑美的特点

中国建筑的美在历史上常被各种古代王朝正统观念低调处理。因为中国传统观念重视道德礼教，讲究天人合一，提倡君主朴素爱民且率先垂范，举国上下对于建筑形制大小、色彩装饰都有严格的等级制度和建筑规范限制，不可逾矩。如有违反甚至可能获罪下狱、满门抄斩。因此严格礼制下可供工匠和建造者发挥的创作余地和空间非常少。

尽管如此，爱美之心人皆有之，古人也是一样。上至君主、士大夫，下至工匠、平民或多或少地在礼制的限制下，发挥巧思，营造了不少经典建筑、传世佳作。但总体上看，中国建筑的美是内敛、含蓄、不张扬的。这是中国建筑美的第一个特点。庭院深深深几许？多少光景都隐藏在围合的高墙之内。即便进了门也有照壁、屏障等遮挡，绝不让人一览无余。殿堂屋舍也有内外之分，接待谈事的厅堂和内宅是分隔开来的。园林也是曲径通幽，讲究含蓄意会的意境和渐入佳境的趣味。

中国建筑美的第二个特点是与自然环境相协调的自然美。中国古代建造城市和房子都要请风水先生相地、尝水、取势。现在大家都知道，中国古代的风水除去后世招摇撞骗术士为谋利掺杂的迷信巫蛊之外，实际上是一门讲究与自然环境相协调的学问，归纳了许多建筑与环境协调的历史经验。天人合一、人与自然和谐共处，这是中国古人很早就认识到并实践在建筑营造中的哲理。

中国建筑美的第三个特点是单体服从整体，整体统一协调。除了塔这个从印度引进的外来佛教建筑比较高调突出以外，所有的建筑单体并不突出，主要就是由四根柱子一间房加一个屋顶这样的基本单元组合叠加、统一布局而成，十分朴素。其大小、高度、体积以及色彩、装饰都是和其他建筑协调相似的，但整体布局秩序井然、富有气势和巧思。

中国建筑美的第四个特点是主体木结构真实外露，朴质温暖，局部装饰精美。斗拱彩画、漏窗铺地、飞檐屋脊、门板雕饰、对联匾额等在礼制规定的范围之内几千年来留存至今有相当数量的精美佳作、传世珍品。

总之，从建筑形式美法则看，中国建筑内敛、含蓄、不张扬，装饰细节还很美。从建筑内涵美基本原则看，中国建筑尊重礼教、尊重自然、整体统一协调、木结构朴质温暖，具有向真向善的美。

（二）经典案例

1.天坛

位于北京的天坛是明清两代帝王祭天的场所。其主体建筑祈年殿坐落于三层高汉白玉台阶上，按照"敬天礼神"的思想建造。殿平面为圆形，象征天圆；瓦为蓝色，象征蓝天。三层重檐的攒尖宝顶巍峨恢宏，具擎天之势。在周边低矮建筑、宫墙以及"古柏林海"衬托下，符合《周礼》中"苍碧环天"的意境，庄严肃穆，气象万千。

天坛

2.故宫

故宫旧称紫禁城，位于北京城中轴线中心，始建于明成祖永乐四年（1406 年），历时 14 年即建成，是明清两朝二十四位皇帝理政居住的宫殿。占地面积约 72 万平方米，包括太和殿、中和殿、保和殿外朝三大主殿和乾清宫、交泰殿、坤宁宫内廷三大宫在内的大小宫殿七十多座，房屋九千余间全部围绕中轴线对称布局，红墙黄瓦，雕梁画栋，在整个灰瓦灰墙的北京城内，地位突出，绚丽崇高。是世界上现存规模最大、保存最为完整的木质结构古建筑群。

故宫

3.苏州园林

"上有天堂，下有苏杭。"苏州自古为鱼米之乡，经济文化十分发达。苏州古城内现存 50 余座明清遗存的宅园合一的私家园林，均以高墙围绕，对外毫不张扬，内部却别有一番天地。苏州的文人墨客借助深厚的文化趣味、雄厚的财富和香山帮工匠的精湛的技艺巧思，在这一座座城市园林里掇山理水、栽花移木、写意自然。在世界造园史上具有独特的历史地位和重大的艺术价值。拙政园、留园、网师园、环秀山庄、沧浪亭、狮子林、耦园、艺圃和退思园被列为世界文化遗产。

苏州狮子林　　　　　　　　　　　　苏州耦园

4.中山陵

南京中山陵由近代著名建筑师吕彦直设计，建于1926—1929年，是孙中山先生的陵寝及纪念建筑群，占地面积8万余平方米。整个建筑群依山而建，中轴对称，总平面呈钟形，意寓警世钟；色调和谐统一，气势庄严，中西合璧，艺术价值极高，是中国近代建筑中的经典作品。

南京中山陵

5.中国国家版本馆杭州分馆

中国国家版本馆杭州分馆是中国第一位普利兹克奖得主、中国美院教授王澍以打造"宋代园林神韵的当代藏书建筑"为理念设计的，总建筑面积10.31万平方米，包括主书房、南书房、文润阁、山体库房、附属用房等共计13个单体。它依山傍水，色彩淡雅，巨大的木构架厚重、质朴、温润，具有江南建筑典雅的风范。

中国国家版本馆杭州分馆

三、外国建筑的美

（一）外国建筑美的特点

外国建筑欧西一脉的特点与东方中国建筑完全不同。其第一个特点就是单体建筑风格鲜明、丰富多样、个性突出；第二个特点是材料和构造技术不断创新，为建筑造型创新提供了更多的可能性；第三个特点是着力改造自然创建永恒的建筑；第四个特点是善于展示建筑形式美，直白明快、一览无余。

总之，从建筑形式美法则看，欧西建筑风格鲜明、形式多样，个性张扬，形式美的展示直白明快、一览无余。从建筑内涵美基本原则看，欧西建筑尊重科学、善于创新、着力改造自然以创建永恒的大地艺术品，具有求真求变的特质。

（二）经典案例

1. 罗马角斗场

为满足贵族和公民观看角斗娱乐的需要，从而转移公民对权力的注意力，罗马皇帝在72—80年建造了宏伟的罗马角斗场，椭圆形平面占地约2万平方米，周长约527米，4层柱廊高约57米，可容纳近9万的观众。它是现代体育场建筑的鼻祖。

罗马角斗场

2. 凡尔赛宫及花园

位于巴黎西南的凡尔赛宫是法国国王路易十四从1662开始营造了近50年的王宫，

占地 1.11 平方千米，有著名的"镜廊"和大特里亚农宫。主体宫殿长 400 米，三段式立面，是法国古典主义风格建筑的典范。凡尔赛宫对 17、18 世纪的欧洲建筑产生重大影响。

法国造园家勒诺特尔设计了凡尔赛宫园林。花园占地 6.7 公顷，纵轴长 3 千米。最大的特点是花草树木、亭台水池等均人工制作成几何图形，放射性轴线整齐划一，体现了秩序和王权的不可侵犯。是法国古典园林的杰出代表。

凡尔赛宫及花园

3. 巴黎圣母院

巴黎圣母院始建于 1163 年，是法国巴黎塞纳河边的一座著名的哥特式大教堂；大作家雨果的同名小说使它闻名世界，成为法国巴黎地标性建筑。巴黎圣母院平面为拉丁十字形（总长 127 米，总宽 48 米），高 96 米，占地面积约 6000 平方米，西立面置有两座钟塔和著名的玫瑰花窗。遍布内外的雕刻和绘画具有极高的历史文化价值。

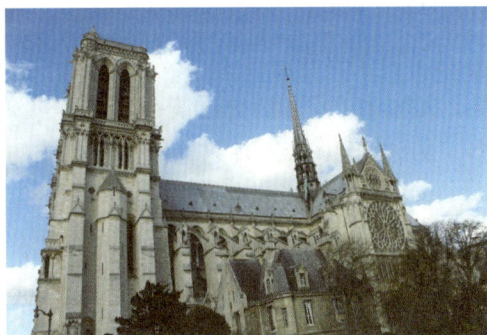

巴黎圣母院

4. 巴塞罗那博览会德国馆

西班牙巴塞罗那国际博览会中的德国馆，建于 1929 年，是密斯·凡德罗"现代主义建筑"代表作之一，占地长 50 米，宽 25 米。建筑形体简单，不加装饰，利用钢、玻璃新材料本色和质感创造出丰富的艺术效果。其自由灵活的空间组合第一次确定了流动空间的新概念。它的成功印证了密斯的名言"少就是多"。

四、课外考察导学

建筑美的欣赏需要身临其境的体验。杭州就是一个可以欣赏建筑的比较好的城市之一。

宋代词人柳永在《望海潮·东南形胜》中是这样描绘杭州的：

"东南形胜，三吴都会，钱塘自古繁华。烟柳画桥，风帘翠幕，参差十万人家。云树绕堤沙，怒涛卷霜雪，天堑无涯。市列珠玑，户盈罗绮，竞豪奢。

重湖叠巘清嘉，有三秋桂子，十里荷花。羌管弄晴，菱歌泛夜，嬉嬉钓叟莲娃。千骑拥高牙，乘醉听箫鼓，吟赏烟霞。异日图将好景，归去凤池夸。"

元朝时意大利人马可·波罗在游记中记载了自己游历的十多个中国城市，其中杭州的篇幅最多、内容也最丰富，他盛赞杭州是"世界上最美丽华贵之天城"。

新时代的杭州建筑也是一派欣欣向荣。遵照 2013 年 12 月 12 日至 13 日在北京举行的中央城镇化工作会议文件精神："要依托现有山水脉络等独特风光，让城市融入大自然，让居民望得见山、看得见水、记得住乡愁；要尽快把每个城市特别是特大城市开发边界划定，把城市放在大自然中，把绿水青山留给城市居民；要注意保留村庄原始风貌，慎砍树、不填湖、少拆房，尽可能在原有村庄形态上改善居民生活条件；要传承文化，发展有历史记忆、地域特色、民族特点的美丽城镇。"杭州一方面着力修复、保护和活化历史文化建筑，另一方面努力打造国际化山水都市新形象，城区内古今优秀建筑星罗棋布。有媒体赞誉：杭州遍地闻名世界的"建筑界诺贝尔奖"得主设计作品。东西方建筑文化融入一城，杭州的地标性建筑从来都是多元化的，从雷峰塔、保俶塔、六和塔、钱塘江大桥、三潭印月到中国美院"大红墙"、来福士"双子塔"、奥体中心"莲花碗"，件件都值得品味，充分印证了美的多元性。

（一）杭州文物建筑、历史建筑考察

杭州市文物保护单位、文物保护点和历史建筑数量众多。杭州市文物保护单位、文物保护点和建筑数量众多。2013 年 10 月 1 日起施行《杭州市历史文化街区和历史建筑保护条例》后，对北山路等历史文化街区重点加以保护利用。

建议参观游览北山街历史文化街区，它全长 2600 米，被誉为"没有围墙的近现代建筑博物馆"，可以重点考察第一届西湖博览会工业馆旧址、静逸别墅、"孤云草舍"、秋水山庄、新新饭店。

杭州其他可以考察的重点古建筑如六和塔、胡庆余堂、西泠印社等。

第一届西湖博览会工业馆旧址是 1929 年西湖博览会唯一留存的建筑，也是浙江最早的展览馆建筑。整座建筑内外保留历史建筑当时风貌，内以铁钎做接口，用木横梁贯穿支撑建筑整体，并适当融入现代博物馆设施装修。黄墙外观、青砖铺地、原木大梁与现代的玻璃、铸铁巧妙融合。

静逸别墅依山面湖坐落于葛岭半山腰，两幢二层西洋式坡屋顶楼房以曲廊相接，占

地近千平米。朝南房间均有宽大的阳台，凭栏眺望，几十米外的西湖一览无余。

民国房地产大亨刘梯青在里西湖建造孤云草舍，三层三开间，红瓦圆顶，欧式石柱，拱形门窗，铸铁栏杆，回廊开敞，线条流畅，构筑精致，是典型的欧洲罗马建筑风格。被誉为西湖边最有味道的别墅。室内装饰华丽，古典隽永，极富观赏美学和艺术价值。

孤云草舍

1932年，报业巨子史量才仿造《红楼梦》中怡红院的格局，兴建了宅园秋水山庄，风格采用新中式建筑和传统园林的结合，贯通中西，别具匠心。

秋水山庄

1913年开办的新新旅馆成为环湖一带最早的旅店之一。"新新"之名，取之于《礼记·大学》中的名句"苟日新，日日新，又日新"。旅馆声名鹊起后，增建了一座6层新楼，以古罗马科林斯式柱子支撑门厅，大堂敞亮气派、装饰时髦华贵。

1904年创建的西泠印社是我国现存历史最悠久的金石篆刻专业学术团体。社址位于西湖孤山，进门就是一个古木参天、依山叠石、造池建桥、古朴精巧的园林，园内建有多处明清古建筑，人文景观荟萃，摩崖题刻随处可见，有"湖山最胜"之誉。

西泠印社

宋开宝三年（970年），为镇压江潮，吴越王钱弘俶始建六和塔。塔高59.89米，内部塔芯为砖石结构分7层，外部木结构楼阁式檐廊为8面13层，塔内由螺旋阶梯相连，内饰彩绘藻井，须弥座砖雕丰富精美。塔外各层檐角挂有104只铁铃。

清同治十三年（1874年），著名"红顶商人"胡雪岩创建胡庆余堂。胡庆余堂整个古建筑群融合了江南住宅园林和前店后坊式商业建筑两种形式，占地3000余平方米。通过曲径通幽的花园连廊到达药房大堂顿觉豁然开朗。大堂雕刻精美、用料讲究，营造了一种实力雄厚又颇为专业的老字号药铺形象。

（二）杭州当代建筑考察

杭州当代建筑考察，可以重点欣赏普利兹克奖获得者和其他世界知名建筑大师创作的作品。

阿尔瓦罗·西扎是葡萄牙知名建筑师（1992年普利兹克奖得主）。他设计的中国国际设计博物馆注重在现代建筑里抽象保留地域历史记忆，善于"用设计取悦眼睛"，其"大红墙"甫一建成即出圈为网红墙。

1995年普利兹克建筑奖获得者、日本建筑大师安藤忠雄自学成才，用清水混凝土开创了独具光影效果的建筑风格，成为世界级建筑大师。良渚文化艺术中心造型简单纯粹、氛围宁静舒适，光影效果投射出日光的流逝，让人不由得驻足停留。

当代著名意大利建筑师伦佐·皮亚诺（1998年普利兹克奖得主）以"人文城市"为设计理念，在杭州天目里综合艺术园区打磨八年，让建筑、环境与人形成良好的互补关系和依存关系，营造了一个现代优雅的"城市客厅"。

中国美院王澍（2012年普利兹克奖得主）被誉为"用房子写诗"的建筑设计师。他设计的中国美术学院象山校区因在现代建筑中融入独特的中国传统风韵，和中国国家体育馆"鸟巢"同时被英国《卫报》评为"21世纪全球25座最佳建筑"。

杭州西溪湿地博物馆是2019年度普利兹克建筑奖获得者、日本后现代主义建筑设计大师矶崎新的作品。在这里可以体会到真正跨世纪的前瞻设计：整个博物馆埋在绿色山丘之下，隐藏于西溪湿地之边，顶部突出的玻璃蘑菇头俏皮地俯瞰整个湿地风光。

日本著名建筑师隈研吾是2021年美国《时代》杂志评选出的最具影响力的100人中唯一一位建筑师。他在中国民艺博物馆的设计中利用废弃的旧瓦片构成各种奇妙组合的"点、线、面"，让建筑在绿色自然环境中匍匐。室内外空间流通，仿佛"让建筑消失"了，有一种在小巷里随意散步，在窗边、屋檐下静卧的幸福感受。

良渚博物馆是世界著名建筑大师英国人大卫·奇普菲尔德的作品。他认为建筑设计要突出那些最真实的意义，博物馆依山傍水，掩映在绿色环境中，墙地面米色石材的精美砌筑使整个建筑犹如一块璞玉，各种角度框景优美，自由纯粹的形式处理，使建筑富有鲜明的个性，产生优雅的魅力。

拓展链接

推荐书目：

1. 陈从周.说园[M].上海：同济大学出版社，2007.
2. 陈志华.外国古建筑二十讲[M].北京：生活·读书·新知三联书店，2002.
3. 楼庆西.中国古建筑二十讲[M].北京：生活·读书·新知三联书店，2009.
4 岳南 梁思成、林徽因与他们那个时代[M].长沙：岳麓书社，2022.

思考与实践

思考建筑美，选择一个喜欢的建筑，了解这个建筑的名称，何时何地建造，以及建筑设计师和建造者是谁。设计师和建造者有什么不同吗？这个建筑是由什么材料制成的？描述它的形式元素和主要视觉特性。设计师在形式美和内涵美上做了哪些努力？使用了哪些工具或技术？是否采用了什么特殊的技术？你知道它是怎么做出来的吗？设计建造过程如何？这个建筑的功能是什么？它是如何被人使用的？它是否还能吸引其他感官，如触觉、听觉等？它会令人产生什么身体感觉或情感共鸣？

第三节　音乐美

音乐中含有"美感"，能使人态度娴雅，深思清爽，去野入文，怡然自得，以领略有生之乐。

——王光祈

"如果我不是物理学家，可能会是音乐家。我整天沉浸在音乐之中，把我的生命当成乐章。我生命中大部分欢乐都来自音乐。""死亡意味着再也听不到莫扎特的音乐了。"

——阿尔伯特·爱因斯坦

引入概述

音乐艺术的魅力，能孕育出高雅的审美情趣，可以使生命焕发出耀眼的光彩。钱学森和蒋英婚姻美满，夫妻恩爱。在一般人印象里，搞科学技术的和搞艺术的，中间隔着很远的距离。但是，在钱学森的家里，情况则完全不同。他们不仅感情甚笃，而且在艺术上、事业上也有共同语言。

20 世纪 30 年代学校铜管乐队（前排左 1 为钱学森）

"我从小喜欢音乐，他也自幼热衷于水墨丹青，中学时代他是有名的铜管乐手。"在麻省理工学院学习期间，钱学森曾多次驾驶着那二手货的老爷车，拉着三四个中国同学，到波士顿听交响乐团的音乐会。为了听音乐会，钱学森宁肯节衣缩食，十分节俭地花他打工挣来的钱。音乐给了他慰藉，也引发了他幸福的联想。

在美国工作的 10 多年间，钱学森为美国航空和火箭技术的发展做出了重要贡献。1950 年 8 月，当得知钱学森要回国时，美海军部副部长立即给司法部打电话："无论如何都不要让钱学森回国，他太有价值了！"整整 5 年在美的软禁生活并没有消磨掉钱学森和蒋英夫妇返回祖国的坚强意志。在这段灰暗的日子里，钱学森常常吹一支竹笛，蒋英弹一把吉他，两人共同演奏古典室内音乐，以排除寂寞与烦闷。虽然说竹笛和吉他的声音并不那么和谐，但这声音是钱学森夫妇情感的共鸣，它是一种力量，它代表了这对不屈的夫妇的一种意志、一种品格，他们从这音乐中领悟到的是一种发自心底的信心和动力。因为音乐的陪伴，他们的内心更充实、更丰富。

在我们生活的世界，山、水、蓝天等构成了一幅幅丰富多彩的图画，这就是生活中的自然美。很多音乐家都尝试把生活中的声音融入音乐，通过音乐作品不仅表现了自然现象，更重要的是表现了人类与自然息息相关的思想。比如，表现河流的作品《蓝色多瑙河》《美丽的梭罗河》，表现月亮的有《彩云追月》《春江花月夜》，表现动物的有《动物狂想曲》《燕子》《百鸟朝凤》，还有表现自然景观的作品有柴可夫斯基钢琴套曲《四季》《阳春白雪》、格罗菲的《大峡谷》等。作为一种听觉艺术，音乐最善于抒发情感、最能拨动人的心弦，是所有艺术中对人情感激发得最直接、最迅速、最强烈的。

音乐带来的远不只学习的调剂品，更关乎思想品格的形成。音乐能使我们展开丰富的想象力，并运用想象力去获得知识；同时，由于音乐诉诸人的听觉，在人的心灵深处掀起波澜，来丰富人的感受，培养人的审美敏感，塑造人的高雅气质，形成追求真、善、美，积极乐观、奋发向上的精神境界，对培养坚强的性格，建立自由、和谐、全面发展的人格有重要的作用。良好的音乐理解力能够激发我们的创造热情和勇于探索，勇攀科学高峰的精神。

一、音乐的概述

（一）音乐与音乐美

音乐是声音的艺术，是时间的艺术，是情感的艺术，是作曲家们运用音响材料从无到有而创造出来的艺术形式。音乐的分类有很多种。按照形式可以分为声乐和器乐两大类。按照地域又可以分为中国音乐和外国音乐。按照时代又划分为古典音乐与现代音乐。按照类型又可分为民间音乐、高雅音乐、通俗音乐。民间音乐又包含民歌、说唱音乐、戏曲、歌舞音乐等。

音乐之美，美在它的旋律，美在它的内容，美在民族特色。一段动人的音乐，常有动人的作者，听贝多芬的《第九交响曲》，便能看到一位"扼住命运的咽喉"从痛苦走向欢乐，在磨难中歌唱胜利的伟人，他用音乐让人们感受到英雄的气息，他的精神和他的音乐一起融进听者的脉搏，激励无数人歌唱着欢乐战胜重重坎坷朝着自己的梦想前进。音乐之美，美在歌唱的方法、方式。音乐之美，在于点与线之间，没有四四方方的小格子，不会有谁去限制你的

贝多芬
《第九交响曲》

思想。音乐之美，在于形象的符号。短小的波浪是想说它在颤抖；柔长的连线正兴致勃勃地模仿着你的呼吸。

音乐可以是战斗的号角。音乐是一种柔中隐刚的战斗力量。古代军队打仗时擂鼓催阵、呐喊助威，目的就是为了鼓舞士气。如今，革命歌曲作为一种文化软实力，已成为我军战斗力的重要组成部分，它饱含着战斗激情，蕴藏着巨大的精神能量。"今为羌笛出塞声，使我三军泪如雨"。音乐也可以是健康的良方。古人云："致乐以治心。"音乐作为养生疗疾的良药，史书早有记载。《论语》中说：孔子通音律，善抚琴。他在弹琴时"神情庄重、四体通泰，目光远大，壮志凌云"。宋代著名医学家张子和在《儒门事亲》中指出："好药者，与之笙笛不辍。"意思是用笙笛一类乐器给人演奏，是一种很好的药。音乐是神经系统的"维生素"，是花钱最少的"保健品"。音乐作为美妙的心灵语言，可以松弛人的精神，调节人的情绪，促进心理上的宣泄，使人获得身心健康。现代医学研究表明，美好的音乐可以改善神经、内分泌和消化系统的功能，促进人体分泌有益健康的激素。同时对治疗诸如忧郁、神经衰弱、消化不良等疾病也具有良好疗效。

（二）音乐的表现要素

音乐的基本要素是指构成音乐的各种元素，包括音的高低、音的长短、音的强弱和音色。由这些基本要素互相结合，形成音乐的常用的"形式要素"，例如：节奏、旋律、和声，以及力度、速度、调式、曲式、织体等。构成音乐的形式要素，就是音乐的表现手段。

1. 音乐的节奏

音乐的节奏是音乐在时间上有规律的运动，其中包括两方面：一是指音的长短进行；二是指音的强弱交替，形成节拍，如一强一弱交替形成二拍子。音乐的节奏常被比喻为音乐的骨架。节奏有疏有密，且疏密有度；有主有次，且主次相宜；既有对立性又统一在一起，构成音乐的美。如《义勇军进行曲》最具魅力的就是其三连音的节奏，曾有专家认为三连音不好演唱，不利于演唱的准确性，想要更替，但是找不到一个能够替代的节奏，因为三连音充分地烘托出了音乐的紧张战斗的气氛，节奏渲染了情感。下面是一条音乐的节奏，大家可以感受一下它的节奏特点。

朝鲜族儿歌

2. 音乐的旋律

旋律是一连串高低、长短不等的音符连续演唱或演奏形成的线条，通常也称为曲调。有的旋律舒展委婉，如我国著名的二胡曲《二泉映月》。曲调是完整的音乐形式中最重要的表现手段之一。曲调的进行方向是变幻无穷的，基本的进行方向有三种："水平进行"、"上行"和"下行"。例如：歌剧《白毛女》采用北方民间音乐的曲调，吸收戏曲音乐，借鉴欧洲歌剧的创作经验。其中《扎红头绳》节奏欢快活泼，曲调流畅优美。

民族歌剧
白毛女选段

3. 音乐的速度

在音乐中速度指音乐的快慢程度及其变化，通常运用以下术语来标记：广板、慢板、柔板、行板、小行板、中板、小快板、快板、很快的快板、急板、最急板。

4. 音乐的调式与调性

从本质和形式来看，调式与音阶基本相同。西方音乐一般以七声音阶（Do—Re—Mi—Fa—So—La—Si）为基础，不同的音阶在不同高度上排列就构成了各种调式。调式中有大、小调式。大调式以Do为主音（Do—Re—Mi—Fa—So—La—Si），小调式以La为主音（La—Si—Do—Re—Mi—Fa—So）。调性即调中各音对主音的倾向性。除了无调性音乐以外，各种调式都有一个中心音（即主音），旋律与和声都是围绕主音进行的，这种对主音的倾向性就是调性。我国幅员辽阔，民族众多，民族民间音乐调式丰富多样，其中较常见的是，以五声音阶为基础的各种调式。基本音级中，按照纯五度关系排列起来的五个音所构成的调式，叫作"五声调式"。这些音通常被命名为"宫、商、角、徵、羽"。例如近年来流行歌曲《新贵妃醉酒》《青花瓷》《霍元甲》等流行歌曲的主旋律或者是中间节奏都借鉴民族调式，这不仅在演唱中给人一种别开生面的感觉，更是让流行音乐跳出了西方音乐创作的框架，凸显出浓厚的民族特色。

5. 音乐的曲式与和声

曲式是音乐作品的结构形式，具有逻辑性和规范性。它如同文章中的"章法"。每一个历史时期的音乐都有其常用的曲式，西方音乐自17世纪以来形成的曲式有：一部曲式、二部曲式、三部曲式、变奏曲式、回旋曲式和奏鸣曲式等。在音乐中，和声的应用常与曲式结构有着密切的联系。和声是创建曲式结果的基本因素，我们在对作品进行分析时，往往以和声为基础来

《牧神午后》
前奏曲

进行曲式结构分析。如果说旋律是外形轮廓，结构是骨架，那么和声就相当于"血肉"。和声的丰富与否直接关系到整个音乐的艺术感染力。和声所营造的美妙音响效果是音乐的内在表现力，是其他形式无法比拟的。比如压抑的情绪如果只用单旋律来表现就显得过于单薄，没有感染力，而要是加入丰富而多层次的和声就会显得音乐比较厚重，从而产生艺术形象的氛围营造作用。很多时候和声的色彩还直接参与音乐表现，如印象派德彪西音乐《牧神午后》就是运用浓墨淡写的和声色彩来推动旋律的前进，来渲染令人捉摸不透的美妙音乐境像，使人感受到波光粼粼、微风吹拂、牧神昏昏欲睡的梦幻景象。

6. 音乐的音色美

音色指的是音的色彩和特性。例如：不同的器乐有不同的音色。小号音色挺拔而刚健，长号音色雄伟粗犷，圆号音色柔和圆润，大号音色强烈低沉。同样，花腔女高音和戏剧女高音的音色也是有很大的区别；戏曲中，长劲的老生、华美的旦角音色都是不同的。因此，音色也是音乐重要的表现手段。歌曲《新贵妃醉酒》中"爱恨就在一瞬间……"这一段就是利用综合调式，用传统的二胡、箫、古筝、琵琶等乐器，在柔美、秀丽的主旋律中插入独特的戏剧唱腔，通过不同的音色表现从而塑造优雅又悲情的音乐形象。

《新贵妃醉酒》

二、音乐的审美特征

（一）音乐可以传递美的声音

音乐之美是声音传递的艺术。因为音乐首先是具有声响的，它是作曲家们运用各种音响资源，通过一定的作曲手法，表达了一定思想内容的音响组合。音乐的美在于传递出的声音艺术是丰富多彩的，可以是小提琴的优雅、钢琴的明亮、笛子的悠扬、古琴的沉静、人声的抒情、自然声的清新……而各种不同的音色还可以随意组合，如二胡协奏曲《长城随想曲》是二胡与钢琴或民族乐队的组合；贝多芬的《命运交响曲》是交响乐队的声乐组合，包括小提琴、中提琴、大提琴、单簧管、长笛等。相同的思想用不同的乐器表现出来的声音，也将是不一样的感受，交响乐的雄壮，钢琴的坚毅，提琴的旋律，木笛的悠扬，都或多或少地影响着音乐的表达，正因为如此，音乐大师用不同的表达效果将自己的思想表现地淋漓尽致，使每一件艺术创作都成为一件绝无仅有的艺术品。

《长城随想曲》

（二）音乐通过听觉感知参与

音乐是一种音响的艺术，它看不到摸不着，只能通过听觉来进行感知。音乐不管是演唱的、演奏的、欣赏的，在音响开始的一瞬间，通过听觉作用于人的心理，这就是一种感知参与活动。而在音乐结束以后，这种感知会继续留在人的心理，继续感知音乐的音响。另外音乐具有抽象性、模糊性，哪怕是模仿自然的风声、流水声，也只是见其神不见其形，因此人在接受音乐的时候需要根据音响来感知作曲家所表现的思想情感内容。可见音乐的审美是需要音乐接受者对音乐感知的积极参与才能够得以实现的。

（三）音乐是内心情感的体验

音乐之美是情感的艺术。每一首作品并不是作曲家任意为之，而是精心策划的，是表达作曲家深刻的精神世界的。而这种情感也是多样的，有欢乐的、忧伤的、悲愤的、喜悦的等。正因为其多样性才使得音乐具有各种各样的情绪，才体现出音乐的美感。纵观整个音乐历史世界，从巴洛克时期的理性到古典的理性与情感的平衡，再到浪漫主义的情感抒发时期，不管哪个作曲家，不管是多么严谨的音乐都是富含情感的，只是情感的宣泄力度和层次有所不同而已。音乐会带给人们不同的情绪。贝多芬的《月光》让人感觉黯淡而哀伤，莫扎特的《土耳其进行曲》则带来欢快与轻松。同时，不同的人对于同一音乐的感觉与体验也是不同的，甚至同一个人对同样的音乐，在不同情景下的感受也有着天壤之别。人们对音乐的欣赏不但会受音乐特性的影响，还会受到很多主客观因素的影响，比如心境、环境和过去的经验。也就是说，人们在欣赏音乐时，情绪不仅仅受到简单的音色和节奏等方面的影响。事实上，音乐对情绪的影响有着复杂的脑机制。在奥运会的颁奖仪式上，当获奖运动员站在领奖台上望着国旗，奏响国歌的那一刻，队员们不分肤色，不分国籍，神情都是那样专注而又深情，内心燃起浓浓的民族的意识、爱国情怀。

《土耳其进行曲》

（四）音乐是历史的传承

音乐是历史生活的写照。每个时期的音乐都是具有一定独特风格特征的，而这特征与当时的各个时期的政治、经济、文化是息息相关的。音乐表现的是作曲家的思想，而作曲家的思想无不带着历史的烙印。每一个时期的作品都是建立在吸收和借鉴历史音乐的基础上再进行创新发展的，甚至很多音乐作品还具有传承历史的作用，尤其是各个国家的民族民间音乐的特点，更是其民族历史的传承。如《水调歌头·明月几时有》让人领略我国宋代民间歌曲的风貌；民歌《猜调》让人体会云南姑娘们与小伙们猜调的生活场面；藏族音乐高亢、热烈，如蓝天上飘过的白云；新疆的音乐明亮欢快似百灵；蒙古族的音乐辽远、粗犷，像草原上奔腾的马群，《酒歌》则让人感受到蒙古族人民以酒待客的民俗传统。东北二人转，俏皮、幽默；山东的民歌纯正、优美；江南音乐具有隽秀之气；闽南歌通俗流畅。"西北"味道的音乐，高亢、苍凉，荡气回肠，唢呐声，二胡声，声声如诉，亲切自然，贴心贴骨。例如《走西口》《信天游》《我家住在黄土高坡》《我热恋的故乡》令人心潮激荡。当然还有专门表现历史场景的一些作品，如清唱剧《长恨歌》、歌剧《长征七律》等都是对历史的再现与传承。

《水调歌头·明月几时有》
《猜调》

（五）音乐是想象和联想的艺术

音乐是一门想象和联想的艺术。音乐的智能效应还表现在它能扩展人的想象力，爱因斯坦说："想象力比知识更重要，因为知识是有限的，而想象力是概括着世界的一切，推动着进步，并且是知识的源泉。严格地说，想象力是科学研究中的实在因素，我们科学上的成就很多是由音乐启发的。"音乐是非具象性的，因此在听到音乐的时候，听者会根据所听到的音乐进行相关的联想，进行理性的"三度"创造。一位欣赏者要是想真正地理解音乐作品的内涵，实现对音乐作品美的追求，那么光是感知和体验是不够的，还需要对音乐进行审美创造。审美创造就是欣赏者根据音乐展开

爱因斯坦

想象，如在欣赏《梁祝》的时候，欣赏者可以根据音乐的内容进行故事情节的想象，从而能够真切地体会到音乐的主题及性格，以及音乐中的矛盾冲突等。

《梁祝》

三、欣赏音乐美

（一）音乐欣赏的三个阶段

音乐欣赏是一个审美活动，音乐美有"崇高"的美，"典雅"的美；"崇高"主要是严肃、情感强烈、有丰富哲理内涵的题材，如贝多芬的《第九交响曲》；"典雅"的美，主要是指音乐中的主题或乐句的对称，旋律进行的悠缓，注重情感表现的分寸等题材，如莫扎特的作品大多属于这一类型。无论是崇高还是典雅，我们在欣赏音乐作品时，可分为三个阶段，即官能的欣赏、情感的欣赏和理智的欣赏。

第一阶段：官能的欣赏，就是感知的阶段，就是对音响的外形的感受，可谓是初级阶段；有人称之为美感阶段。在这个层次上听音乐，不需要任何方式的思考（满足于悦耳动听或刺耳难听）。比如当我们在做别的事情或在咖啡厅、舞厅时，便心不在焉也沉浸在音响中了，这时单凭音乐的感染力及气氛就可以把我们带到一种无意识然而又是有魅力的心境中。

第二阶段：情感的欣赏（情绪反应），通过音乐产生联想、想象，产生一定程度的情感体验；有人称之为表达阶段。在不同的时间，音乐可以表达安详或洋溢的情感，懊悔或胜利、愤怒或喜悦的情绪。俄国大文豪列夫·托尔斯泰（1828—1910）来到莫斯科。当时柴科夫斯基所在的莫斯科音乐学院举行了一次音乐晚会招待托尔斯泰，其中有一个节目，就是柴科夫斯基的《D大调弦乐四重奏》，也叫"如歌的行板"。托尔斯泰听到第二乐章时，感动得流下了眼泪，说："我已接触到苦难人民的灵魂的深处。"柴科夫

柴科夫斯基

斯基看到这情景，心中十分激动，他在日记中写道："在我以作曲家自许的一生中，至今还没有得到过这样的满足和感动。今天，列夫·托尔斯泰坐在我身旁。当听到我的行板时，泪珠挂满了他的两颊。"

《如歌的行板》

第三阶段：理智的欣赏，是通过对音乐的背景、文字材料，体会和了解作品的创作年代以及创作的思想感情和了解作品的创作意图、对作品的旋律、节奏、曲式结构、配器手法、作者的创作背景等进行分析等，从而在第一、第二阶段的基础上达到审美的享受，既有对音乐感觉上的愉悦，又有由表及里产生的精神愉悦，使我们的心灵和思想得到教化，对人生产生一种感悟。音乐除了它的音响和所表达的情感外，是作曲家使用"音乐语言"创作出来的，故欣赏者应有意识地聆听旋律、节奏、和声、音色等音乐素材，为了追随作曲家的思路，还必须懂得一些音乐曲式结构的

原理，只有这样才能对音乐作品进行全面的理解，从而获得完美的艺术享受。

欣赏音乐要从官能、情感和理智三个方面欣赏，可以在以下方面做功课：首先是作者和作品的时代背景。一首音乐作品表现了作曲家对现实生活的感受以及作品表现的民族特征。俄国作曲家格林卡说过："创造音乐的是人民，作曲家不过把它编成曲子而已。"一切音乐作品都植根于民间音乐，因此都有各自的民族特征，例如歌曲《鸿雁》；也有一些作品则和具体的民族民间曲调保持着密切的联系，再如小提琴协奏曲《梁祝》采用越剧曲调。其次，作者的创作个性。作曲家由于所在的时代、生活的环境、家庭情况、经历和艺术趣味的不同，创作个性也不同。不同作曲家有不同创作风格，同一作曲家在不同时期的创作风格也不尽一样。最后，更深入了解音乐素养知识，可以深入到作品的标题及无标题；音乐语言的表现功能，包括节奏、旋律、和声和音色，此外还有节拍、速度、力度、音区、调式、调性以及曲式和体裁等。

除了音乐语言本身的表达外，每一位指挥家会对同一部音乐作品做出不尽相同的解释，每个乐团也会以其不同的音色风格演奏作品，这也是我们在欣赏音乐时需要观察、深入了解的。

（二）西方古典音乐

古典音乐是一个含义广泛的术语，广义的西洋古典音乐是指那些从西方中世纪开始并在欧洲主流文化背景下创作的音乐，或者指植根于西方传统礼拜式音乐和世俗音乐，其范围涵盖了约公元9世纪的全部时期。主要因其复杂多样的创作技术和所能承载的厚重内涵而有别于通俗音乐和民间音乐。狭义古典音乐是专指在1750—1827年的"前古典时期"，德、奥歌剧体裁的产生与发展；格鲁克歌剧改革影响了莫扎特与瓦格纳等人的歌剧创新；各种器乐发展成熟，如奏鸣曲、协奏曲、交响曲、室内乐等体裁逐渐形成与完善。这一时期有三种风格的音乐：洛可可风格、华丽风格、情感风格。在"维也纳古典时

贝多芬

期"，最为重要的是以海顿、莫扎特、贝多芬为代表的音乐，即所谓"维也纳古典乐派"的音乐。

贝多芬（1770—1827），德国作曲家。贝多芬的父亲是波恩宫廷的歌手，为了使贝多芬成为莫扎特式的音乐神童，从4岁起就让贝多芬学习小提琴和钢琴，12岁当上宫廷剧场首席小提琴师和教堂助理琴师。贝多芬的第一个真正的老师是聂耶菲，这位精通作曲技术、富有音乐知识素养的音乐家为贝多芬的艺术成就奠定了基础。在老师的帮助和劝告下，1787年贝多芬得到海顿的帮助，第二次来到维也纳并定居，在此期间他向许多音乐名家学习，艺术上进步飞快，1795年首次公演后，获得了卓越钢琴家和作曲家的声望。26岁贝多芬耳聋，只能通过笔与人交谈（柏林图书馆至今还保存着他的136本笔谈手册）。贝多芬一生不幸，可至死都一心一意在为人类写出最动听的音乐而奋斗，罗曼

罗兰在《贝多芬传》中感叹道："一个不幸的人，贫穷、残废、孤独，由痛苦造成的人，世界不给他欢乐，他却创造了欢乐来给予世界！"

贝多芬的作品具有鲜明的个性，作品几乎涉及当时所有的音乐体裁，大大提高了钢琴的表现力，使之产生戏剧性的效果，使交响曲成为直接反映社会变革的重要音乐形式。他集中了古典音乐的精华，开辟了浪漫时期音乐的先河。他的创作体现了他那巨人般的性格，反映了他那个时代的"自由、平等、博爱"思想。它的革命英雄主义的形象可以用"通过苦难走向欢乐；通过斗争走向胜利"予以概括。这种执着精神仍为当代大学生所需要。他的作品既宏伟壮丽，又朴实鲜明，既内容丰富，同时又易为听众所理解。一生创作9部交响曲、1部歌剧、32部钢琴奏鸣曲、5部钢琴协奏曲、1部小提琴协奏曲，多部管弦乐序曲及小提琴、大提琴奏鸣曲，还有大量各种形式的重奏作品及声乐作品等。

《第五交响曲》（又名《命运交响曲》）作于1805年，完稿于1808年，是一部哲理性很强的交响作品，它揭示了人在生活中遇到的失败和胜利、痛苦与欢乐，说明生活的道路是艰难曲折的，但崇高的社会责任感，使人格外奋不顾身地去建立功勋。英雄挣断束缚他的锁链，点燃自由的火炬，朝着欢乐和幸福的目标胜利前进。

贝多芬《第五交响曲》

（三）声乐的分类

声乐，是指用人声演唱的音乐形式。声乐包括美声唱法、民族唱法和通俗唱法，现在又出现了原生态唱法。

人声按音域的高低和音色的差异，可以分为女高音、女中音、女低音和男高音、男中音、男低音。

古典音乐中声乐体裁有清唱剧、歌剧、音乐剧、弥撒和安魂曲、合唱、齐唱与重唱、康塔塔、牧歌、声乐套曲和组歌、艺术歌曲和浪漫曲、小夜曲、摇篮曲和船歌、宣叙调和咏叹调等。

按照歌曲的多种类型，可以采取不同的划分方法对声乐进行分类。如按年代划分，可以分为古代歌曲、现代歌曲、当代歌曲等；按体裁划分，可以分为民歌、群众歌曲、艺术歌曲、流行歌曲、声乐套曲等；按内容划分，可以分为抒情歌曲、叙事歌曲等；按演唱形式划分，可以分为独唱歌曲、重唱歌曲、合唱歌曲等，重唱歌曲又可以按多少声部进一步划分为二重唱歌曲、三重唱歌曲、四重唱歌曲等；按性别划分，可以分为男声独唱歌曲、女声独唱歌曲、男声合唱歌曲、女声合唱歌曲、混声合唱歌曲等；按与其他表演艺术结合形式来划分，可以分为舞蹈歌曲、表演唱歌曲等。

合唱是多声部音乐的一种，以群体歌唱为本体的表演艺术形式之一。冼星海的《黄河大合唱》是中华民族自强不息的赞歌。《黄河船夫曲》采用声部领唱与合唱的形式，给人以激奋向上的感觉。《黄河颂》由男高音或男中音独唱，分为三段，歌唱了黄河的雄伟气魄。歌颂了五千年的中国文

《黄河大合唱》

化。《黄水谣》女声二部合唱唱出黄河两岸的美满生活。当男声进入后加进四部混声合唱。音乐沉重、悲愤，控诉中国人民在敌寇的践踏下，遭受着深重的苦难，生活在水深火热之中。同时也歌颂了中华民族的伟大坚强。《黄河怨》由女声独唱，表达了黄河边，一个被敌人蹂躏，失去心爱孩子的妇女，哭诉着积压在内心的痛苦和哀怨，令人痛不欲生。《保卫黄河》用了齐唱、轮唱的演唱形式，以及单乐段反复的形式。全曲采用进行曲体裁。用 2/4 拍子，有进行曲的特点。短促有力的节奏，附点音符，切分节奏，音程的扩大分解和弦等手法，使歌曲明快、豪放、乐观、自信，音乐形象鲜明、集中。二部、三部轮唱形式，造成此起彼伏，此呼彼应，群情沸腾的气氛，显示了中国人民为保卫黄河，保卫中国的伟大力量。

（四）器乐介绍

1. 西洋乐器

主要是指 18 世纪以来，欧洲国家已经定型的管弦乐器和弹弦乐器、键盘乐器。常用的西洋乐器分类情况如下。

西洋乐器

木管乐器：长笛、短笛、双簧管、英国管、单簧管、大管、萨克管。

铜管乐器：圆号、小号、短号、长号、次中音号、小低音号、大号。

打击乐器：定音鼓、大鼓、小军鼓、钹、架子鼓、三角铁、沙槌、钟琴、木琴、排钟等。

弓弦乐器：小提琴、中提琴、大提琴、低音提琴。

弹弦乐器：竖琴、吉他、电吉他、曼陀林等。

键盘乐器：钢琴、风琴、手风琴、电子琴。

2. 中国民族乐器

我国的民族器乐历史悠久，丰富多彩，富有民族特色。根据演奏方式不同，可将民乐分为四大类。

吹管乐器：竹笛、箫、唢呐、笙、葫芦丝、巴乌、埙等。

拉弦乐器：二胡、高胡、板胡、京胡、马头琴等。

拨弦乐器：古筝、古琴、扬琴、琵琶、阮等。

打击乐器：锣、鼓、竹板、梆子等。

中国民族乐器

《渔舟唱晚》是一首古筝曲。筝：春秋时期已流行，至今有2300多年的历史。筝的音域很宽，最多时用了26弦，表现力强，常用于独奏、重奏、伴奏、合奏等，唐诗人白居易写诗曰："奔车看牡丹，走马听秦筝。"

《渔舟唱晚》

《渔舟唱晚》乐曲引用唐代诗人王勃《滕王阁序》里"渔舟唱晚，响穷彭蠡之滨"一句中的前几字为标题，描绘了夕阳西下，渔人归舟的动人情景。第一部分用慢板奏出恬静悠扬，富于歌唱的优美旋律，配合左手"吟""揉"等装饰技巧，展现出一幅诗情画意，湖光山色的黄昏景象。第二部分一开始出现了不断模进变化的节奏音型，并以快板的速度，活泼的节奏，欢乐的情绪，两次推动旋律的发展，形象地刻画了荡桨声和浪花声，描绘了渔舟近岸，歌声四起的欢腾景象。

拓展链接

推荐书目

1. 陈立.陈立讲西方古典音乐[M].北京：北京大学出版社，2020.
2. 傅雷.傅雷家书[M].北京：人民教育出版社，2020.
3. 田可文.中国音乐史与名作赏析[M].北京：人民音乐出版社，2018.

思考与实践

1. 音乐的四要素是什么？
2. 针对你喜欢的音乐作品，谈谈自己的审美感受。

第四节　舞蹈美

"舞蹈——艺术的一种。是以经过提炼、组织、美化了的人体动作为主要艺术表现手段，着重表现语言文字或其他艺术表现手段所难以表现的人们内在的深层的精神世界——细腻的情感、深刻的思想、鲜明的性格和人与自然、人与社会、人与人之间以及人自身内部的矛盾冲突，创造出可被人具体感知的生动的舞蹈形象，以表达作者（编导和演员）的审美情感、审美理想，反映生活的审美属性。"[1]

一、舞蹈艺术的基本特性

舞蹈艺术是以人体的肢体动作、姿态、造型为主要表现手段，通过一定的组合、编排、发展、创造，形成典型的舞蹈的语言，塑造具体舞蹈形象，反映真实社会现实，表达多元思想情感，产生主观审美取向，因此，舞蹈艺术的特性相较于其他艺术门类更为突出，主要表现在以下几个方面。

（一）动作性

舞蹈是肢体艺术，这是舞蹈的本质属性，它通过由人体动作构成的不同舞蹈语汇来塑造人物形象，辨别人物属性，传递人物状态，表达人物情绪，并以此来表现、传达、抒发形态各异的社会生产、生活过程，描绘人间百态。因此，舞蹈不是如雕塑与绘画一般的静止艺术，它是动态的流动艺术，所有为舞蹈形象量身定制的舞蹈动作都具有其独特的行动轨迹、律动气息、空间方位

民间舞《定海血壁》

和风格特点。此外，为了更好的塑造不同民族、不同地域、不同时代的舞蹈形象，不同舞蹈道具的使用给予舞蹈动作更好的呈现效果。如古典舞的水袖，延长了舞者的肢体，扩展了舞台的空间；不同民族舞蹈对鼓的使用，增强了民族特色，提高舞蹈的技术水平和舞台表演效果。

（二）直观性

舞蹈是视觉艺术，不同动作所塑造的舞蹈形象通过人的视觉进行直观地辨别与感知，反映不同历史事件、不同情感积淀、不同社会现象和不同意识形态的舞蹈作品都有之相对应的直观形象和独特动作、音乐节奏与喜怒哀乐的表情。它结

民间舞《凳之龙》

[1]　王克芬，刘恩伯，徐尔充.中国舞蹈词典[M].北京：文化艺术出版社，1994：429.

合灯光、服装、化妆、道具等一系列舞台美术的设计与配合，在一定空间与时间交错中完成对典型舞蹈形象、舞蹈主题和舞蹈内涵的塑造和表达，从而达到赏心悦目、感同身受和情感共鸣的视觉冲击、精神追求与社会价值。

（三）节奏性

舞蹈是时间艺术，它的动态轨迹运动是通过一定的节奏韵律得以体现，并在一定的时间范围之内完成所要展现的内容。节奏赋予舞蹈符号化的律动美，不同快慢强弱的节奏特点结合肢体动作的处理，以轻重缓急的律动形式给人以跌宕起伏的欣赏感受。因此，任何舞蹈都有节奏，节奏性是舞蹈表演的重要特性，它通过与音乐节旋律的完美结合，

现当代舞《花非花》

将无序的肢体动态变化通过一定的节奏韵律进行有机的整合，形成具有一定的规律性、延续性和顺序性的舞蹈语汇，不同节奏的强弱、快慢、长短和高低又赋予了舞蹈动作不同的风格特点、表现特征和情境特色，进而形成不同的人物形象、性格与情感表达。

（四）造型性

舞蹈是空间艺术，它利用身体进行立体三维的呈现，在高中低、里中外的不同维度中展现身体的线条美与力量美。中国古典舞的"拧倾圆曲"、傣族舞蹈的"三道弯"、芭蕾舞蹈的"开绷直"等，都是不同肢体动作所呈现出的独特的空间艺术，其单一身体语言所形成的独到美感也成为了不同国家和民族独树一帜的标识与特征。

古典舞《西施别越》

此外，舞蹈还拥有更为广阔的空间表现，即舞蹈动作的构图搭配和舞台空间的构图调度。舞蹈动作的构图搭配是肢体与肢体通过空间的相互连接与切割所形成了复合动作元素，它能在一定的平面或立体空间中营造独特的视觉享受，如舞蹈《千手观音》；舞蹈空间的构图调度则是群舞演员通过人与所形成的直线、斜线、曲线、异形和散点等不同图形的相互变化，对舞台

《千手观音》
《盛装舞》

进行有设计的空间切割，塑造人物形象，放大动作力度，突出动作风格，丰富舞蹈表现力，提升舞蹈的视觉审美，如舞蹈《盛装舞》。

（五）抒情性

舞蹈是情感艺术，在古代中国诗歌理论的重要著作——汉代《毛诗序》中有这么一段描述舞蹈的文字："诗者，志之所之也，在心为志，发言为诗，情动于中而形于言，言之不足，故嗟叹之，嗟叹之不足，故咏歌之，咏歌之不足，不知手之舞之足之蹈之也。"意思是说："诗，是表现人的志向和追求的，情感在心里被触动必然就会表达为语言，语言不足表达，就会发出各种感叹与惊叹，感叹不足以表达，就会放声吟咏和歌

唱，还不足以表达，就会情不自禁地手舞足蹈。"在这里，我们可以很清晰地了解到，舞蹈的情感特质从舞蹈诞生那天起就已经深深刻在骨子里，它长于抒情，拙于叙事，通过动作、造型、节奏、色彩、构图等一系列表现手段对社会生活的各种现象和人情世故进行模仿再现和情感表现。

当代舞《红船》

（六）综合性

舞蹈是表演艺术，它不仅仅只是单一肢体动作的呈现，而是结合了音乐、美术、戏剧、文学等其他艺术门类，是动作、韵律、节奏、风格、色彩和主、客观意识相结合的，经过艺术加工与整合的舞台表演。音乐给予舞蹈以动作律动的节奏，美术给予舞台以入木三分的妆容、身临其境的布景和相得益彰的服装，文学给予舞者严谨的情感积淀、巧妙的戏剧冲突和与时俱进的思想境界，它们虽然都是独立的艺术门类，但却是一部舞蹈作品完整展示不可或缺的重要组成部分，这也是舞蹈成为区别于其他艺术门类的重要特性与特征。

舞剧《牡丹亭记》

二、舞蹈的功能

舞蹈来源于生活，它既是人类社会发展的产物，更是对社会生活、社会思想、社会背景和社会现状的反映与表现，它和其他艺术门类一样具备强烈的社会意识形态。通过舞蹈，体现人类对美好生活的向往，反映社会现实，展现真、善、美的艺术本质，因此，要了解舞蹈就必须从舞蹈的社会作用与艺术功能出发，从中掌握舞蹈的本质与舞蹈的审美属性。

（一）自娱性的情感抒发

古人云"以舞达欢"，从本质上揭示了舞蹈最初的功能性特征，即自娱自乐、有感而发。生活中，我们常常会因为惊喜、胜利、丰收而兴奋地活蹦乱跳，也会在听到一段音乐、尝到一份美食、获得一份肯定时手舞足蹈，这种舞蹈有可能只是奔跑、雀跃、跺脚或旋转，但却是人们抒发情绪、自我愉悦、自我娱乐的重要手段。正如闻一多先生曾经说过的，舞蹈是生命情调最直接、最实质、最强烈、最尖锐、最单纯，而又最充足的表现。因此，舞蹈的自娱性功能从舞蹈的发生开始

畲族传统和"三月三"歌会

就一直延续至今。

（二）互融性的情感交流

舞蹈是人类语言和文字发明之前在生产劳作、相互沟通与情感交流上的重要手段，原始先民的猎兽围渔、生活指令与欢喜崇敬都通过舞蹈予以传达与表现，尤其是青年男女通过舞蹈相互观察对方，带有试探、暗示、展示和意味深长的舞蹈动作成为增进了解、传递爱慕的直接表达，这既是人们长期生活积累形成的默契，也是身体语言独特的魅力所在。时至今

彝族传统"烟盒舞"

日，舞蹈依旧是青年男女间传递情感、互倾互爱的重要手段，它超越了国家、民族、地域和语言的限制，是人与人在情感互融性上的一种重要体现。

（三）功能性的强身健体

舞蹈作为人体的全身运动，在诞生之初是一种自下而上的生存需要。原始人通过舞蹈，缓解冬季寒冷对身体的影响，增强身体素质抗击野兽的侵袭。

古代著名医学家华佗编创的"五禽戏"是重要的代表，《后汉书·方术列传·华佗传》中记载："吾有一术，名五禽之戏……体有不快，起作一禽之戏，怡而汗出，因以著粉，身体轻便而欲食。普施行之，年九十余，耳目聪明，

华佗"五禽戏"

齿牙完坚。"由此可见，古人将舞蹈作为抵御自然环境的一种手段，完善并解决了人在生存过程中强身健体的功能性问题。

当下，舞蹈的学习已经成为大多数人增强肢体柔韧、塑造优美形体、增强身体在速度、灵敏、耐力、平衡、稳定、协调和力量上的基本素质与能力的重要手段。

（四）开放性的文化交流

舞蹈是一个国家、民族和地区人民千百年来在生产、生活中不断积累下的身体记忆，具有明显的民族风格、地域特色与历史烙印。作为精神文明的突出代表，舞蹈的非语言文字特性能更直观地呈现不同文明的特征、更清晰地区分不同文明的界限、更顺畅地实现不同文明的互鉴，即便是同一舞蹈种类，在舞蹈的表现形式与内容上也大相径庭。正因为不同民族舞

浙江—西澳友好省州三十周年文化交流演出

蹈文化所具备的独特风格，其强烈的传感作用与浓厚的民族情感基因，逾越了语言文字的障碍，成为了各国、各民族之间相互了解、增进友谊、互动学习、情感交流和文化互融的重要工具，也成为了各国间友好交往、互助互信、和平共处的重要纽带，曾被周恩来总理称为"外交的先行官"和"大使前的大使"。

（五）传承性的教育作用

舞蹈依靠身体语言传播生产、生活经验，早期人们靠模仿动物的动作来教导年轻人打猎、转述给族人狩猎的盛况并祈求打猎的成功，在这个过程中，舞蹈承担了三种完全不同的传导作用：教学、记录和信仰，因此，它既是一种反映生活的艺术，也是一个民族进行劳作教化、文化传承的重要载体。随着社会的进步与发展，舞蹈的单一传授功能逐渐开始向美育教育升级、转化，主要表现在以下几个方面：

舞蹈教学的"言传身授"

1. 德育

舞蹈能够培育高尚的道德情操，积极拓展个人的沟通交流能力，塑造身心健全的人格，学会尊重、珍惜和坚持的意志品质，培养互助、合作、团结的团队精神。

2. 智育

学习舞蹈，除了需要用心观察、模仿和记忆外，还会激发创造的潜能，激发想象力，提升人的智力发展。

3. 美育

舞蹈可以涵养审美的能力，陶冶生活情趣，增加对美的认识，提升对民族文化美的感知与欣赏。

三、舞蹈的分类

当下不同的舞蹈种类，并不是在同一时间、同一空间同时产生，随着人类社会的不断进步，舞蹈作为社会生活的重要体现，是社会生产力、文化发展和文明进步的重要载体与反映。因此，舞蹈类型的命名与概念界定是人们对舞蹈实践的概括和总结，每一种舞蹈类型的界定往往不是产生于孤立的自我命名，而是产生于后人为了将其与另一种新的类型划清界限，如"民间舞蹈"的命名是由于"宫廷舞蹈"的出现，而"古典舞蹈"的称谓则是在"现代舞蹈"诞生之后。

按照舞蹈的作用与目的，我们可以将舞蹈分为生活舞蹈与艺术舞蹈两大类

（一）生活舞蹈

生活舞蹈主要包括：民俗舞蹈（节庆、仪式舞蹈）、宗教祭祀舞蹈、社交舞蹈、自娱性舞蹈、体育舞蹈等五大类。

1.民俗舞蹈

民俗舞蹈是最具地域特色的舞蹈之一，是世界范围内，不同民族在不同生活、劳作、节日、喜丧等重要活动中所表演的群众性舞蹈活动。它集中体现了不同民族的风俗习惯、风土人情与文化传统，具有突出的风格性特征。

广东福永元宵节舞狮表演

2.宗教、祭祀舞蹈

宗教舞蹈是对宗教信仰、宗教观念、宗教意识进行宣传并开展宗教祭仪活动时的一种舞蹈形式，像汉族的傩舞、藏族的"羌姆"、蒙古族的"查玛"等均为这类舞蹈，主要用以表达对自然的崇拜、对神灵的敬畏和对祖先的感恩等。

祭祀舞蹈是祭祀先祖、神祇等民间活动的主要组成部分，既表达对先祖的怀念亦祈求神的保佑，具有明显的礼仪性特点。周代的"六代舞"就是最早的官方祭祀舞蹈，现流传在丽水缙云的仙都祭祀轩辕黄帝大典等都是从古代祭祀仪式舞蹈中发展而来。

3.社交舞蹈

社交舞蹈是人们进行社会交往、增进友谊、联络感情的交际和联谊舞蹈，也是我国少数民族青年男女在每逢节庆活动中进行相互交往、自由择偶的社交活动，具有广泛性和群众性的特点。

4.自娱舞蹈

自娱舞蹈是最为纯粹、表现形式最为多样、情感最为丰富的舞蹈活动，它通过舞蹈抒发和宣泄个人内在情感冲动、获得审美愉悦，如当下热门的"广场舞"，具有自发性、即兴性的特点。

5.体育舞蹈

舞蹈是人体运动的艺术，历来就有强身健体的作用。当下将舞蹈与体育相结合，以艺术审美的方式锻炼身体，成为了体育舞蹈发展的新方向，如各类健身舞、健美操、排舞等。此外，国际标准交谊舞，是体育舞蹈最有代表性的舞种，作为竞技体育运动项目之一，在我国普及越来越广泛。

健美操托举动作

（二）艺术舞蹈

艺术舞蹈是由专业从事舞蹈艺术的舞蹈家，通过对生活的观察、体验和感受，经过分析、集中、概括所创造出的主题思想鲜明、艺术形式完整、具有较高技艺水平，塑造出典型的艺术形象，由舞蹈演员表演，供人审美欣赏的舞蹈。①

根据不同的艺术特点，艺术舞蹈大致可分为以下两类。

---

① 王克芬，刘恩伯，徐尔充.中国舞蹈大词典[M].北京:文化艺术出版社，1994:637.

1. 根据舞蹈的风格特点来区分

舞蹈根据风格特点可以分为芭蕾舞、古典舞、民族民间舞、国际标准舞、现代舞、街舞和当代舞。

（1）芭蕾舞。芭蕾舞又被称为西方的古典舞。芭蕾一词具有广义和狭义两个含义：广义的芭蕾专指舞蹈、舞剧表演形式，即有戏剧故事贯穿的舞蹈；而狭义的芭蕾专指起源于意大利，在法国形成的具有 400 多年历史的，有一定技术规范和审美要求的一种特定的古典舞形式。

《王后喜剧芭蕾》
1581 年巴黎小波旁宫

芭蕾诞生在 15 世纪下半叶，是文艺复兴运动的成果。最早的"芭蕾"是意大利宫廷的综合歌舞艺术形式，随着芭蕾传入了法国，皇家舞蹈研究院按照宫廷审美将动作进行分类且命名，因此芭蕾的术语是法语。世界首部芭蕾舞剧是 1581 年上演的《王后喜剧芭蕾》。

芭蕾表演最突出的特点是立足尖，这既增加了腿部的长度，使身体更加修长且自然，又对芭蕾技术进行了提高，因此芭蕾舞又被称为"足尖舞"。

（2）中国古典舞。中国古典舞是具有深厚中华传统文化和鲜明民族特色的舞蹈种类，它是专业舞蹈工作者在大量吸收本民族传统的民间舞蹈、宫廷舞蹈、宗教祭祀舞蹈、武术和戏曲舞蹈的基础上，对流传在洞窟壁画、墓室画砖、陶俑和各种出土文物的绘画、纹饰造型中的古代舞蹈神韵、姿态、身段、造型、步法和技术技巧，进行提炼、整理、加工、创造，并

古典舞《莲鼓越歌行》

参考芭蕾舞的训练方法所形成的具有典范和古典风格特点的舞蹈，它集中体现了中华民族身体文化的积累和文明化的高度。

中国古典舞动作以"圆"为基本形态，讲究"手、眼、身、法、步"的应用和"精、气、神"的张扬，形成了细腻圆润、刚柔并济、情景交融、技艺结合、形神和谐、高度统一的独特美学特色。

（3）中国民族民间舞。中国民族民间舞泛指在中国不同民族和地区广泛流传、长期沉淀、积累和发展所形成的，体现民族生活方式、历史传统、宗教信仰和风俗习惯，具有独特审美情趣、思想情感与民族特色的民间舞蹈。每个民族和地区都有自己风格独特的民间

民间舞《花鼓声响花开处》

舞，且不止一种，形式活泼、多样，多为载歌载舞、自娱性方式表演，也常在节日庆典和祭祀活动中进行。中国民族民间舞蹈根据不同民族、地区特色可以划分为五种不同的类型，分别是：

①农耕文化型：汉族、壮族、傣族、朝鲜族等。

②草原文化型：蒙古族、哈萨克族、鄂伦春族等。

③农牧文化型：藏族、羌族、纳西族等。

④绿洲文化型：维吾尔族、乌孜别克族、塔吉克族等。

⑤海洋文化型：高山族。

民族民间舞蹈集中体现一个民族生命的原生形态的身体，是守护民族文化之根的艺术。

（4）现代舞。现代舞是19世纪末、20世纪初在欧美兴起的一种舞蹈流派和舞蹈艺术形式，它突出强调个人的自我意识和多元身体的不同表现，反对传统舞蹈的条框式限制，追求舞蹈的形式多样与肢体的自由表现；现代舞在德国和美国发展比较突出，诞生了许多以不同技术和意识为主要区别的流派。美国舞蹈家伊莎多拉·邓肯被誉为现代舞的创始人。

现代舞之母：
伊莎多拉·邓肯

现代舞作为大工业文明和现代都市文明的产物，是一个民族不断探索文化新形态的努力，它集中体现一个民族身体文化的拓展能力和对自身文化的反省能力。

（5）街舞。街舞，顾名思义是在不受场地和器材限制的街头表现和表演的舞蹈。它于20世纪60年代末出现在美国纽约黑人聚居的布鲁克林区，最初是以一种自发、自娱性的民俗舞蹈形式出现，既是一种愉悦身心的舞蹈艺术形式，也是一项增强体质的体育运动。当下，街舞的舞蹈种类很多，包括HipHop、Popping、Locking、Breaking等风格，除此之外还包含不同国家和地区的特色街舞风格与表现形式。作为一种文化形态，其价值核心是对自我的尊重和对自由与权利的追求。

街舞

（6）国际标准舞。国际标准舞早期以"交际舞"的名义进入中国，至今已有100多年的历史。它最早来源于14世纪的意大利宫廷。国际标准舞主要包括两个部分：摩登舞（华尔兹、维也纳华尔兹、探戈、快步、狐步）和拉丁舞蹈（桑巴、伦巴、恰恰、斗牛舞、牛仔舞）。摩登舞是从欧洲

国际标准舞

宫廷的舞会和欧洲民间传统舞蹈演化而来；拉丁舞则源自拉丁美洲国家的民间舞会，两者都是从礼仪性、自娱性的舞蹈形式逐渐向竞技性舞蹈转变。

随着国际体育舞蹈联合会被国际奥委会所承认，国际标准舞开始进入世界综合性运动会，逐渐成为艺术性高、技巧性强的竞技性体育项目。

（7）当代舞。当代舞是现代舞蹈发展的产物，它在内容上主要反映和表现当代社会现状和事件、塑造新时代典型人物形象；它借鉴、融合、汲取了古典舞、民间舞与现代舞等多舞种、舞蹈流派的表现手段、方法与特点，表现形式丰富多样，风格不拘一格。

2. 根据舞蹈表现内容、形式和特点来区分

舞蹈可分为：独舞、双人舞、三人舞、群舞、舞剧、舞蹈诗和舞蹈剧场。

独舞、双人舞、三人舞和群舞主要是以舞蹈表演的人数与其相互之间所产生的情感变化与作品意义与意境作为主要区分，在此不再赘述；而舞剧、舞蹈诗和舞蹈剧场在舞蹈表现的内容、形式、目标和特点上有较大的区分。

（1）舞剧。舞剧是一种以舞蹈为主要表现手段，综合文学、音乐、美术、戏剧等艺术形式来反映生活、塑造人物、表现事件的大型综合舞台表演形式。它运用独舞、双人舞、群舞等多种舞蹈手段来表现复杂的戏剧情节、塑造独特的人物性格与丰富的文化内涵。舞剧按场次结构分为独幕和多幕舞剧，多幕舞剧又可分为小型、中型和大型舞剧；按舞剧的动作语言来分，可分为芭蕾舞剧和中国民族舞剧。

舞剧《永不消逝的电波》群舞片段《渔光曲》

（2）舞蹈诗。舞蹈诗与舞剧同为大型舞台艺术，舞剧侧重于通过舞蹈表现戏剧人物、戏剧矛盾、戏剧冲突，而舞蹈诗则更强调舞蹈本体的"诗性"、表现手法的"诗化"和情感的"诗境"，即舞蹈表现的可舞性、抒情性、情境性。简而言之，舞剧的欣赏除去舞蹈的形态美之外，还有戏剧内容中隐含的主题、内涵和目的，而舞蹈诗则是在戏剧性内容之上，更加关注舞蹈本体的视觉欣赏。

舞蹈诗《生命的壮彩》群舞片段《蓝色》

（3）舞蹈剧场。"舞蹈剧场"是19世纪20年代由西方现代舞蹈理论之父冯·拉班最先提出，到19世纪30年代由德国著名舞蹈家库特·尤斯最早进行艺术实践，再由德国著名现代舞大师皮娜·鲍什在19世纪70年代发扬光大的全新舞蹈表现形式。

"舞蹈剧场"最大特点就是充分运用在舞台空间里一切可能出现的表现手段，通过不同身体与声音、音乐、影像、道具、镜头等的奇妙结合，产生不同表现形式和表现特征的舞蹈作品。

四、舞蹈的欣赏

舞蹈作品是对客观生活与社会的浓缩，也是艺术家通过典型的形象、丰富的情感和严谨的思考进行艺术创作、产生一定审美情愫的重要成果。

对于热爱舞蹈的观众来说，能够深入欣赏一部优秀的舞蹈作品，是一种高级的艺术享受。由于不同观众的欣赏条件不同，如生活经历、文化修养、心理个性，特别是对舞蹈知识了解的程度不一，都会影响对舞蹈作品和编导意图的解读，因此，如何进行舞蹈欣赏，如何从舞蹈中发现和挖掘更多美的价值，让作品与观众产生情感的共鸣，成为另一种艺术创作活动。欣赏舞蹈不仅仅只是"看"，还需要用心去感受、去对比、去提出建议，从而不断提高欣赏水平和审美品位。

（一）从舞蹈作品的素材入手，定位作品的风格

舞蹈作品的素材，是组成舞蹈题材的零件与配件，是编导或表演者从现实生活中搜集到的，未经过整理、加工、运用的，具有一定风格特点的舞蹈动作元素，这些元素是组成舞蹈动作或舞段的基本内容。这种"素材"，在经过舞蹈编导的集中提炼、加工和创新创造之后，编创成为一部完整的舞蹈 《雀之灵》 作品，不同时代背景、风格特点和地域特征的舞蹈素材在经过形式各异的加工与创新后即成为舞蹈"题材"的重要组成部分。它为观众欣赏舞蹈作品构建了一个基础的知识底链，也将舞蹈所蕴含的各种不同表现通过单一元素动作予以呈现。作为组成完整舞蹈作品的基础材料，它对舞蹈编导在作品题材的选择与提炼，作品艺术表现的内容与内涵，作品意境的营造与升华和作品价值的体现上都具有非常重要的作用。

由于不同的素材具有明显的风格特征，尤其以民族民间舞蹈更为突出，我们熟知的由著名舞蹈家杨丽萍老师编创并表演的傣族女子独舞《雀之灵》，由青年舞蹈家古丽米娜表演的维吾尔族女子独舞《铃铛少女》等都具有十分鲜明的民族舞蹈风格。此外，不同代表性人物、风格与动作流派的现 《铃铛少女》 代舞，在舞蹈的动作素材上更是独树一帜，因此，了解、掌握不同舞蹈的素材风格，对开展舞蹈欣赏具有重要的意义。

（二）从舞蹈作品的题材入手，理解作品的意义

舞蹈的题材是作品中直接描写、刻画和展现的社会生活现象的集合，是舞蹈编导对其掌握的社会生活素材进行选择、提炼、加工后作为作品内容的重要体现。它是一个类别和一个领域的集中呈现，更是对舞蹈本身风格的一种定位，如工业题材、农村题材、历史题材、军事题材、现实题材等。它是在不同舞蹈素材的基础上提炼而来，用以构成艺术形象、体现主题思想的重要材料。

以刚获得中国舞蹈最高奖——第十二届中国舞蹈"荷花奖"古典舞奖——由浙江艺术职业学院原创的群舞《西施别越》为例，从题目上看，这是一个围绕吴越争霸所处的特殊历史背景中，以西施与范蠡两人间惜别场景所展开的具有历史题材的舞蹈作品，但

《西施别越》

舞蹈的真正魅力就在于，题材的归属只是舞蹈在表象上的一种属性，由于它所反映的内容、蕴藏的情感与塑造的形象会在一定的时空进行合理的统一，因此其中所映衬与折射的意义将会远远超越作品本身。在《西施别越》中，西施的形象已经不仅仅只是一个即将赴吴的女子，她的美绝不仅仅只是局限在天生丽质、倾国倾城，更重要的是成为了一名忍辱负重、以身报国，哪怕面对爱情的隔离、亲人的哭泣和故土的远离，依旧忧国忧民、坚定自信，最终毅然踏上"逆程"，助百姓幸福、助国复家圆，用一己之力，助越国灭吴，在那个年代为国为民，鞠躬尽瘁的最美"逆行人"。在这样的一种意境中，舞蹈的意义跨越了历史的局限，从而与当下的现实社会相挂钩，成为通过西施舍己救国的壮举，从另一个侧面唤起人们对这样一个古往今来脍炙人口的佳话的回忆，将西施以忠效君、以身效国的高尚情怀与华夏儿女千年血脉相承的纽带相连接，最终唤起每一位华夏儿女对国家和民族在复杂时代背景下的历史担当，承担起中华民族伟大复兴的中国梦的重要使命。

题材是舞蹈作品内容的基本组成，是产生和表现舞蹈人文主题的基础，是客观社会生活和舞蹈编导对其主观评价的主客观统一体。通过对舞蹈题材的了解，能够更有目的地欣赏舞蹈，更好的理解作品所要反映的背景特征、主题内容、中心思想、情感基点与人物环境。

（三）从舞蹈作品的形象入手，体会蕴含的情感

舞蹈是由舞蹈编导通过对社会生活的观察、体验、分析，并将其进行集中的概括，通过一定的想象和创作创新，从而创造并产生出主题鲜明、情感丰富、形式完整，以及具有典型艺术形象和风格特征的艺术创作成果。其中，形象是舞蹈创作与表演的重要表现内容，是艺术的基本特征，也是舞蹈最具有客观欣赏价值的主体。不同的形象在舞蹈中有与之相匹配的、具有不同情感特征的动物、植物和人物，它们都是舞蹈作品所要反映的情感内质的基础，观众也能够从不同的舞蹈形象中，感知不一样的人情世故。

《中国妈妈》

如由东北师范大学表演的女子群舞《中国妈妈》，讲述了一个在抗日战争结束后，日本遗孤被留在中国，由中国的母亲抚养长大的故事，整个舞蹈是在国恨家仇中展开，又在温馨感人中落幕。舞蹈中所塑造的妈妈形象，已经不仅仅只是一位母亲，她的爱已经超越了所有的阻碍与隔阂，将中国母亲博大的胸襟、无私的爱，以及中国人热爱和平、崇尚博爱的历史责任与高尚情怀用无言的肢体与典型的形象进行塑造，在勿忘国耻的历史背景中不断予以延续与发展。

因此，每一种形象所独有的性格特征、动作特点与情感特质成为不同舞蹈作品重要的区别，同一题材中的不同舞蹈形象所表现出的内容与情感也不一样。因此，舞蹈形象具有共性与个性双重表现的特征，只有将不同的形象进行深入的表现与刻画，才能够真正领会其中所蕴含的情感本质，也才能从中一探舞蹈作品在内容、形式与意义上的特点。舞蹈形象的塑造在很大程度是对情感的浓缩，把握好对形象的认知是逐级感受不同

情感特质的基础，也是深挖舞蹈情感魅力的重要依据。

（四）从舞美的设计入手，衡量审美品位

一部完整的舞蹈作品并不只是舞蹈演员单纯的独自演绎，一部好的舞蹈作品是整个舞台的完美搭配，除了有技术精湛的演员、相得益彰的音乐，还有不可缺少的客观周边需求。在这里所谓的客观周边需求主要指的是服化道和舞美的设计与制作。精美且符合人物性格特征的服装、具有强烈听觉审美的音乐、营造空间氛围的舞台美术设计与层次分明的灯光搭配，除了能大幅提升舞蹈作品的表现空间外，也能在很大程度上帮助观众更好地理解和解读舞蹈作品，从而确立作品的独特审美基调与审美品位。

如由厦门小白鹭民间舞团和厦门戏曲学校共同演绎的当代群舞《海那边》。在服装设计上，因一道海峡所分割的亲情，在两岸热血青年的相互遥望中，由对立转向共鸣，几乎每套都不一样的白色的舞蹈服装，虽形态各异，却依旧纯洁如一，浅蓝色的长裤，如同大海的颜色，在同一片蓝天与白云的映衬下，手足情在服装的巧妙设计中尽情展现。在音乐制作中，伤感的旋律从迷茫到抗争再到希望，手足别离之情，钻进了所有观众的心里，刺痛着每一处神经，两岸青年遥望海那边，忽而近，忽而远，远的是距离，近的是心灵。在灯光设计上，舞蹈的灯光自始至终都在明暗的交替中不断变换位置，流动光穿透着整个舞台，照亮人心，也为宝岛照亮前行的方向，在一声声炮弹飞过长空中，灯光的红色铺垫的不仅仅只是战争的残酷，更是对血浓于水的倾诉，这边有着你们倦鸟的归宿，那边则是我们心灵的依托。

《海那边》

舞蹈的服化道与灯光的巧妙运用与舞者倾尽全力的情感迸发，是对迷途孩子体贴入微的关爱，更是对两岸统一无限的渴望。舞蹈的舞美设计在很大程度上是对舞蹈作品的有力支撑，它既能赋予舞蹈更好的表现环境，还能在舞蹈形象塑造、情感表达和意境升华中起到推波助澜的作用。它是舞蹈结合不同艺术门类进行舞台展示的重要手段，也是舞蹈审美品位的重要体现。

除了以上四点之外，我们还需从更为深层次的角度对舞蹈进行分析、理解与解读，作为专业舞蹈赏析与解读的方式，一般可以从以下四个方面入手。

1. 舞蹈结构的紧凑性

舞蹈结构如同一篇文章，起承转合样样具备，高潮抒情相得益彰。舞蹈作品中的人物形象、人物关系和人物心理特征要突出且明晰，人与人、人与物、人与事之间的联系紧密，舞蹈情节的发展必须紧扣主题，紧凑且干练，因此，在观赏舞蹈作品时，关注舞蹈结构是否合情、合理、合身，是进行舞蹈赏析、评判作品的重要方法之一。

2. 舞蹈动作的独创性

舞蹈动作是组成舞蹈的基础元素，围绕舞蹈形象塑造和情感共鸣所产生动作本体与是否具备原本的形象特质及创新特征是区分一个舞蹈作品优劣的重要手段。其包括：

①舞蹈动作是舞蹈作品表现的精髓，需要有创新的表现手法，用成熟的空间把握

和独创的动作语汇来传达简单的内容和真挚的情感；②舞蹈动作必须符合舞蹈的风格特点；③舞蹈动作必须具备美感；④舞蹈动作是否具备独创性。

3. 空间调度的多样性

空间调度主要是对舞蹈作品队形变化和演员舞台空间美学的诠释，是一个舞蹈作品舞台直观视觉的价值所在。舞蹈的空间调度是一个构图画面，是舞蹈语言在舞台上的另一种重要的存在和展现的形式，也是舞蹈独具特色的时空属性所造就的舞台美学。它是舞蹈表演者在舞台空间中所做运动轨迹和线性构图，是三维空间画面造型的立体呈现，是舞蹈作品重要表现手段和特点之一。因此，舞台空间构图切分的合理性和舞台变化的多样性是评判一个作品创新价值的重要依据。

4. 舞蹈演员的技艺性

舞蹈演员作为舞蹈表演的主体，其自身舞蹈表演水平的高低直接影响一部舞蹈作品的呈现，其质量的优劣直接决定了舞蹈表现的深浅，如同电影中的老戏骨与小鲜肉之间的表演差异一样，单从舞蹈的舞台呈现上，通过其塑造的舞蹈形象、展现的舞蹈技艺、传递的舞蹈情感便可以对舞蹈演员展开一定的评价与分析。在这之中包括舞蹈演员对动作完成质量的要求，肩腰胯腿基本功的展示与动作幅度的把握，符合人物形象与性格典型动作的细腻捕捉，对情感表达的深刻理解与二度解析，等等。

只有舞蹈演员将舞蹈的技术与内在的情感表现力充分结合，才能更为准确地把握舞蹈的特点、风格、韵律、节奏，从而创作出鲜明生动的舞蹈形象，产生出引人入胜的艺术效果。

5. 多元艺术门类应用的广泛性

舞蹈元素的多元是对不同艺术种类的运用与结合，如舞蹈剧场的表现就是丰富多彩且形式各异的，其最大特点就是充分运用在舞台空间里一切可能出现的表现手段，进行舞蹈作品的呈现，通过不同身体与声音、音乐、影像、道具、镜头等的奇妙结合，产生出不同的表现形式和表现特征。这样的作品打破了舞蹈只有音乐与动作的结合，突出一个个新的舞蹈生命体，从而更好地展现创作者的舞蹈构思。随着时代的发展，多元艺术门类之间的相互结合越来越广，需要注意的是，这样的舞台呈现是应景式的拼凑，还是具有强烈的逻辑关联？是艺术化的提升，还是只为了增加噱头？这些需要观众对其舞蹈的设计与其他艺术门类间的相互关联进行更为仔细的观察，并根据每个人的不同理解予以评价。

舞蹈欣赏的过程不仅仅只是观赏舞蹈这么简单，它在一定程度上是不断努力学习的过程，在提高自身文化素质和艺术修养的过程中才能逐渐得到更多对不同舞蹈作品欣赏的观点与评价，从而更好地提升舞蹈作品的呈现效果，感受舞蹈所带来的艺术享受。

因此，要想更好地进行舞蹈欣赏和分析，艺术修养的提升是前提，需要有一定的主观能动性。这需要三方面的共同努力。

第一，基础文化知识的奠定。没有一定的文化基础，无法对不同的舞蹈文化进行掌握，文化本身的关联性是舞蹈的特性，从生活中来，到生活中去，这样的一种文化现象很多时候就是舞蹈作品编创和表演的源泉。

第二，构建相对完整的知识体系的立体框架。在一个框架中，区分不同部分的轻重，比如地理和不同地域舞蹈文化的关系、历史和不同人物形象的联系等。舞蹈是所有艺术门类中最具有综合性的艺术形式，因此需要对不同时期、不同区域的文学作品、历史事件、风土人情等进行详细而又明确的学习与掌握，从而在舞蹈欣赏过程中更加明晰作品的主要内容和基本内涵、情感基调与作品的价值与意义。

第三，学会主动阐述自己的观点，大胆地创意思维，敢想敢悟；通过积累、沉淀提升自我观点表达的清晰度，多看、多听、多问、多说、多比较，舞蹈没有对和错，没有最好只有更好，只有不断完善、不断进步、不断创新，舞蹈的魅力才会逐级逐层挖掘，并让社会生活的真善美通过舞蹈这样一种综合的艺术形式完整地呈现在观众面前。

拓展链接

推荐书目：

1. 隆荫培,徐尔充,欧建平.舞蹈知识手册[M].上海：上海音乐出版社,2001.
2. 罗雄岩.中国民间舞蹈文化教程[M].上海：上海音乐出版社,2001.
3. 于平.舞蹈文化与审美[M].北京：中国人民大学出版社,2005.
4. 袁禾.中国古代舞蹈史教程[M].上海：上海音乐出版社,2004.
5. 章柏青,吴朋,蒋文光.艺术词典[M].北京：学苑出版社,1999.
6. 朱立人.西方芭蕾舞史纲[M].上海：上海音乐出版社,2001.

思考与实践

1. 舞蹈艺术的功能性有哪些？
2. 华佗的"五禽戏"是模仿哪五种动物？

第五节　影视美

我们正处在风云激荡的"互联网+"时代，融合发展是大势所趋，也是影视艺术发展的内在要求和必要选择。在媒介融合的全新语境下，如何坚持以人为本的艺术传统，讲好与时俱进的中国故事，成为当下电视剧创作者们必须思考的命题。

党的二十大报告指出："全面建设社会主义现代化国家，必须坚持中国特色社会主义文化发展道路，增强文化自信，围绕举旗帜、聚民心、育新人、兴文化、展形象建设社会主义文化强国，发展面向现代化、面向世界、面向未来的，民族的科学的大众的社会主义文化，激发全民族文化创新创造活力，增强实现中华民族伟大复兴的精神力量。"[①]

一、影视的美学特征

影视发展经历了从无声到有声、从黑白到彩色、从摄影到三维动画等多个阶段，影视的发展和飞跃与科技发展息息相关。可以说，影视艺术的发展史实际上就是影视科技的发展史。科技的进步，为影视艺术的发展提供了物质条件，也拓展出影视艺术的新领域。

影视作为视听艺术，通过可视的画面、可听的声音抒情言志，给欣赏者以巨大的情感感染力和独特的审美愉悦。影视是吸取了文学、戏剧、绘画、音乐、广告、建筑和雕塑等多种艺术元素的综合，以互相融合形成自身的艺术特性，以综合性、视觉性、逼真性构成了影视艺术的美学特征。

（一）多元组合的综合艺术

影视艺术运用文学叙事手法来表现复杂社会生活，影视艺术运用绘画雕塑艺术来构建画面中的人物形象和故事场景，影视艺术运用音乐节奏和旋律来营造情节气氛、渲染人物冲突。影视艺术综合了多种艺术元素，丰富和充实了艺术表现力。但影视艺术是异于众艺而又博采众艺的综合性艺术。如与文学艺术相比，文学只能靠文字叙述和议论来塑造人物形象，影视就可以通过鲜活的画面形象和逼真的声音来塑造人物形象。

毫无疑问，影视艺术是艺术与技术的综合。影视艺术具有天然的技术属性，这种属性对影视艺术来说是起到决定性作用的，当人们强调影视艺术内容表达并津津乐道的时候，影视业界、理论界都不应漠视快速发展的技术器件对影视艺术的根本性影响。时至今日，影视新兴技术装备使得影视艺术表达手段更趋多样，远超人们想象的技术势能已经显示出让影视艺术表达时空日益扩展的力量。当影视新兴技术跃升突进时，影视艺术教育强调艺术内容与技术手段的综合把握显得十分必要。近年来诸如《流浪地球》《航拍中国》等影视艺术创作技术感明显的作品时有出现，技术价值在作品内容演进中得以突出呈现。

不同类型影视艺术作品的创意组构也扩充了影视艺术综合性审美特征的语义。影视艺术作品可以是影视艺术类型间相互借鉴、借用的结果，比如动画纪录片、剧情纪录片就是由两种不同的电影类型生成的，实验性纪录片、实验性剧情片也是如此。近年来，新兴影视制作技术与创作者身份多元化在带来内容海量增添的同时，更激发和催生了界

[①] 习近平. 高举中国特色社会主义伟大旗帜 为全面建设社会主义现代化国家而团结奋斗——在中国共产党第二十次全国代表大会上的报告 [M]. 北京：人民出版社，2022: 42.

限模糊的影视作品多样式出现。国内外出现的以跨界、跨型、跨屏等为创作追求的影视作品，其创意品格不断引发人们关注。从某种意义上来说，当前那些以"跨"为标识创作生成的作品都是对影视艺术综合性审美特征的探索。

(二)视听结合的视觉艺术

影视是一种视听结合的艺术。它利用一切手段创造鲜明而生动的视觉符号，表现人物的内心世界。戏剧艺术虽然也具有视听结合的特点，但由于观众与舞台的距离和视角相对固定，观众可以看清楚演员的一些夸张的肢体动作，而演员的一些细小却又极其重要的动作就不容易看清。但影视艺术就可以清晰地表现那些细小却又极其重要的动作，如朝鲜影片《卖花姑娘》中，双目失明的妹妹从外面抓药回来连跌几跤，当得知母亲已经死去之后，跌倒在地的她有一个双手向前抓的动作，表达了她对母亲的爱和失去母亲的悲痛。

影视中人物的表情、眼神、细节，比其他艺术更细致入微，更接近生活原貌，其表现力也更强。影视可以用特写、大特写等镜头来表现，而其他艺术无法做到。影视还可以运用特写镜头，放大人物的面部表情来揭示人物的内心世界，如国产影片《归心似箭》中，玉贞送给魏得胜的小烟袋，就是运用特写镜头，借助物件展现人物形象的思想感情。

(三)虚实融合的逼真艺术

影视的逼真性体现在如闻其声、如见其人、如临其境。

1. 影视的逼真性来自照相式的记录性

影视是一门从摄影发展而来的艺术，能够直接记录现实世界的人和事物的状貌。德国电影理论家克拉考尔在他的《电影的本性——物质现实的复原》中说："电影按其本质来说是摄影的一次外延，因而也跟摄影手段一样，跟我们的周围世界有一种显而易见的近亲性。"又说，"电影的基本性是跟照相的特性相同的。"如1988年上映的动画片《龙猫》带有其一贯的魔幻现实主义风格，利用一些自然景物切入主角的意识流之中，让观者的心得到最真切的共鸣。[①]

2. 影视的逼真性来自连续变化的运动性

所谓"逼真性"是指其逼真地记录、传真并复制显现与存储活动对象的性质，是现代科学技术给它提供的便利。影视具有通过不断变换的画面表现人和事物的运动特性。运动使影视具有连续吸引观众的特殊魅力。影视画面的运动在延续时间中获得叙事性功能，得以反映丰富的社会生活，表现复杂多变的社会关系，表现多种矛盾纠葛的发展，从而多方面展示人物命运和个性。

3. 影视的逼真性来自丰富多彩的声、光、色

科技的发展又使影视能再现事物的声音和色彩。解决了录音还音等问题，电影就从

---

① 王赫. 简述影视艺术的特性 [J]. 商业故事,2016(32):190.

无声过渡到有声。解决了色彩，影视就从黑白过渡到彩色。影视剧的导演们立足于真实，利用一切造型手段，力求缩短银幕和生活的距离。声音这个维度的增加，使得影视给观众的感受更加真实可信、生动自然。因此，影视的逼真性具有很大的认识价值，尤其是优秀的影视艺术能以非常真实感人的形象帮助我们深入认识社会、了解世人。

二、影视的美育方法

影视是一门当代最具群众性的视听艺术，也是一门由各种艺术要素组成的多维层面的综合体，是编、导、演、摄、录、美等多人密切协作和共同努力的成果；影视通过画面、声音的综合作用给欣赏者以巨大的情感感染和独特的审美愉悦，欣赏者对影片的各部分进行细致分析和研究，可以感受到影片编剧的文学观念和美学观念，也能感受到影片制作的整体结构和艺术特征及民族风格。

以教育为核心的传统美育手段如今呈现出严肃化、表面化和肤浅化倾向，而影视媒介为美育的开展提供了新思路，将其形象性和人文性与传统美育手段相结合，以生态学理论为条件对传统美育观念不断进行完善。影视艺术作为传媒时代的主要媒介形式，所具备的艺术多元性及人文性特点使其成为了大学生美育的最佳途径。

（一）翻转课堂：多维度践行美育成效

"翻转课堂"的教学模式比较注重培养学生的自主学习能力，这对学生的自学能力要求也比较高，也导致了"翻转课堂"教学模式在具体应用时会面临两个阶段。第一个阶段就是课前的预习准备阶段，在预习准备阶段，需要结合影视艺术专业相关的课程内容，提出具有针对性的问题。第二个阶段就对问题进行课堂讨论以及后期的答疑，通过两个阶段学习的充分把握，学生可以对知识点进行充分的消化和吸收。

影视艺术专业所涉及到的课程内容是比较多的，涵盖的基础理论较为广泛和复杂，在获取相关知识的过程中，学生需要总结大量的经典案例，这些经典案例的播放时间都是比较长的，而课堂时间是有限的，使得在课上不能对经典案例进行全面分析，这就需要影视艺术专业的学生在课前做好大量的准备工作。开课之前，教师可以通过学习软件为学生准备好所需要预习的影片内容，标明作者的信息和文化背景，将资料的获取渠道告知给学生，让学生可以做好充分的准备工作，这个过程中就应用了"翻转课堂"的教学模式。教师可以让学生通过直接的渠道，自己收集学习信息，也可以自己整理，然后上传到专门的学习软件中。

在影视艺术类课程当中，会涉及微电影制作、中外电影史、短片创作、中外名作的分析和解读。传统的影视艺术专业在开展教学时，大多数都是在课上播放有关影片，为了让学生可以对作品有充分了解，课堂上播完影片之后就没有时间对影片进行分析和讲解。如果不播放影片，直接为学生进行影片分析和讲解，学生就会觉得内容比较空洞乏味。教师也会提前为学生布置影片欣赏的任务，但是有的学生在课下并不会主动观看影片，使得课堂上教师对影片进行分析时，学生一头雾水，教师完全是在自说自话。"翻转课堂"教学模式所存在的优势就是，可以对学生的预习工作进行规范和指导，学生在课堂上所学习到的内容，在课下也可以进行吸收和消化，有效拓展了知识的接受范围，提升美育教学成效。

（二）多元课外活动：深层次激发审美情趣

高职学生大多尚未形成固定的兴趣、爱好，对社会的需求及人生理想的追求十分模糊，正确的人生观、价值观尚未形成。开展丰富多彩的课外活动是美育的重要方式，如举行普通话比赛、朗诵会、读书报告会，建立文学社，或者欣赏音乐，参加歌咏比赛，举办各项书法、棋类、体育比赛，参加美术展览，或让学生走出校门，游览名胜古迹、山川湖海，参加夏令营等。这些活动都能拓宽学生的眼界，丰富学生的精神生活，让学生成为审美的主体，满足文化生活的需求，架起沟通与交流的桥梁，培育、熏陶美好的内心世界，在美的欣赏中领悟文化艺术的思想及人文情怀，从而使学生具有高尚的情怀、高雅的情趣，促其形成正确的人生观、世界观，并达到一种较高的境界，具备感受美、欣赏美、创造美的能力。

（三）校园微电影：全方位提升人文素养

微电影是比较特殊的电影形式，在当前的发展中，微电影所发挥的作用也愈来愈突出，能够和高校的校园文化建设有机地结合起来，提高校园文化建设的整体质量。高校是先进文化引领者，而校园文化的建设就要能够充满艺术气息和有文化品位。校园文化只有能够得到师生认可，才能有效传播，然后内化成师生共同的价值理念。电影当中意识形态和校园文化属性是契合的，通过其中的意识形态开展教育工作以及进行思想宣传等，能够发挥积极作用。微电影自身有着完整故事情节，也有着观赏性，在高校的校园文化建设中运用微电影进行宣传，能引导学生发现正能量，为学生传递正能量，这就有助于促进学生的良好发展。

微电影展示校园文化。微电影和高校的校园文化建设的发展要紧密地结合起来，这样才能有助于提高校园文化建设的质量。校园文化是物质以及环境文化，也是精神文化，所以构成校园文化的要素比较多样。高校的校园文化作为意识产物，要能够采用客观事物来反映或展示，校园形象宣传片的应用是比较广泛的，但是宣传片主要是文字配上画面的方式介绍学校的历史沿革以及人才培养等，这样的宣传还比较表层化。而通过微电影的方式将其戏剧性以及情节性的内容加以呈现，这样就能更能打动人。

微电影激活校园文化。在高校的校园文化建设过程中，微电影的应用对激活校园文化能发挥积极作用。校园文化就是师生创造的文化综合，微电影的微特性使得大学生能够参与进来，通过微电影创作发挥学生的想象力，展现自己身边的学习生活及小故事等，这样就能够传播学生和老师身边的正能量，从而有助于丰富校园文化。通过微电影的实践性，也能让学生走出去。微电影的应用能够让学生团结合作，共同完成一部作品的创作。让学生通过微电影对学校的生活进行全景呈现，有助于学生更好地创造校园文化以及激活校园文化。

三、影视的鉴赏

影视鉴赏融观赏性、艺术性、文化性于一体，既适应了视觉文化发展的审美需要，又能最大限度地激发学生的审美情趣。影视鉴赏，主要通过对中外经典影视作品的鉴赏和评价，让学生在了解影视艺术的特征和基本创作技巧的同时，提升自己的审美能力和文化素养。

影视艺术是了解社会的窗口和镜子，它不仅记录和揭示了人与自然、人与人之间的关系，还是洞察和理解社会文化的重要媒介。经典影视作品鉴赏是一门自成体系、知识性与趣味性并重、鉴赏性与启发性相结合的美育课程。影视鉴赏课程的开设有助于提高大学生及社会知识青年的影视艺术作品鉴赏能力、审美水平，以及自身的艺术修养。

经典影视作品鉴赏可以寓教于乐，提升当代大学生的审美理想。从接受美学的角度讲，观众在观影时的自觉意识会大大削弱，常常把影片中的某些人物，特别是英雄人物视为自我的"化身"，让自己沉浸在影像世界里。这对学生的思维方式和价值观都能产生潜移默化的影响，从而帮助学生重新建构自我主体意识。换言之，经典影视作品鉴赏可以减少现代社会异化人格的出现，对社会主义核心价值观的建构有着重要推动作用。

（一）在影视鉴赏中提升人文素养

影视艺术较之其他艺术，具有强大的审美教育功效。其逼真性可以最大限度地引发审美兴趣、调动审美积极性，建立审美感觉。列宁曾说：不通过感觉，我们就不能知道实物的任何形式，也不知道运动的任何形式。车尔尼雪夫斯基也认为：美感如果离开听觉和视觉，是不可能想象的。

对于缺乏审美经验的青少年，其艺术细胞的催生、审视仰角的搭建、判断坐标的构成无不借助于这种感觉。对于缺乏审美理论指导的青少年，影视艺术的视听功能以感官刺激特征直接诱发审美快感或不快，使其产生喜与恶、爱与憎、接受与抗拒、追捧与鞭挞等朴素的审美情感，确立最初的审美直觉——是非判断、价值体察的观念，搭建审美感知系统。审美感知的形成，引导青少年通过镜头和画面进入"渐悟"的累积而后"顿悟"，在心灵感知、题旨理解、情感体验的阳光雨露中修"文"得"化"，进而达到情理融通的境界，之后获得审美情感的丰富、审美感受的活跃、审美理解的深化、审美理想的实现。

情感体验一旦和道德感、理智感完美融合，即能实现知识视野的拓展、综合能力的提升和人文素养的完善。通俗言之，影视美育的功用在于引导青少年从看热闹到看门道，由娱乐到感悟，自感性达理性，始之鉴赏终之创造。当武器之批判成为批判之武器的时候，视野开阔、情感淳化、道德美化、素养齐备，符合时代要求的新人便呼之欲出了！由此不难看出，影视艺术在提高青少年的综合素质和人文素养，培养时代新人方面的能效在于"以美化人"和"化人入美"，是青少年易接受且乐于介入的美育载体和美育途径。重视影视艺术的美育手段，发挥影视美育的教化功用，对于消解社会办学的功利主义、家庭教育的名利主义至关重要；对于助力青少年人文素质的全面养成尤为重要。

（二）在影视鉴赏中实现自我价值

在马斯洛的"需要层次"理论中，审美是一种高级需要，美在自我实现者身上得到最充分的体现。而审美理想则是审美需求的最终归属，是建立在生命体验基础上的审美观念尺度，全面发展就是大学生审美理想的具体表现。纵观人类思想史与教育实践，美育总与人的全面发展理想息息相关。任何思考人类自身生存发展的理论，总会不同程度地关心审美人生价值；一切旨在全面开发人类潜能的教育，总把美育置于相当重要的位置。所以，人的全面发展理论是确定美育的根本任务、发展方向以及选择美育方式的根据。而影视艺术综合吸收了各门艺术的精华，并对它们进行了质变意义的化合改造，从而突破了艺术学的层次性，成为崭新而独特的现代艺术门类，由此具有了戏剧的逼真直观性、文学的想象创造性、美术的静态造型性、音乐的节奏感染性、舞蹈的流动表现性等美学特征，能够从各方面满足大学生的审美需求，提升他们的审美理想。

马克思认为，艺术是人类把握世界的重要方式之一。审美能力的高低，将直接影响大学生认知世界和改造世界的进程。李政道认为科学与艺术是一个硬币的两面。马丁·约翰逊把科学和艺术共同作为表现精神现象的一种方式。爱因斯坦、马斯洛也把艺术作为人类自我实现的重要途径。影视艺术是大学生了解社会和认识世界的重要窗口，也是目前高校最流行、最认可的艺术形式。它擅长并展现人与自然、人与社会的复杂关系和变化进程，是人类认识自我和反思自我的有力工具。因此，大学生能在影视艺术世界中，基于对真善美的需要和追求，建构自我价值和社会价值和谐统一的观念和体系，为自我实现打下坚实的基础。

（三）在影视鉴赏中丰富多元思想

现代社会所强调的科学技术压制了人内心的否定性、超越性和批判性向度，使人的思想变为"单向度的思想"，生活在其中的人则变成了"单向度的人"。社会主义核心价值观的本质在于对个体审美价值取向和审美理想追求的引导，单纯的说教与强制性的灌输根本无法实现其与人内心的深度契合，借助美育活动的形象性、情感性和趣味性来实现社会主义核心价值观的认同、接受与践行是必由之路。而在美育途径中，影视艺术代表了一种对秩序、组织和统一的向往，影视能带领我们经历全新的叙事模式，这种叙事把自我确证为世界的中心。

作为一种"视觉世界语"，影视已变为电子时代的核心互动语言，也是继口语、书面语、印刷语之后人类精神符号的最佳表达媒介。事实证明，影像语言已成为现代必备语言之一。譬如，对蒙太奇影像语言的掌握有助于当代大学生对影像制品文化内涵的理解。由于蒙太奇自身的独特性，影像总会被艺术家按照一定的范式进行重新排列组合，并产生丰富的语义，创造出穿插、闪回、时空套层、虚实相生等动态艺术形象，进而激发出大学生丰富的审美想象。因此，将影视课程纳入高校美育体系对培养学生审美能力具有积极的意义。现代教育的旨归在于促进人的全面发展，因此面对影视作品盛行的网络时代，通过影视进行美育既能弥补传统教育里家国情怀等人文精神的忽略和缺失，又能以喜闻乐见、易于接受的形式提高学生的审美能力和媒介素养，丰富多元思想。

（四）新媒体时代的影视鉴赏

在当下"万物皆媒"的环境，在数字技术和网络技术的支撑下，以互联网、智能手机、网络电视、数字报刊、数字杂志等为传播媒质的新媒体传播技术得到迅速发展，各种信息技术正在包围着人们，人们也身处于繁杂的信息包围之下，这样的社会大环境就是人们经常提到的新媒体环境。从当前高校影视鉴赏教学的总体情况来看，普遍应用的教学技术是多媒体教学设备，并且贯穿于教学活动的全过程。多媒体教学设备的特点在于能够存储、播放一些影视图片和影视片段，学生根据播放的视频、音频图片资料来了解中外影视艺术的发展和表现手法，发现影视作品中所蕴含的艺术特性。但是，世界影视艺术的发展速度飞快，如果只依靠多媒体教学设备来播放课前制作好的课件，那么很难将已经出现的影视作品第一时间呈现在学生面前，影视鉴赏教学不能与影视艺术发展相同步。

新媒体是媒体形态的一种，它是以新技术体系为支撑而形成的一种媒体形态，其娱乐服务功能非常明显，而这也就表明新媒体的传播形态有着娱乐和服务两个至关重要的特性。因此在新媒体环境之下，高校影视鉴赏教学可以立足新媒体形态这两个重要特性，大力开展开放式教学，从而进一步改变多媒体教学设备普遍贯穿于教学活动和课堂教学活动受场地、环境限制两个现状。通过网络媒体、手机媒体、数字媒体、触摸媒体，高校影视鉴赏教学的资源以及教学平台在极大程度上得到了拓展，学生能够更加深刻地了解到国内与国外、传统与现代、内敛与张扬的文化，学生长时间接触这些形形色色的文化之后，必然也会受到一定的影响，导致自身的思想受到多元文化的冲击。这就需要高校影视鉴赏教学能够始终围绕我国社会主流文化，正确引导学生思想发展的方向。让学生在品鉴、欣赏影视艺术的过程中，坚定自己的思想和信念，确保高校学生能够单纯从文化、艺术角度体会到影视作品中所蕴含的艺术特征和思想内涵，最大限度为学生抵御不良文化或社会思潮所带来的冲击。

拓展阅读

思考与实践

在各平台发布的 2022 年国产剧"半年报"中，排名靠前的几部国产剧如《梦华录》《开端》等在视频网站播出，《人世间》《警察荣誉》等在网台联播。虽说各平台榜单不完全一致，每个人看剧的眼光也各有不同，但不能否认一个事实：国产网剧真的火，还火了大半边天。对此现象你如何看待？请结合影视艺术的美学特征和美育价值进行简要阐述。

第六章

生活美

引入概述

进入 21 世纪，生活美学、日常生活审美化等概念不断诞生，美学也逐渐突破形而上的桎梏，走出艺术的领域而探索生活与美的关系，从精英化走向大众化。美产生于人类的社会实践，实践是多种多样的，因而美的存在领域也非常广泛。东方美学和中国古典美学都是根源于生活，与生活密切相关。从古至今，美一直渗透在衣食住行等社会生活的方方面面。作为生活美的典范，中国古典美学可以说是"活生生"的生活美，中国传统生活是"审美化"的。作为高职美育的重要内容，生活美也是我们提高审美能力、追求美好生活的重要内容。

生活美是指以人和人的交往活动为中心，广泛存在于人们的日常生活、社会生活中的美。其一体现为物质文化的美，如服饰美、饮食美、居室美、器物美等；其二体现为交往活动的美，如人情交往、民俗风情、礼仪风尚等方面的审美。

本章我们将重点介绍服饰美、饮食美和人情美三个生活美的内容。"打造服饰美"从服饰美的内涵、服饰的审美意义、服饰美的基本表现三方面对服饰美进行概述，介绍中国传统服饰美学思想，结合中国传统服饰的形制美、配饰美、纹样美和色彩美展示中国传统服饰之美，同时也展现了多彩的中国少数民族服饰之美；"品味饮食美"从解读中华饮食美学思想入手，介绍饮食美的基本内容，通过食物美、食器美、烹饪美、食境美、食仪美介绍食之美，同时从茶叶之美、茶艺之美、茶器之美、茶席之美、调饮之美等方面展现茶之美；"体悟人情美"将从爱情美、亲情美和友情美入手，强调与他人建立和谐的人际关系，在与他人的交往中体验美好的情感。

生活审美的立足点是热爱生活、享受生活。它能帮助我们树立高雅的审美情趣，唤醒对美的生活的向往，拥有积极的生活态度、雅致的生活情趣和精巧的生活技艺，具备体悟和践行美好的生活能力，在生活中发现美、欣赏美、感受美、创造美，成为"生活艺术家"，使审美观念、审美能力、审美情感得到和谐发展，达到物质生活和精神生活的平衡，以审美的态度对待生活，尽可能实现人生的审美化。

第一节 打造服饰美

在中国文化语境里，美从来不是一个虚无缥缈的概念。美是和人的世俗生活联系在一起的。衣食住行是生活的常态，其中"衣"位列首位。古人云：衣以彰身。如果说身体是自然的造化天成，那服饰则是身体的文化延伸，用以表达人的情感，建构人的习性，升华人的境界。作为一种文化现象，服饰的本质特征在于烘托人体，创造形象，彰显社会表情，传递审美思想。

一、走近服饰美

（一）服饰美的内涵

服饰是装点人体的服装及其配饰的总称。古代服饰包括衣裳、冠帽、鞋袜、配饰等。现代服饰包括衣服、裤子、帽子、鞋袜、围巾、手套、胸针、项链、耳环以及随身携带的皮包等。

《墨子·佚文》记载："衣必常暖，然后求丽。"一般来说，服饰在生活中的功能主要有三种：实用、象征和审美。从功能来讲，服饰只有先满足穿着者御寒、防御、遮羞、蔽体的实用功利需求，才能满足人的象征和审美的社会需求。服饰是人类重要的审美对象，正是在服饰色彩的变化、材质的多样、图案的参差、款式的搭配所产生的造型美、韵律美中，体现了人类追求完美形象的祈望。

服饰美就是结合自身的气质、身体条件等，适宜、适时、得体地穿戴服装和配饰，给人以赏心悦目的感觉。服饰美是把服饰作为客观审美对象来研究与看待的。同时，作为身体延伸的服饰之美通过人来创造，也通过人来展示。

（二）服饰的美学意义

服饰是一种特殊的审美对象，人要凭借服饰来展现自身的美，这样人与服饰就一起成了审美对象，服饰和人具有一体性的特征。

1.服饰修饰人的外在美

服饰改变人的自然形态，显露和增添人体之美，是人的外在美的组成部分。通过服饰艺术特有的表现形式、造型、装饰方式以及服饰的色彩、材料和工艺等，服饰修饰穿着者的相貌、身材，突出穿着者的形象、身份、职业等特征，使外在美被人们直接感知，并产生审美愉悦。

2.服饰表达人的内在美

服饰反映人的思想、性格、气质，表现人的精神状态、审美趣味、文化素养，是人的内在美的具体显现。这种服饰美感比较含蓄隽永，在外观上难以定性定量地表达，但可以通过人的内心活动、气质个性表现出来。

3.服饰呈现人的个性美

每个人对服饰的选择和搭配会因其个性、环境而各不相同，并会形成较为稳定的穿着爱好和习惯，最终形成某种风格。如中性风格、田园风格、朋克风格、洛丽塔风格、简约风格、淑女风格、民族风格、学院风格、通勤风格等。

4.服饰传递时代流行美

服饰反映国家和民族的物质生活水平、文明修养程度和文化传统。每个时代都有其独特的服饰风格和样式，流行无处不在。例如20世纪，旗袍、长衫、中山装、学生装、西服、列宁服、军便服、夹克衫、喇叭裤、职业装等，在不同时期成为流行的风尚，见证了时代的变迁，成为社会发展的缩影。

（三）服饰美的表现

服饰美是生活中普遍被关注的审美对象，服饰美主要体现为服饰的形式美、文化美与和谐美。当服饰满足了穿着者在社会活动和自我欣赏上的审美需求时，服饰才由满足人的实用性需求向社会性需求转变。

1.服饰的形式美

现实生活的服饰，有千姿百态的款式、姹紫嫣红的色彩、变幻莫测的材料、出神入化的制作工艺，可以将人体装扮出各式效果。这些都是服饰形式美的体现。

服饰的形式美主要体现在款型构成、色彩配置、质料应用等方面。点、线、面、体是一切造型艺术的最基本要素，也是服装造型形式美的基础。要处理好服装造型美的基本要素之间的相互关系，必须依靠形式美的基本规律和法则，主要包括反复与交替、节奏、渐变、比例、对比、平衡、协调、强调八个方面。服饰的色彩平衡是服饰色彩的形式美所在，主要包括色彩的均衡、色彩的比例等。服饰的质料包括服装的质料和配饰的质料。质料不仅关系到穿戴人本身的触觉和嗅觉感受，也关系到穿戴者和旁观者的审美意趣。

2.服饰的文化美

中国素有"衣冠王国"之称。《尚书正义》注："冕服华章曰华，大国曰夏。"《左传·定公十年》疏："中国有礼仪之大，故称夏；有章服之美，谓之华。"中华民族在漫长历史长河中孕育的璀璨的服饰文化，反映了当时的社会发展状况、人们的精神价值追求及思想文化底蕴。

衣裳是文化的表征，衣裳是思想的形象。我国传统服饰经过历代的积累和交融，不断丰富和发展，融合不同时期人们的美学思想和审美情趣，形成了中华民族特有的服饰文化系统。在经济全球化和文化多元化的今天，我国传统服饰文化在世界服装文化的舞台上大放异彩。传统服饰文化的美学思想，正潜移默化地影响着国人的着装心理、趣味爱好和审美风尚。

3.服饰的和谐美

服饰的和谐美主要体现在服饰与人的关系。服饰搭配首先要考虑自身的身体条件、年龄、性别、身份等与服饰的款式、面料、色彩等的和谐，还要考虑服饰穿着的社会性因素。因此，着装原则也是服饰美学考虑的问题。国际上公认的着装原则是"TPO"：T（time）指时间、季节，P（place）代表地点、场所，O（occasion）表示场合、情境。也就是说，服饰美的塑造，应考虑到时间、季节、地点和场合的制约。一般我们公务场合着装庄重保守，社交场合着装时尚个性，休闲场合着装舒适自然。只有着装符合自身条件和社会要求，才能做到既得体又大方。

二、中国传统服饰之美

中国传统服饰同社会的要求相一致，具有伦理道德意义的美。《周易·系辞下》中关于"黄帝、尧、舜垂衣裳而天下治"的观点，可以说是中国最早对服饰效果的评价。中国古代服饰注重纹样、色彩、式样等形式因素与自然的统一，追求服饰的自然美及多样统一。

（一）形制美

形制就是形状和款式。传统服装有两种基本形制，即上衣下裳制和衣裳连属制。

商朝以前的服装以上衣下裳制为主。上衣下裳制在《释名·释衣服》中有记载："凡服，上曰衣。衣，依也，人所依以芘寒暑也。下曰裳。裳，障也，所以自障蔽也。"上身为"衣"，上衣的形状多为交领右衽。下身为裳，"裳"从广义而言，是指一切下半身的服饰，包括裙、胫衣、袴、裤等。秦汉之际，上衣下裤已经形成惯制。

衣裳连属是上衣下裳合二为一。深衣就是衣裳连属。《礼记·深衣》汉代郑玄注称："名曰深衣者，谓连衣裳而纯之以采也。"深衣之所以称为"深"，主要因为人们认为这是将上衣下裳连起来，将身体深深地遮挡住的衣服。深衣的上衣下裳在腰处缝合为一体，领、袖、裾用其他面料或刺绣缘边。深衣在战国时代乃至汉代初年，不分男女，穿着十分广泛。深衣按衣裾绕襟与否，分为曲裾和直裾。深衣的出现，大致显示了中国传统服饰的定型，后世的中国传统服饰一直以袍服为基本款式。从汉代的袍服、魏晋南北朝的杂裾垂髾服、隋唐的长裙、明清的长衫长袍等，都与深衣有着一脉相承的渊源关系。

汉朝妇女的曲裾深衣

服饰作为一种文化形态，贯穿于中国各个历史时期。周代的庄重，战国的清新，汉代的凝重，六朝的飘逸，唐代的华美，宋代的雅致，元代的豪放，明代的敦厚繁丽，清代的纤巧，无不体现出中国古人的审美倾向和思想内涵。深衣、襦裙、半臂、袄裙、圆领袍、褙子、马褂、旗袍、中山装等都是中国不同朝代和时期出现的具有特色的传统服饰，体现中国文化审美意识的演变。

周昉《簪花仕女图》局部

（二）配饰美

配饰是中国传统服饰的重要组成部分。在各种佩饰中，中国人对玉佩情有独钟。《礼记·玉藻》云："古之君子必佩玉……君子于玉比德焉。"古代玉佩中，圆玉按形制可分为四种：璧、瑗、环、玦。这四种圆玉可以用来表达不同的意思："问士以璧，召人以瑗，绝人以玦，反绝以环"（出自《荀子·大略第二十七》）。

古人不仅佩玉，还在身体的头、颈、腰、手等部位佩戴相应的饰品。古人非常注重头部的装饰，常在帽子、头发、耳朵、额头、脸上佩戴饰物。《周礼·夏官》："王之皮弁，会五采玉璂。"璂是古代皮弁上结缝处的玉饰。帝王的冠冕更华贵一些，常佩有玉旒。除了用玉装饰帽子之外，鸟兽的羽毛也是一种头饰，如武将在冠的左右插雉尾，表示勇武。古代的发饰有很多种类，常见的有簪、钗。秦汉以前簪多为骨制，自唐代以后出现了玉做的簪，玉簪也称玉搔头。还有用宝石装饰的金银制花簪。钗是由簪演变而来，与簪的单股不同，钗分双股，一般玉做的钗称作玉股。此外，还有珠花、假髻和步摇。

玉鸟形佩（战国）

金镶珠花蝠簪（清朝）

女性耳部的饰物主要是耳环，如玉环，也叫玉珥。古代面部的饰物种类不多，面衣是常见的用以遮蔽脸部的饰物。还有一种面花，也是古代妇女的面部妆饰。在额头，有时使用抹额。颈饰也有很多种类。古代的颈饰主要有佩香、玉牌、珠璎、朝珠等。

腰带是古人腰部的常见佩饰。用丝做的腰带古称"大带"或称"丝绦"，革做的古称"鞶革"或"鞶带"。在秦汉以前，革带主要用于男子，女子一般多系丝带。古时用玉装饰的腰带称玉带，玉带有各种各样的叫法，有的称玉抱肚，有的也称玉兔鹘。古人腰间常佩有香囊。

古代的手饰主要是手镯、指环等。在古代手镯叫作"钏"。清代还出现了一种手饰叫金指甲，"妇女施之于指以为饰，欲其指之纤如春葱也"（出自清代徐珂的《清稗类钞》）。

（三）纹样美

中国传统服饰侧重于内涵表现，尤以图案装饰见长，栩栩如生的华美纹饰构成传统服饰审美的核心要素。

在装饰纹样上，传统服饰采用最多的往往是动物纹样、植物纹样及几何形纹样。动物纹样常常以代表威仪与吉祥的动物为主，如龙、凤、虎、豹、麒麟、鹿、鹤等；植物纹样常常以代表人品、富贵、吉祥、美好的植物为主，如梅、兰、竹、菊、牡丹、莲花等。商代的服饰纹样主要以云雷纹、菱形纹、回龟纹、几何纹为主，周代出现了用于冕服之上的十二章纹。隋唐的服饰纹样的风格趋于丰满圆润，构图匀称饱满，如唐代盛行一时的缠枝图案。纹样在唐朝也是区别官员地位官阶的标志之一，武则天延载元年定制官员袍服纹样有狮、麒麟、虎、豹、鹰、龙、鹿等，这也是明清补服的萌芽。总之，既注重纹样的社会功能，又注重纹样的审美愉悦性；既注重纹样形式美的创造，又注重情感意念的传达，这便是中国古代服饰质料纹样的审美特征。

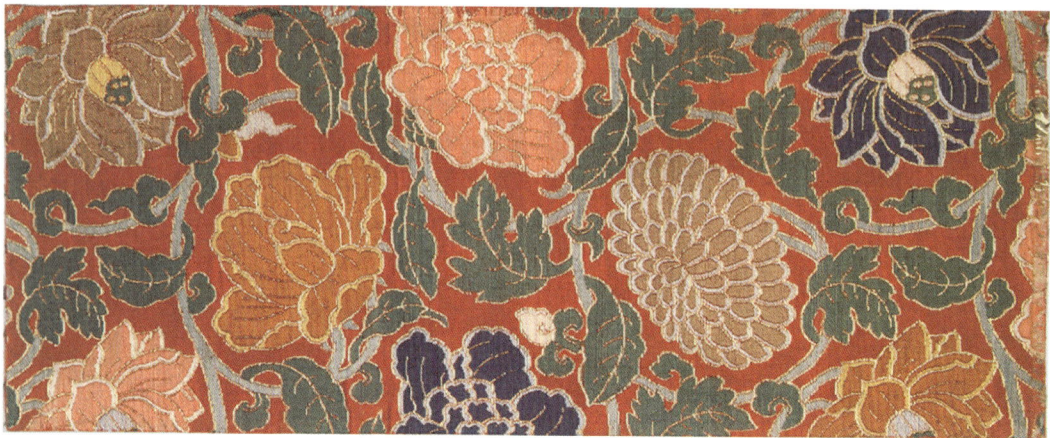

红色缠枝菊莲茶花纹妆花缎（明朝末期）

（四）色彩美

商周时期人们已能根据色彩混合的认识，把三原色——赤、黄、青和色彩明度的两极——黑、白视为正色。把黄青之间的绿，赤白之间的红，青白之间的碧，赤黑之间的紫，黄黑之间的骝黄等当作中间色。

人们在色彩观念上也把审美意识和物质的基本元素及时空观念联系起来。色彩观念与物质元素上的联系为：青为木，赤为火，白为金，黑为水，黄为土。色彩观念与时间上的联系为：青为春，赤为夏，黄为秋，白为冬，黑为晦。色彩观念与空间上的联系为：青为东，赤为南，白为西，黑为北，黄为中央。这种色彩的分类方法，一方面反映出古人对物理的自然现象的认识，一方面又反映出我国古代的政治伦理观念，即把正色视为尊贵的象征，而把间色视为卑贱的象征。

今天，在中西服饰文化不断相互交汇和密切融合的现实生活中，传统服饰的观念和物质形式虽然已经退出了历史舞台，但在千百年中所形成的传统服饰美学思想，却仍然潜移默化地影响着中国人的着装心理、趣味爱好和审美风尚。

三、中国少数民族服饰之美

中国是一个由 56 个民族组成的大家庭。中国少数民族的着装由于地理环境、气候、风俗习惯、经济、文化等方面的差异，经过长期的发展，形成了风格各异，绚丽多姿，并具有鲜明特色的民族服饰，成为本民族区别于其他民族的一个重要标志。

中国少数民族服饰制作从原料、纺织工艺，以至样式、装饰都保持着鲜明的民族和地区特色。中国少数民族的刺绣、蜡染等工艺相当发达，并广泛用于服饰装饰上，是民族服饰的又一特点。民族服饰所表现的千姿百态、丰富多彩的不同风情，使人心旷神怡。

（一）壮族服饰

壮族服饰多为蓝、黑、棕三种颜色，壮族女子有植棉、纺纱、织布、染布的习俗。壮族男装多为破胸对襟的唐装，以当地土布制作，不穿长裤，上衣短领对襟，缝一排（六至八对）布结纽扣，胸前缝小兜一对，腹部有两个大兜，下摆往里折成宽边，并于下沿左右两侧开对称裂口。壮族女子的服饰端庄得体，朴素大方。她们的服饰一般是一身蓝黑，裤脚稍宽，头上包着彩色印花或提花毛巾，腰间系着精致的围裙。上衣着藏青或深蓝色短领右衽偏襟上衣（有的在领口、袖口、襟底均绣有彩色花边），分为对襟和偏襟两种，有无领和有领之别。有一暗兜藏于腹前襟内，随襟边缝置数对布结纽扣。

（二）维吾尔族服饰

维吾尔族男子穿绣花衬衣，外套斜领、无纽扣的"裕祥"。"裕祥"长度过膝，外系腰带。女子则喜欢穿色彩艳丽的连衣裙，外面套绣花背心，戴耳环、戒指、手镯、项链等配饰。男女皆喜欢戴绣花小帽，穿长筒皮靴。手工刺绣是维吾尔族的传统工艺，衬衣背心以及小圆帽上均绣有花纹图案。

（三）苗族服饰

苗族传统服饰被誉为"穿在身上的史书"。男性穿无扣短衣或长衫，着青色长裤、包头。苗族服饰式样繁多、色彩艳丽，堪称中华民族服装之最。苗族妇女上身一般为窄袖、人领、对襟短衣，下身穿百褶裙。服饰材料以麻织土布为主，使用独具特色的蜡染、刺绣工艺。服饰的用料、颜色、款式、刺绣等方面，都具有民族风格。刺绣和银饰是苗族既古老又精湛的工艺，有盛大的节日或是婚嫁时，女性将银饰钉在绣着古老传说的传统服装上，苗族姑娘胸前佩戴硕大的银锁、戴银项圈，头顶银饰，全身的银饰加起来重8～10千克。

（四）藏族服饰

藏族农区男子一般穿用黑色或白色氆氇缝制的衣裤或藏袍、藏帽、藏靴，这是西藏高原上最普遍、最有民族特色的穿着。女式藏袍的用料同男袍，冬袍有袖，夏袍无袖，腰前围一块毛织的彩色横条"邦典"，风格独特。

藏族牧区男子多穿肥大袖宽的皮袍，外束腰带。妇女也穿皮袍，皮袍以红、蓝、绿色呢镶宽边，美观漂亮。藏靴主要有"松巴鞋"和"嘎洛鞋"。藏族男女喜欢佩戴用珠宝、金、银、铜、玉、象牙等制作的精美配饰。

（五）蒙古族服饰

蒙古族的传统服饰主要由长袍和隆重的头饰构成。蒙古袍四季都可穿，春天和秋天穿夹袍、夏天穿单袍、冬天穿棉袍或皮袍。男装多为蓝、棕色，女装则多为红、粉、绿、天蓝色，长袍上多配有首饰、腰带等。袍装会佩戴珊瑚、玛瑙、翡翠、珍珠、琥珀、白银制成的头带、头圈、辫钳、辫套、项链、头簪、头钗、耳环、手镯、戒指等首饰。鄂尔多斯地区的蒙古族头饰有"头饰之冠"的美称，由各种银饰、簪花银片、红珊瑚等镶嵌而成，制作工艺流程复杂，高贵典雅。

（六）侗族服饰

侗族男子的上衣有对襟、左衽和右衽三种，下穿长裤，裹绑腿。缠头布为三米长的亮布，两端用红绿丝线绣着一排锯齿形的图案。侗族女子上身多穿开襟紧身衣，胸部围青色刺绣的剪刀口状的"兜领"，下身穿鸡毛裙，裹绑腿，穿翘尖绣花鞋，尤其喜欢佩戴银花、银帽、项圈、手镯等银质饰物。

侗族的服饰特色面料是亮布，是一种经过染色的粗布料。它的制作要经过浸染、捶布、晾布和涂抹鸡蛋清等十多道工序，工艺十分古朴，穿着经久耐用，别具民族特色。这种土布晒干后闪闪发亮，所以俗称"亮布"。

（七）傣族服饰

傣族男子多穿对襟或大襟无领短衫，肥腿长裤，用白、青、浅蓝、淡黄色的布包头。女子服饰因地域不同而有明显的差异。西双版纳女子上身穿白色、绯色或淡绿色紧身窄袖短衫、下身穿长及脚面的筒裙，束银腰带，喜欢留长发，并挽髻于顶，插上梳子或鲜花，显得典雅大方。云南德宏和耿马的女子上穿齐腰短衣，下身穿色彩艳丽的筒裙。传统傣族服饰凸显女性亭亭玉立、婀娜多姿的身材。

第二节　品味饮食美

中国饮食文化历史悠久，源远流长。古人云："民以食为天。"生存是人的第一要义。墨子云："故食必求饱，然后求美。"随着社会发展和物质生活水平的不断提高，饮食已不仅是人们生存的基本需要，而是一种生活乐趣和审美享受了。

饮食美，是指食物、食器及饮食生活中各种美学因素相辅相成综合呈现出来的美。分析"美"字的产生，我们会发现，其实"美"一开始就是和饮食联系在一起的。东汉许慎《说文解字》中这样解释"美"：甘也。从羊从大。羊在六畜主给膳也。美与善同意。"美"字的含义是羊的肥大。味美，即"羊大为美"。这是因为在远古时代，羊越肥大，其实用价值就越高，实用的就是善的，"美与善同意"，而善的就是美的。

一、中华饮食美学思想

中华饮食文化的核心理论是从数千年来积聚形成的中国饮食文化中逐渐凝练并形成的代表性理念，体现了中国古代饮食美学思想。

（一）以食为天——民本思想渊源

"饮食男女，人之大欲存焉"（出自《礼记·礼运》），几千年来，中国人一直奉行"吃饭第一"的人生信条，食是维系生命的前提。中国历代都把"民生"列为政治首务，《尚书》中提出治国八政，其中"食为政首"。管仲曾说："王者以民为天，民以食为天，能知天之天者，斯可矣。"民以食为天的观念源远流长，反映了中国几千年文明史和农业关系至为密切，粮食对于民生而言至关重要。在21世纪的今天，粮食安全仍然是国家安全的重要组成部分，民生问题仍然是国家治国理政的重要内容。

（二）食补兼修——传统养生之道

在中国，饮食素有"医食同源"之说。饮食的获取营养和医治疾病二者相互借助，逐渐产生并形成了中国"食医合一"的宝贵传统。以食入药，即以日常一种或数种食物作为药用，组成"食疗方"；也有以药配食，取一味或数味药物入膳，即所谓"药膳"。中华饮食养生还有着更为宽广与深刻的意义，即通过饮食调理，以达到健康长寿的观点，那就是"适饮食""省嗜欲"的饮食养生观。良好的饮食结构不仅能够预防疾病，而且也能造就健康，在生理、心理上给予人幸福、安康的感觉。尤其在现代，人们日益重视饮食健康问题，食补兼修的养生之道在今天仍有重要的意义。

（三）五味调和——味蕾上的"五行"

我们祖先十分重视五行对饮食的影响，并将五行——水、火、木、金、土与五味——咸、苦、酸、辛、甘相配，认为五行包含并体现于五味之中，五味调和即达到使五行相和的境地，从而使饮食更加丰富、美味。《黄帝内经》说："五味之美，不可胜极。"与五行相对的五味，既指不同的口味，亦指不同的物之性。《黄帝内经·素问》曰："此五者，有辛酸甘苦咸，各有所利，或散或收，或缓或急，或坚或软，四时五脏，病随五味所宜也。"这里强调五味对人体产生的不同作用，并强调五味应全面、平衡，相互补充。将五行与五味相配，即强调饮食须遵循五行之气的运行规律，通过调和饮食以适合人体变化的自然节律，这是五味调和之美的一个重要所在。

（四）天人相应——鲜明时序传统

自然界和人的生命活动都有一定的规律，"天人相应"思想自古以来深入人心，从而形成了中国饮食鲜明的时序传统。"不时不食"是中国饮食文化的基本理念。饮食要适时节。如春发散，宜食酸以收敛；夏解缓，宜食苦以坚硬；秋收敛，吃辛以发散；冬坚实，吃咸以和软。饮食要随节气，如元宵节食元宵、端午吃粽子、咸鸭蛋，中秋赏月吃月饼，重阳登高吃重阳糕，冬至吃饺子，腊八吃腊八粥等。饮食要宜时令，合时节的菜味道最好，营养价值最高，且四时之味不同而乐亦不同。饮食要不先时而食，也不过时而食。尚未成熟的东西，如杏、梅、桃、李等，因含过量草酸、丹宁，食之伤人；过了时令的食物，如农历五月的老韭，枯硬粗劣，不易消化。

二、食之美

食物烹饪是一门综合艺术。食物巧妙的颜色搭配、令人开胃的气味、摆盘的形状和有独特意蕴的名字，以及盛装美食的器皿、进食的外部环境等，都是饮食美的重要组成部分。

（一）食物美

食物之美，美在色、香、味、形、名等俱佳。

1.色泽美

色泽美给人的视觉以鲜明强烈的第一印象。饮食的色泽美主要来自三方面：一是发挥本色。菜点的色彩要尽量调动食品原料的固有颜色，使人感觉到食品色彩的自然美。如陆游《蔬食戏书》诗云："新津韭黄天下无，色如鹅黄三尺余。"二是重在组合。调和配色可使菜点具有柔和、素雅、清爽的美感。例如，"糟溜三白"中的鸡片、鱼片与笋片有纯白、青白和黄白之分。对比配色可使菜点具有醒目、鲜艳的美感。如"翡翠羹"是绿白对比等。三是妙在点睛。如在黄褐色的"红烧鱼"上放几根绿色香菜叶或放翠绿的葱段等都能使美感油然而生。

2.香气美

香气是饮食中带有的一种挥发性物质，使人的嗅觉产生愉悦感，是诱发食欲的重要因素。食物的香气主要包括自然香、加热香、发酵香和调料香等。自然香是指充分发挥原料的自身香气，如"小葱拌豆腐"发出葱香和豆腐香；加热香是指通过炸、炒、熘、炖、蒸等烹饪方法，使原料的自然香气散发出来，如"荷叶米粉肉"发出荷叶的花香与肉的清香；发酵香是指通过微生物的作用，将原食物转化成有香气的食物，如腐乳、泡菜、酸菜；调料香是指在菜点中加入增香剂，如葱、蒜、姜、胡椒、八角、花椒等，以扬香气，如"桂花糕""葱油饼"等。

3.味道美

味是中国饮食的核心，味道美是饮食美的主导因素。味道美主要表现在以下几方面：一是重本味。即尽量保持食物原料原始本味的精华；二是重调味。俗话说，"五味调和百味香"。调味可把五味的单一味调成复合味。以川菜为例，"回锅肉"咸鲜微辣，"麻婆豆腐"麻辣鲜咸，"宫保鸡丁"香辣鲜咸，"鱼香大虾"咸辣酸甜。三是重口味。"食无定味，适口者珍，"[①]因而烹饪要讲究适合不同人的口味。"南甜北咸""东辣西酸"道出了我国不同地区的口味特点。四是重风味。就是在调味中存在明显不同风格的味型。中国烹饪按地域差别，有许多种不同的风味。如广东以清淡为主，江苏是咸中带甜，山东风味是咸鲜味浓等。

4.形态美

美的菜点形态能赏心悦目，使人获得视觉上的美感，如"孔雀开屏""松鹤延年"

---

① 林洪.山家清供[M].黄作阵，胡贺峰，校注.北京：中国纺织出版社，2022：13.

等。食物造型的方式方法多种多样，如可用原料的天然形态造型，也可通过刀工、捏塑、雕刻、拼摆、镶嵌等方法造型。可在烹饪前造型，也可在装盘和上席时造型，还可借助鲜花、水果等来构图。

5.名称美

美食需有美名。雅致巧妙的名称，不仅悦耳动听，而且具有激发联想、增加意趣、诱人食欲的作用。取菜名也有各种方法。有些菜名取其形似，如"松鼠鳜鱼"；有些菜名含有历史典故，如"东坡肉"；有些菜名暗示烹饪技法，如"葱爆羊肉"。有些菜名包含地名，如"文昌鸡"；有些菜名包含美好寓意，如"金玉满堂"等。这些菜名反映了中国人的智慧与幽默，也传承了中国独特的饮食文化。

东坡肉

（二）食器美

古人对烹饪中的器具美很讲究。唐代诗人杜甫在《丽人行》中有这样的描绘，"水精之盘行素鳞"，即乳白色的鱼盛放在水晶盘中——形成素雅的调和配色，表现了食品的精美和器具的高贵。美食美器二者相得益彰。清代袁枚在他所作的《随园食单》"器具须知"中说："古语云：'美食不如美器。'"这并不是说美器胜于美食，也不是单纯提倡华美的器具，而是说食美器也美，美食要配美器，求美上加美的效果。

中国饮食器具之美，美在质，美在形，美在装饰，美在与肴馔的和谐。中国古代食器之美，在不同时代的陶器、青铜器、漆器、瓷器、金银器、玉器和玻璃器上均得到充分的展现。在饮食美中，美器的作用不仅在于衬托食物之美，还起着渲染宴席气氛、展示主人社会地位和文化修养的作用。

五彩描金花蝶纹攒盘（清朝）

（三）烹饪美

烹饪美是指做饭做菜符合美的规律。烹饪美是融色彩、造型、滋味以及食用性于一体的独具一格的艺术美。中国烹饪技艺种类之多、细、严、精在世界上独树一帜。从宏观分析，烹制法有多种，如加工火候、原料成形、调味、雕刻拼摆等技艺。从微观考察，仅烹制法就分烹、炸、炒、滑、爆、炖、焖、扒、煎、贴等50多种。烹饪技艺之美，反映的是人的智慧、才能、技巧的美。达到高度熟练自如的烹饪技法与技巧，正如庄子《庖丁解牛》中所言"进乎技矣"，能"合桑林之舞""中经首之会"（出自《庄子·养生主》），本身已成为一种艺术美。烹饪艺术显示一个社会的物质生活状况、精神风貌和艺术水平，表现一个地区的传统习俗，直接反映一个国家、一个民族文明发展的程度。中国八大菜系正体现了不同地域和文化之下的烹饪美。

（四）食境美

食境美即饮食环境的美。舒适、整洁、美观、高雅的饮食环境，不但与美食相应，能使人更好地享受饮食之美，而且其格局、格调、档次、装饰能够充分显出食者的地位、修养，折射出时代和民族特色。饮食的环境和气氛，应以适度、自然、独到为美。如吉庆的筵席必然有喜气洋洋的环境，孤灯月影的饮食环境更适合抒发离情别绪的聚会。

在我国古代，人们就已经极为重视环境对饮食的影响，并将环境看成饮食文化的一个重要方面。在北宋时期，酒楼林立，内设厅院、廊庑，排列着小阁子，花竹吊窗，帘幕轻垂，还悬挂名人字画。如今，人们对饮食环境也有着相当高的要求，安全、舒适、轻松、愉快成为人们对餐饮环境最基本的要求。

（五）食仪美

食仪美即饮食活动中节奏、风度、礼仪的美。《礼记·礼运》说："夫礼之初，始诸饮食。"礼仪从饮食发端，形成各种不同的食仪规范。首先是食态要端庄，即人们通常所说的"吃相"要好，要文明进食。在餐饮时，大声咀嚼、举箸乱点、敲碗含筷等都是不文雅的行为。《礼记》中的"十四毋"说的就是十四种失礼的吃相，有些在今天仍然具有教育意义。中国人的进食方式也很讲究美的形式。古人席地而坐，面前放有一个小小的食案，案上摆放着酒食。在正常的筵宴场合，坐席要铺正，食案要摆齐，显示出隆重热烈的气氛和有条不紊的秩序。其次要谦让，敬老尊主，客随主便，有序有礼，举措有度，体现饮食文明。

三、茶之美

《后汉书·襄楷传》用"甘肥饮美，单天下之味"来形容喝美酒。时至今日，美饮不单指美酒，还可以泛指茶、咖啡等。饮之美不仅体现在味觉的享受过程，还体现在其过程中的礼仪风范和样式等。

俗话说，开门七件事，柴米油盐酱醋茶。文人七雅事，琴棋书画诗酒茶。茶在中国人的物质和精神文化生活中都占据着非常重要的地位。一片绿叶，一杯茶水，六七千年中华优秀传统文化，十几亿中国人的生活方式和审美情趣，尽在其中矣。茶叶之美，有苏轼"从来佳茗似佳人"之喻；茶树之美，有陆羽"南方嘉木"之谓；茶水之美，有琥珀玛瑙流香之色；茶艺之美，有枕流漱玉、赏心悦目之心；茶道之美，有日月星辰、天地人和之融。茶不仅帮助中国人洗净"尘心"，也推动了"生活美学"之精进。

（一）茶叶之美

茶，汲天地之精华，蕴山水之灵气。古往今来，茶叶被人们尊奉为"灵芽""灵草""灵叶""瑞草""仙草"等，是珍贵、高雅、灵性的代名词。如晚唐诗人郑愚曾作诗云："嫩芽香且灵，吾谓草中英。"

茶叶之美取决于"天、地、人"三要素："天"，代表茶叶采摘的时间。如茶叶之佳品多在清明前采摘；"地"，代表茶树的生长环境。佳茗多出于海拔高、气温适宜、雨水充沛的生态环境之中；"人"，代表茶叶采摘和制作技艺中凝结的人力、智慧和精神。一片片鲜叶在不同加工工艺下，形成带有独特形、色、味、香的茶叶。根据制作工艺，茶叶可分为绿茶、白茶、黄茶、青茶（乌龙茶）、红茶和黑茶六大类。六大茶类的很多茶叶制作技艺在 2022 年已被列入人类非物质文化遗产名录。

（二）茶艺之美

中国历史上的茶的利用分为药用、食用和饮用。关于茶的饮用技法，素有"唐烹宋点"之说，具体可分为煮茶法、煎茶法、点茶法和泡茶法。唐代茶圣陆羽在煮茶法的基础上独创了煎茶法，宋代流行的是点茶法，明代以后盛行泡茶法，一直沿用至今。茶艺是指研究如何泡好一壶茶的技艺和如何享受一杯茶的艺术。简单来说，茶艺就是泡茶和饮茶的艺术。鲁迅先生曾说："有好茶喝，会喝好茶，是一种清福。"

不管是茶馆中、舞台上的茶艺表演，还是生活中的茶艺，要想体味到茶之真味，体验到饮茶的静态美，既离不开泡茶者的技艺，也离不开饮茶的仪式感，而茶艺正是这种程式化的美的体现。每一个步骤，都是与茶的一次对话，一次冲泡便是与茶的一次交流。泡茶是一门艺术，只有茶与水、温度、时间达到和谐，才能使茶的形、色、香、味呈现最佳状态，体现茶的真和美。

饮茶时，我们会沉浸在泡茶者营造的恬静、和美的氛围中。茶在于饮，更在于品。正如《红楼梦》第四十一回中妙玉谈吃茶时所说："一杯为品，二杯即是解渴，三杯便是饮牛饮骡了。""饮"满足生理需要，"品"则是审美需求，带有审美情绪的饮茶便是"品饮"。品饮便是对茶的品鉴，可以从茶的赏茶形、观茶色、品茶味、闻茶香四个方面入手。当然，在中国人的心目中，茶之品者不仅在茶，也在茶外。以茶品人，以茶品性，以茶品人生，以茶品家国。茶水映日月，杯中有乾坤。

（三）茶器之美

俗话说：水为茶之母，器为茶之父。茶器是泡茶艺术的承载物，茶与器可谓珠联璧合。西汉末年王褒的《僮约》就有"烹茶尽具，已而盖藏"之说，这被认为是我国最早谈及饮茶器具的史料。茶具茶器之美，随时代而变迁，一般经历了由简单实用到艺术化、审美化的发展历程。但茶具的基本美学风格，依然崇尚一个"雅"字。中国茶器之美，质地花色多样。细腻光洁的瓷质茶具，富贵奢华的金属茶具，简洁剔透的玻璃茶具，拙朴雅致的陶土茶具，精工细琢的漆器茶具，淳朴自然的竹木茶具等，无不令人爱不释手。茶具选择兼具实用性和审美性，不同的茶叶需要配置不同的茶具，好的茶具可以充分体现茶叶的汤色、香气、形态。特别需注意的是整套茶具在色泽、材质等方面要协调统一。好茶配好器，才能相映生辉，体会品饮的情趣。

（四）茶席之美

茶席是近代出现的名词，它是指泡茶时茶桌上面的布置。茶桌、席布、茶器、插花……这方寸之间的美丽，是一个满足了审美情趣的喝茶环境。爱茶之人，不仅要会泡茶，还应懂得如何巧妙地设计茶席。茶席的设计，既不能脱离传统，又必须符合现代人的审美规律。

设计茶席要挑选茶席背景和环境，就是所谓"物境"。古代文人茶席大多设在自然环境中，和山林泉石融为一体，或建"茶寮"，营造文雅的饮茶环境。若是将茶席布置在室内，中式风格的装饰是最佳选择；设计茶席要明确茶席表达的主题。以茶为中心，席布、茶器等的选择，都要符合茶席的主题。光阴流转、四季更替，都可以在这一方小小的茶席上迸发蓬勃的生命力；设计茶席要符合美学规律。以茶具选择为例，茶具选择可以根据器形、材质、冲泡的茶品等方面进行考虑，也可以从茶席设计的主题或颜色基调进行选择，然后再选择搭配其他素材，同时茶具的排列要遵循美的规则，体现节奏和韵律美。

茶席

（五）调饮之美

调饮茶是指以茶叶为原料，辅以不同的配料调制出来的茶。调饮茶主要有两种，第一种是将茶泡好，在茶汤中添加某些作料；第二种是将作料和茶叶一同烹煮饮用。

调饮茶在我国古代就已出现。古代煮茶法，就要在茶中加入不同的作料烹煮后再饮用。宋代苏辙《和子瞻煎茶》诗有"北方俚人茗饮无不有，盐酪椒姜夸满口"。也就是说，在宋代，北方少数民族地区以盐酪椒姜与茶同煮。至今，调饮茶在民族茶艺、民俗茶艺中还有相当的分量，如藏族酥油茶、蒙古族咸奶茶等。近些年来，调饮法在都市也逐渐流行起来，加上与新产品、新技术的结合，调饮的形式也日趋多样化，新型的调饮方式尤其受到年轻人的喜爱。

调饮茶的创意之美体现在其色彩、口味、造型等方面。在调饮中，茶可与酒、牛奶、水果、花草茶、冰块等进行结合，碰撞出独特的火花。利用茶和作料自身的色泽，营造浪漫多彩的风格；同时，茶和作料不同的滋味，也使调饮茶形成独特的口感；调饮茶一般用鸡尾酒杯等造型，透明的杯身透出调饮茶丰富的层次和绚丽的色彩。

第三节　体悟人情美

人情美，是指人际交往中流露出的友爱和感情的美。人际关系的核心是人，人是感情动物，在社会交际中，人与人之间必然产生感情的交流。真诚的情感交流，会使人获得愉悦的感受。人情美就是人由情感交流而获得的愉悦体验。它是人类生存和谐的要求和安身立命的精神依据。

人情美无论在社会生活还是在艺术中都是联结人际关系的精神纽带，它在人的社会实践、人际交往中形成和发展，体现了一种价值关系。它显现于人的言行，具有审美价值，是艺术的表现对象。人情美的存在范围极为广泛，爱情、亲情和友情中都有如何创造人情美的问题。

一、爱情美

（一）什么是爱情美

爱情为诗人反复咏赞，历久不衰。诗经中有许多爱情箴言，如"窈窕淑女，君子好逑""执子之手，与子偕老"等，都带给人无限的遐想。爱情究竟是什么？爱情是男女之间在各自内心形成的真挚的倾慕，并渴望对方成为自己终身伴侣的最强烈的感情。爱情作为一种至纯、至善、至美的爱的情感体验，本身就是对美的最温馨、最曼妙、最纯真的体验。《情爱论》一书的作者瓦西列夫告诉我们："爱情是作为男女关系上的一种特殊的审美感而发展起来的。爱情创造了美，使人对美的领悟能力敏锐起来，促进了对世界的艺术化认识。"①

所谓爱情美，就是指在爱情中，包括恋爱、婚姻、家庭三部曲中，所体现出来的美。男女之间的相爱，源于在亲密交往中的互相倾慕，这中间存在一个互相引起美感的问题。人类对爱情的追求总要按照美的规律把人的肉体和精神属性理想化。正是这种理想化的偶像，变成审美理想在爱情生活中孜孜追求的对象。

爱情美的本质是使人在激动人心的情感体验中获得高尚的愉悦。作为互为审美愉悦的恋爱双方，在相互接触产生的审美快感中会从对方的情感变化中认识到自己的本质力量。真正的爱情活动促进人格的成熟，是人格力量的激发，是人品的显现。

（二）爱情美的表现

1. 爱情萌动的朦胧美

青年初期萌发的朦胧的爱情，表现为对异性的浓厚的理想化与偶像化的一种心理体验。青年在爱情萌动过程中，一方面努力使自己理想化的爱情审美观念得到现实的印证；另一个方面也使自己的爱情审美观念在现实对象的注释中得到新的理解。这个过程充满了感情的色彩，如同罩上了一层纱幕，变得若隐若现，给人以一种朦胧美的体验。

爱情萌动的朦胧美的审美价值在于，它是爱情生活的序曲，是爱情审美必然经历的一个环节。虽然它只是一个微弱的火花，却可以燃起爱情的璀璨的焰火。

2. 爱情动机的纯洁美

健康的恋爱动机应该是纯洁高尚的。莎士比亚曾说，爱情里面要是掺杂了和它本身无关的算计，那就不是真正的爱情。美的爱情主要是感情上的美满。燕妮对马克思的爱慕，他们的儿女之情传颂于世的原因，就在于他们的爱情包含着真挚纯洁的情感。

当然，爱情具有社会性，不能脱离一定的社会环境、家庭等非个人因素。但在爱情问题上，金钱、地位、门第、权势等终究是人的外在的属性，高尚、真挚、纯洁的爱情，才能让人获得真正圆满的生活。

3. 表达爱情的含蓄美

爱情的表达有时只需要一个眼神或一个手势，含蓄使爱情具有永久魅力。爱情的含蓄美，直接涉及到爱情的表达方式，同时也直接反映着爱情的品位、格调。爱情的含蓄美具有较高的审美价值。首先，含蓄地表达爱情，能给人以美好的联想与遐思，唤起人们对高尚爱情的强烈渴望与追求。如古代"红豆生南国，春来发几枝。劝君多采撷，此物最相思"（出自唐代王维的《相思》），以红豆象征相思之心，托物言情，含蓄入微，令人回味无穷。其次，含蓄地表达爱情，能够体现智慧的魅力。让我们看看马克思是如何求爱的。马克思煞有介事地对燕妮说他爱上一个非常美的姑娘，世界上再也没有比她更美的姑娘了。燕妮听了非常紧张，她忐忑不安地忙问其姓名，马克思拿出一只精致的小匣子，说她的肖像就在里面。燕妮打开，没有看到照片，只在匣内小镜里映出了自己惊慌的脸，她恍然大悟，幸福地笑了。马克思表达爱情是多么含蓄和巧妙。

---

① 汤晨龙.管理好交际：让友情走进你的内心 [M].郑州：中原农民出版社，2014：99-100.

4.爱情的和谐美

爱情的和谐美主要是恋爱双方建立在一定物质基础和共同生活理想之上的品德相和、情趣相投、性情相容、彼此恩爱、互相尊重理解，从而达到和谐的相处和默契的生活。具体地表现在双方互相爱恋，用爱给所爱的人以温暖、信心，勇气和能力去迎接现实的挑战，彼此尊重并适应对方的习惯、性格、兴趣爱好，平等相待，共同承担对家庭和社会应尽的义务和担负的责任，交流感情，取长补短，在事业上给予支持，同甘共苦，相濡以沫，在生活中互谅互让，融洽家庭和社会的关系等。和谐的爱情是爱情生活永恒牢固的根本保证。

二、亲情美

（一）什么是亲情美

亲情从根本上说是家人之间的感情，祖父母、父母和子女之间、兄弟姐妹之间关爱、互助等情感。亲情是深藏在每个人心底最温馨、最深厚、最朴素的感情，它是一个人心灵最终的归宿，是一份深远的思念与牵挂，任何情感都无法替代亲情。亲情美，是指在家庭中家人之间的感情所体现的美。我们常说父爱如山，母爱似水，手足情深。亲情是父母无私地爱着儿女，不求回报；亲情是子女以孝为先，感恩父母；亲情也是手足情深，相互扶持。讴歌亲情、赞美亲情、表现亲情美是古今作家笔下的一个永恒的主题。"慈母手中线，游子身上衣。临行密密缝，意恐迟迟归。谁言寸草心，报得三春晖。"孟郊的这首诗把母爱表达得淋漓尽致。朱自清的《背影》中父亲的形象已深深烙在我们的心里。

（二）亲情美的表现

1.亲情的无私美

说到亲情，我们首先想到的是父母对子女的爱。父母的爱是天地间最古老、最原始、最伟大的爱。《诗经·小雅·蓼莪》有言："哀哀父母，生我劬劳。……哀哀父母，生我劳瘁。……无父何怙？无母何恃？……父兮生我，母兮鞠我。拊我畜我，长我育我，……欲报之德，昊天罔极！"父母生养、哺育、教育孩子非常辛苦，父母对孩子的恩德极大。然而，父母对孩子的爱是不求回报的，是最无私的爱。

《战国策·赵策四》中说："父母之爱子，则为之计深远。"孟母三迁，欧阳修母亲芦荻教子，岳母刺字精忠报国，这些都是我们耳熟能详的故事，父母给予子女无私的爱，更为子女引领正确的人生方向。好的父母也能以身作则，给子女树立良好的榜样。

2.亲情的感恩美

羊有跪乳之恩，鸦有反哺之义。作为子女，我们应懂得感恩父母，孝敬长辈，理解父母，信任父母，尽儿女的责任。子女对父母的感恩，表现在"孝"上。中国传统孝文化的精华在现代社会仍应传承。《孝经·庶人章第六》中说："故自天子至于庶人，孝无终始，而患不及者，未之有也。"意思是上自天子下至普通老百姓，孝道是无始无终的，有人担心自己不能做到孝，那是不会有的事情。那究竟什么是"孝"呢？《论语·为政》中记载子游问孝，子曰："今之孝者，是谓能养。至于犬马，皆能有养。不敬，何以别乎？"孔子把"敬"看得比"养"更为重要，养容易敬则难。孔子重视"敬"，在"孝"的基础上有敬，而达到"孝敬"的境界。曾子对此提出了这样的理解："孝有三：大孝尊亲，其次弗辱，其下能养。"（出自《礼记·祭义》）在孝的三个等次中，如果能达到尊亲的最高层次，养也必然包含其中了。

可见，对父母的"孝"，不仅有对父母物质上的供养，更要求对父母要怀有真诚的敬意，尽可能地保证其精神愉悦。《礼记·祭义》中说："孝子之有深爱者必有和气，有和气者必有愉色，有愉色者必有婉容。"

我们对父母的感恩也应落实在细节。《论语·里仁》中说："父母之年，不可不知也。一则以喜，一则以惧。"父母的年纪，也不能不记在心上。一方面为他们的健康长寿而高兴，一方面又为他们的日益衰老而担忧。《孝经·天子》中说："爱亲者不敢恶于人，敬亲者不敢慢于人。"关爱、敬重自己长辈的人，也不敢厌恶、怠慢其他老人。

3. 亲情的融洽美

家和万事兴，国和天下平。有学者认为，生活中最大的幸福和最深的满足，最强烈的感情和极度的内心平静，全都来自互亲互爱的家庭。

颜之推《颜氏家训·治家》中说："父不慈，则子不孝；兄不友，则弟不恭。"父慈子孝、兄友弟恭是中国传统家庭生活的道德要求。这对于我们今天建设和谐家庭关系仍具有指导意义。做父母的要慈爱自己的子女，当然也应包括基本的尊重。为人父母不仅是角色的自然转变，也需要心理与社会年龄的成熟和爱的能力的提升来实现。父母之爱最重要的是不以爱之名控制孩子，给孩子一个自由成长的空间，对孩子成长中的不足给予耐心引导和接纳。

颜之推《颜氏家训·兄弟》中说："兄弟不睦，则子侄不爱。"意思是，兄弟不和睦，那么儿子和侄子也不会亲近。在家庭生活中，兄弟姐妹友好相处是我们学习如何建立人际关系的开始。兄弟姐妹是手足亲情，要互相尊重，友好相处，相互扶持，以诚相待。

孟子曰："老吾老，以及人之老；幼吾幼，以及人之幼。"（出自《孟子·梁惠王》）和谐的亲情关系，是家庭和睦的基础，和谐家庭是和谐社会的重要正能量。

三、友情美

（一）什么是友情美

友情是什么？友情是朋友之谊，是朋友之间相互影响、相互愉悦的情感体验。人人都渴望拥有真正的友情，并极力寻求在亲密而持久的联系中获得这种情感。所谓贫贱之交、布衣之交、患难之交、竹马之交、金石之交等，都体现了友情的纯洁与美好。品读友情，有"海内存知己，天涯若比邻"（出自唐代王勃的《送杜少府之任蜀州》）的心心相印，有"挥手自兹去，萧萧班马鸣"（出自唐代李白的《送友人》）的难舍难分，有

"山回路转不见君，雪上空留马行处"（出自唐代岑参的《白雪歌送武判官归京》）的留恋不舍，有"正是江南好风景，落花时节又逢君"（出自唐代杜甫的《江南逢李龟年》）的无限感慨，有"夜发清溪向三峡，思君不见下渝州"（出自唐代李白的《峨眉山月歌》）的深深思念。

所谓友情美，就是朋友之间在相识、相知、相交过程中所体现出来的美。《礼记·儒行》中说："儒有合志同方，营道同术；并立则乐，相下不厌；久不相见，闻流言不信；其行本方立义，同而进，不同而退。"意思是说，有这样一种儒者，和朋友志同道合，做学问的路子也一样；彼此皆有成就则皆大欢喜，彼此有了差距也互不嫌弃；彼此很久没有见面，如果听到了有关对方的流言蜚语，也绝不相信。友谊的基础建立在方正和道义上，合乎这一点就是朋友，违背这一点就敬而远之。由此可见，真正的朋友贵在相知、相容、相长、相信，他们以宽大的心胸去接纳别人，使别人在他们的身上能感受到友情的温暖和关怀。

诚如曹雪芹说："万两黄金容易得，知心一个也难求。"（出自《红楼梦》第五十七回）李白与杜甫"醉眠秋共被，携手日同行"（出自唐代杜甫的《与李十二白同寻范十隐居》），他们经常一起互相切磋，以诗唱和；刘禹锡和柳宗元两人不仅为共同的政治理想而抗争，而且在遭受严酷迫害的逆境中，仍互相关心爱护，留下了"以柳易播"的故事；马克思和恩格斯的友情更是我们学习的最高典范，他们一起投入革命斗争的火热生活，两人真诚无私的友谊成了互相鼓励、互相支持的最大精神力量。列宁在谈到马克思恩格斯之间的友谊时评价说："这两位巨人之间的关系，超过了古人关于人类友谊的一切最动人的传说。"

（二）友情美的表现

1.友情的相知美

"人生得一知己足矣，斯世当以同怀视之"的古训早已有之，可见知己的可贵；流传千古的伯牙摔琴谢知音的故事，更让我们明白知音的难觅。古人言："事之至难，莫如知人；事之至大，亦莫如知人。"（出自宋代陆九渊的《象山集·删定官轮对札子》）知人，是门深奥的学问。古代先贤提出的"知人者智""知者知人""知人则哲"，都是把知人看作为人处世应该具备的一种智慧。"乐莫乐兮新相知"（出自战国屈原的《九歌·少司命》），屈原以能结识到知心朋友为最大的快乐。"知音""知交""知遇""知己"等词都与"知"相关。可见，朋友相交首先需要相知，相知才能产生惺惺相惜之情，才能相互认可、相互欣赏、相伴相助。

《史记·管晏列传》记载了"管鲍相知"的故事。管仲曾发出"生我者父母，知我者鲍子也"的慨叹。管仲说："我当初贫困时，经常与鲍叔牙合伙做买卖，分利润时自己总是多占一份，鲍叔牙不认为我贪财，了解我贫困。我曾经替鲍叔牙谋事，反而使鲍叔牙更加困窘，鲍叔牙并不认为我愚笨，知道时机有利有不利。我曾经三次出仕，三次遭罢免，鲍叔牙并不认为我无才，知道我时运还没到。我曾经三次参加战斗，三次逃跑，鲍叔牙不认为我是胆小鬼，知道我有老母在。公子纠在政治斗争中失败，召忽为此自杀，我却被囚禁受辱，鲍叔牙不认为我没有廉耻，知道我不羞小节而以功名未成为大耻。生我的人是父母，了解我的人是鲍叔牙啊！"[①]

2.友情的真挚美

真挚即为真诚恳切。鲁迅曾说："友谊是两颗心真诚相待，而不是一颗心对另一颗心敲打。"朋友之间交往要以诚相见，心灵相通，推心置腹，互相信任，如此才能以心换心，以情换情。曾子"日三省吾身"，其中所省之一便是"与朋友交而不信乎？"（出自《论语·学而》）托尔斯泰说："要做真正的知己，就必须互相信任。"与朋友交，要讲究一个信字，只有言而有信、坦诚相对、相互信任，才能与他人建立起和谐美好的朋友关系，这是友谊健康发展的保证。

南宋理学家朱熹和思想家叶适两人经常因为学术思想不同而争得面红耳赤，但是争论过后又和好如初。有一年，朱熹遭到大臣林栗的弹劾，叶适非常气愤，上书驳斥林栗。有人劝他不要为此冒风险，叶适说："我和朱熹学术见解虽然不同，但他是正人君子，我不能因学术分歧而不主持正义。"此后，两人的友谊进一步加深，但在学术上仍争论不休。[②]

3.友情的平淡美

庄子曾说过："君子之交淡若水，小人之交甘若醴；君子淡以亲，小人甘以绝。"（出自《庄子·山木》）意思是，君子之间的交情，清淡如水，小人之间的交情，甘如甜酒。君子清淡却亲切，小人甜蜜反而容易绝交。郭象注曰："无利故淡，道合故亲。饰利故甘，利不可常，故有时而绝也。"君子以道、以义为友，而小人以利相交，利尽则散，以权相交，权失则弃。

欧阳修说："君子与君子以同道为朋，小人与小人以同利为朋。"（出自《朋党论》）志同道合的人才能成为真正知心的朋友。范仲淹在《淡交若水赋》中曾提出了交友的基本准则，"唯德是依，因心而友"。只有平淡的、经得起时间考验的才是真正的友情。"君子之交淡如水"，一向被视为世人所推崇的相处哲学，这也是交友的理想境界。

北宋宰相司马光推荐刘元城到集贤院供职。有一天，司马光问刘元城说："你知道我为什么推荐你吗？"刘元城说："是因为我和先生往来已久罢！"原来，刘元城中了进士后，没有马上进入仕途，而是跟着司马光学习了一段时间。司马光说："不对，是因为我赋闲在家的时候，每到时令节日，你都会来信或者亲自来看我，问候不断。可是我当宰相以后，你却没有一封书信来问候我，这才是我推荐你的缘故。"[③]朋友之交，是一种心灵的接受，是一种精神世界的相通。

① 张大可，丁德科.史记观止[M].北京：商务印书馆，2019：238.
② 萧史.少年读国学论语[M].青岛：青岛出版社，2018：43.
③ 项久雨，詹逸天.中华圣贤经典解读：礼[M].武汉：长江文艺出版社，2011：84-85.

拓展链接

推荐书目：

1. 刘悦笛. 生活之美 [M]. 合肥：安徽文艺出版社，2021.
2. 陆羽. 茶经 [M]. 刘艳春，编著. 南京：江苏凤凰文艺出版社，2016.
3. 沈从文. 中国古代服饰研究 [M]. 上海：上海书店出版社，2002.
4. 周锡保. 中国古代服饰史 [M]. 北京：中央编译出版社，2011.

思考与实践

1. 请谈谈生活审美的作用。
2. 简述中国传统服饰美学思想。
3. 简述中华饮食美学思想。
4. 从审美的角度，谈谈如何泡好一杯茶。
5. 谈谈你对"亲情美"的认识。

第七章

职业美

名人名句

《论语》云：吾十有五而志于学，三十而立，四十而不惑，五十而知天命，六十而耳顺，七十而从心所欲，不逾矩。

——孔子《论语·为政篇》

故天将降大任于斯人也，必先苦其心志，劳其筋骨，饿其体肤，空乏其身，行拂乱其所为，所以动心忍性，曾益其所不能。

——孟子《告子章句下·第十五节》

引入概述

党的二十大报告中指出："深入实施人才强国战略。培养造就大批德才兼备的高素质人才，是国家和民族长远发展大计。"[①]高素质的技能人才培养是建立在高校学生职业能力素质提升基础上的，职业美育提升就是其必然的实践途径。

职业美是现实生活中职业形象的美。职业美不仅根源于社会职业实践，而且本身就是职业形象的最直接的存在形式。党的二十大报告中指出职业教育的目的在于"培养德智体美劳全面发展的社会主义建设者和接班人"[②]。社会生活和职业实践为人类进步事业奋斗的献身精神与行为，乐观进取、吃苦耐劳、助人为乐的生活态度与职业道德情操等。中共中央提倡的"五讲""四美""三热爱"就是这种美的具体化。

职业美是对青年的社会角色期待。职业美是美育的具体化和专业化。也是社会主义时代青年践行的科学指引。从职业道德美的工匠精神内涵探讨，到青年职业行为美的社会规范约束，再到职业劳动美的内在动力激发，都在强调青年的职业美是当地高校美育教育中的重要内容和不可或缺的价值导向。职业美已经成为实践社会主义青年自身价值的核心价值导向。其主要目的在于帮助时代青年树立正确的社会主义职业观，培养青年的工匠精神，科学地引导学生通过职业美约束自身的职业行为。将青年培养成时代有用

---

① 习近平. 高举中国特色社会主义伟大旗帜　为全面建设社会主义现代化国家而团结奋斗——在中国共产党第二十次全国代表大会上的报告[M]. 北京：人民出版社，2022：36.
② 习近平. 高举中国特色社会主义伟大旗帜　为全面建设社会主义现代化国家而团结奋斗——在中国共产党第二十次全国代表大会上的报告[M]. 北京：人民出版社，2022：34.

之才、社会主义建设栋梁。

美育理论与美育实践的相结合是青年提升职业美实现社会美的关键。职业道德、职业行为、职业劳动等内涵分析丰富了职业理论研究。职业工匠、职业规范、职业动力等途径的引导提升了职业美的可实践性和可操作性。也强调了职业美育人与行业职业育人实践之间链接的重要性。因此,职业美主要关注青年的职业理论提升、职业实践行动能力提升,通过拓展阅读和引导思考培养青年的自主学习能力和自我职业提升能力。

第一节　职业道德美

在《中国新闻工作者职业道德准则》颁布实施 30 周年之际,中国记协召开座谈会,号召广大新闻工作者不断提升新闻职业道德水平,忠实履行党和人民赋予的职责使命。

德不优者,不能怀远。长期以来,党中央高度重视新闻队伍建设。习近平总书记在党的新闻舆论工作座谈会上指出,"媒体竞争关键是人才竞争,媒体优势核心是人才优势。要加快培养造就一支政治坚定、业务精湛、作风优良、党和人民放心的新闻舆论工作队伍",特别强调新闻舆论工作者"要严格要求自己,加强道德修养,保持一身正气"。[①]

对于新闻工作者来说,职业道德建设的意义格外重大。党的新闻事业是连接个人、社会、民族的"精神导线"和"有声纽带",同国家前途、人民命运息息相关。"才者,德之资也;德者,才之帅也。"因此,只有以更加强烈的道德价值自我要求,时刻牢记"以人民为中心",为人民谋幸福、为民族谋复兴,才能为社会主义新闻事业健康持续发展提供源源不断的强大内在动力,真正赢得社会尊重、人民赞誉乃至历史认可。

一、职业道德美的概念

职业道德是一种群体道德,它体现在职业劳动者与服务对象之间的各种行为中,比其他道德更直接、更持久地影响人们的道德意识和道德行为,是社会道德的重要组成部分。职业道德是从业者在特定职业劳动中的正确职业观念、操守和品质德行以及在其内在驱动下,自觉遵守的职业道德要求、行为准则和规范。[②]职业道德以社会舆论、传统习惯和内心信念等形式来调节行业中的各种关系。

人的道德观念和评价标准是受个人所处的职业地位、利益诉求、权利义务所影响的,身份地位、职业职责等的不同,职业道德的心理也会有差异,道德观念的形成具有独特性职业道德就是从业人员在职业活动中必须遵循的具有本职业的特征的道德标准和

---

① 习近平:习近平在党的新闻舆论工作座谈会上强调　坚持正确方向创新方法手段　提高新闻舆论传播力引导力 [N]. 人民日报, 2016-02-20(1).
② 曹婕. 新时代职业道德教育内涵的界定与启示 [J]. 职业, 2022 (6):81-83.

规范的总和。①它以职业分工为基础，同丰富多彩的职业生活相联系，不同职业部门的职业团体根据本职业的客观环境、具体环境及从业人员的接受能力制定一些形式的规章制度、工作守则、服务条例。

（一）新时代对职业道德教育的新要求

当前人类正进入第四次工业革命时代，以人工智能为主要标志，极大地改变了人类的生产生活方式，驱动人类生产方式转向智能化、数字化，进而推动人类生产关系的深刻转型。进入新时代，职业教育面临巨大的挑战与机遇。一方面，我国正从以代加工为主要特点的制造大国，向以核心技术研发为导向的智造大国转型，由人口要素向人才要素转型，新技术的进步对职业教育、对创新创造能力提出了更高的要求。另一方面，新技术催生新业态、新职业，原有的职业道德内涵也在不断发生变化，例如医学领域中安乐死、人工辅助生殖技术的出现与使用等，这些对从业者的职业道德标准给出新的界定。

新时代更需各行各业的从业者学习贯彻党的二十大精神，加强职业道德和行风建设，以党的创新理论指导实践，在全面建设社会主义现代化国家进程中充分发挥重要作用，用社会主义核心价值观培根铸魂，坚守职业理想，肩负时代重任，坚持以人民为中心的建设服务导向，为全面建成社会主义现代化强国、实现第二个百年奋斗目标，以中国式现代化全面推进中华民族伟大复兴贡献力量。在守正创新上实现新作为，在明德修身上展现新风貌、大力弘扬新风正气、坚决抵制违法失德不良风气和现象。

道德美是指一个人具有崇高的思想道德境界、进步的人生价值观和高尚的道德行为和道德品质的美。道德美的核心是善。凡符合大多数人的利益，符合社会历史发展的规律，推动社会进步的道德行为就是善的，善必美，恶必丑。道德美表现为天下为公的理想美，先人后己的奉献美，忠心耿耿的气节美，不屈不挠的毅力美，严于律己的品行美，与人为善的气度美。

职业道德美是指同人们职业活动紧密联系且符合职业特点所要求的道德准则、道德情操与道德品质的综合体现。是人们在特定的工作和劳动中以其内心信念和特殊社会手段来维系的，以善恶进行评价的心理意识、行为原则和行为规范。②具有职业道德美的人，必定是一个掌握社会发展规律，树立崇高理想，有丰富的知识和卓越的才干，具有创造精神和坚韧的意志，为社会的进步、人类的幸福贡献自己一切的人。能够自觉选择有利于民族和社会，有利于人类进步的行为，把爱国主义、社会主义和集体主义作为实现自己人生价值的重要内容。

（二）职业道德五要求

爱岗敬业：爱自己的本职工作，忠于职守。

诚实守信：实事求是地待人做事，不弄虚作假。

① 吴良博. 高职学生职业道德素养与职业道德教育现状研究 [D]. 武汉：湖北大学，2019.
② 邱景源. 浅析设计的道德美 [J]. 美与时代（上），2021(10)：7-10.

办事公道：按照同一标准和同一原则办事。

服务群众：听取群众意见，了解群众需要。

奉献社会：履行对社会、对他人的义务。

二、职业道德美的核心——工匠精神

在新时期背景下，各行业的应用型人才需求规模持续加大，职业教育迎来新的挑战与机遇。职业道德美的培育与践行为个人成长、社会发展、国家繁荣提供强有力的基础支持和人才供给，其核心在于工匠精神的发扬融合。

（一）工匠精神的基本内涵

"工匠精神"一词，最早是由我国著名的企业家和教育家聂圣哲提出。其指出工匠精神应当由匠心做到匠魂。主要包括四个方面的内容。

第一，敬业：反映的是从业者对待自己职业的基本态度，体现为基于对工作的热爱和敬畏而产生的极端尽职尽责的职业精神状态。

第二，精益：反映的是从业者对待自己产品、服务的基本态度，体现为对每件产品、每道工序都凝心聚力、精益求精、追求极致的职业道德品质。

第三，专注：反映的是从业者对待自己工作状态的基本态度，强调"术业有专攻"，体现为坚定地专注、执着于细节的职业工作状态。

第四，创新：反映的是从业者追求突破、追求革新的基本态度，体现为推动产品、技术、服务不断创新和迭代的职业发展状态。

（二）工匠精神与职业道德的链接

工匠精神蕴含着严谨专注的职业态度、敬业爱岗的道德情操以及精益求精的职业情怀，是应用型人才职业道德培养的价值支撑。现代工匠是应用型人才职业道德培养的现实指向，知行合一是培养其职业道德的重要方式，应以多元协作为途径，培育应用型人才崇高的职业道德美。[①]

1.工匠精神是高职职业道德美践行的终极目标

《国家教育事业发展"十三五"规划》中明确指出，各级各类教育发展的目标和任务，应将质量提升作为主题，以满足中国特色社会主义新时期各行业的建设需求。随着科学技术的不断发展，技能的内涵也发生了一定的改变，已从单一的专业术语延伸为专业技能、文化精髓，即工匠精神内涵发展的蕴意。这一技能在日常的工作岗位上表现为务实的工作态度、坚定的理想追求、积极的提升创新，将工匠精神贯彻职业发展的每个环节有利于职业道德美的集中体现。

2.工匠精神是高职职业道德美践行的具体形式

职业精神是指从业者在具体工作中，依据工作目标和要求表现出一定的岗位技能和

① 张宇，郭卉.工匠精神：应用型人才职业道德培养的价值支撑 [J].教育与职业，2017（19）：70-74.

道德。工匠精神属于职业精神，是从业者的一种价值取向，直接决定着他们的行为表现，是特定人生观世界观价值观影响下的职业态度、职业思维以及职业操守。就一定层面上而言，工匠精神是更高级别的职业能力，也是职业能力的显著标尺。[①]工匠精神在统筹传统职业能力的同时，更为注重对从业者职业精神的塑造。特别是培养从业者"精益求精"的精神，在一定程度上更好地展现出坚强的意志品质和高尚的职业品格操守，是职业道德美践行的具体形式。

3.工匠精神是高职职业道德美践行的核心价值

工匠精神的培养实质就是对从业者的意志和追求的锻造，并在这一锻造中实现职业技能和职业精神的高度汇聚，而这也正是高职职业道德美践行的核心价值所在。只有不断实现技能的突破，完成道德的升华，才能够在长期的坚持中，为国家培养出更多更优秀的职业技术人才。[②]高职教育更应将工匠精神有效融入，使学生对职业观念和职业价值有更高层次的认识和追求。在工作岗位上兢兢业业，表现出不服输的干劲与勇于创新的魄力，让工匠精神成为学子们新的方向标，在未来的工作中真正爱上这份工作，以更为快乐、积极的工作态度和生活态度实现自身价值的最大化。

三、高职教育中践行职业道德美的必要性

（一）践行职业道德美是高职教育的精神基石

习近平总书记在党的二十大报告中指出："提高全社会文明程度。实施公民道德建设工程，弘扬中华传统美德，加强家庭家教家风建设，加强和改进未成年人思想道德建设，推动明大德、守公德、严私德，提高人民道德水准和文明素养。"[③]道德是人们共同生活及其行为的准则和规范，代表着社会的正面价值取向，而其中职业道德之美则是实现人际和谐、职业和谐与社会和谐的重要基础。关于职业教育中的道德教育在1996年颁布的《中华人民共和国职业教育法》明确指出：实施职业教育必须贯彻国家教育方针，对受教育者进行思想政治教育和职业道德教育，传授职业知识，培养职业技能，进行职业指导，全面提高受教育者的素质。由此可见职业道德教育是我国职业教育中必不可少的重要组成部分，践行职业道德之美也将是高职教育的精神基石。

高职教育承担着为社会培养高素质劳动力和高技能人才的重任，职业道德修养是职业人必须的素质，而且是职业素质的首要方面，是现代社会经济与社会发展的客观要求。在整个社会道德体系中，职业道德占有重要的地位。职业道德的形成，是社会道德建设的重要基础。科学的职业道德教育可以纠正各种不正之风，弘扬社会正能量，对于职业院校学生的职业活动具有明显的导向和激励作用。职业道德教育是高职学生个人素

---

① 王媚.高校学生职业道德与工匠精神培养[J].中学政治教学参考，2021（29）：93.
② 王新琴，单婷.以工匠精神为核心的技能型人才职业道德培育[J].实验技术与管理，2017（11）：161−163.
③ 习近平.高举中国特色社会主义伟大旗帜 为全面建设社会主义现代化国家而团结奋斗——在中国共产党第二十次全国代表大会上的报告[M].北京：人民出版社，2022：44.

质提高不可或缺的重要内容，职业道德美的实践是高职院校学生完善自我，实现人生价值的需要。通过职业道德教育，高职学生能够具备稳定性和专业性，在以后进行职业选择和岗位工作时，不会轻易出现损害企业或集体利益的职业行为。

培养具有职业共同信仰的能够恪守职业底线道德的应用型人才是高职教育人才培养目标定位的要求。职业道德的养成，除开从业者自身的认同、修养、提高外，还需要外部的规范、明确与培养，即从业者需要接受职业道德教育。职业道德教育的主导机构一般是行业企业与高等院校。行业企业一般对从业者入职后的职业道德进行培养，高等院校则是在入职前对从业者进行职业道德教育。高职教育作为普通高等教育的一种类型，在职业道德教育中，其职业性培养目标要求相对于其他类型教育更注重德育的职业性。高职院校学生是职业人的预备队，在校期间学习是职业人的热身期。校企合作、工学结合的办学方向要求高职院校毕业生与企业工作岗位无缝对接，走出校门即可上岗。工作岗位对从业者的职业技能要求因企业、环境的不同而不同，但对于诚信和敬业等职业道德之美的要求是一致的。用人单位在招聘时也逐渐更加重视从业者是否为人处世踏实，是否忠诚，是否积极向上以及吃苦耐劳等。高职院校学生践行职业道德美，以诚信为基，诚于岗位，对自己所从事的工作认真负责，便是敬业。践行职业道德美首先要有自己的职业理想和职业信念，脚踏实地勤勉工作，把每一项工作做到极致，才能够体会到职业的成就感。

（二）践行职业道德美是"立德树人"的重要途径

职业道德是社会主义道德规范体系中的一个重要方面。由于人们的社会生活领域不同，社会主义道德规范体系就具有不同的层次结构：有公共生活领域的一般道德规范，有基本道德规范，还有家庭道德和职业道德等特殊的道德规范。[①]社会主义初级阶段的经济、政治制度，特别是生产资料所有制的多样性和多层次性，决定了我们当前的道德规范体系具有多样性和多层次性。职业道德是现代职业伦理的集中表现。职业伦理是某一职业的从业者对具有总体性的社会伦理和社会主导价值观的遵循；职业道德则主要是对某一职业的从业者个体的特殊要求。[②]职业伦理具有总体性特点，职业道德具有个体性和主观性特点。职业道德同人们的职业活动紧密联系。由于从事某种特定职业的人们，有着共同的劳动方式，经受着共同的职业训练，往往具有共同的职业兴趣、爱好、习惯和心理状况，因而就会结成某种特殊的关系，形成特殊的职业责任和职业纪律，从而产生特殊的行为规范和道德要求。职业道德是历史形成的一种优良职业传统，践行职业道德美对规范从业者的言行，保障职业的正常发展有重要的意义。

社会主义道德规范体系是马克思主义伦理学术语。与社会主义市场经济、政治制度相适应并能促进社会主义事业健康发展的道德原则和规范的总称，是从社会主义建设的任务和全体人民的整体利益出发形成和概括的，要求人民普遍遵循的行为准则和道德价

---

① 晏德贤，杜连君，夏宝龙，等. 社会主义道德纲要 [M]. 天津：天津人民出版社，1990：18.

② 王培祥. 职业道德 [M]. 上海：上海交通大学出版社，2001：8.

值观念。①《中共中央关于加强社会主义精神文明建设若干重要问题的决议》作了明确的概括，即以为人民服务为核心，以社会主义集体主义为原则，以爱祖国、爱人民、爱劳动、爱科学、爱社会主义为基本要求，建设社会公德、职业道德和家庭美德，在全社会形成团结互助、平等友爱、共同前进的人际关系。

职业道德教育又是高职院校德育工作的重点之一。习近平总书记指出："要坚持社会主义办学方向，把立德树人作为教育的根本任务。"②立德树人是教育工作的根本任务，是教育现代化的方向目标，是教育事业发展必须始终牢牢抓住的灵魂。党的十八大以来，以习近平同志为核心的党中央高度重视公民道德建设，作出一系列重要部署，大力推动全社会传承中华优秀传统文化，践行社会主义核心价值观，学习"时代楷模""全国道德模范"等先进事迹，不断提高人民的思想觉悟、道德水准、文明素养。"人无德不立，育人的根本在于立德"，道德观是世界观的组成部分，是思想认识的反映，道德观既不是天生的，也不是临时学习可能获得的，它是长期学习和实践修养的结果。职业道德是职业范围内的特殊道德要求，是一般社会道德在职业生活中的具体体现，是公民道德素质的重要组成部分，而大学生是未来各行各业的从业大军，他们的职业道德素质不仅关系着高等教育人才培养的质量，还关系着我国未来的发展，应当给予足够的重视。在今天我们这个礼敬崇高职业理想、张扬高昂奋斗精神的社会主义大家庭，在"劳动最光荣、劳动最崇高、劳动最伟大、劳动最美丽"的新时代，通过培育大学生的职业道德，帮助大学生践行职业道德美，不仅是实现"立德树人"的一个重要途径，更能够让高尚的职业情操、坚实的职业奉献，为社会文明风尚凝心聚力，为经济高质量发展固本培元。

（三）践行职业道德美是职业成功的必要保证

职业道德是从业者个人人格的重要组成部分。从业者的职业道德是一个人综合素质的重要组成部分。具体表现为职业观念、职业情感和职业行为方式。换句话说，职业道德不是从业者的"豪言壮语"，而是对职业及职业活动的态度和行为。比如，一名医生就应该视救死扶伤为己任，当意外发生时，总是首先处于职业良心而担负起自己应该承担的责任。无论在什么情况下，他总认为这种职业是有意义和有价值的，是值得为之付出体力、智力和时间的。这实际上就是对职业的美好情感和职业道德美的体现。

职业精神是有职业特征的精神与操守，主要体现在敬业、勤业、创业、立业四个方面，包含职业理想、职业态度、职业责任、职业纪律、职业良心、职业信誉、职业作风和职业能力等内容。职业精神主要是职业素养中以职业能力为载体的精神方面的内涵。劳模精神、工匠精神和企业家精神，都是特定人物具有的职业精神。

践行职业道德美有助于从业者在职场中实现自我价值。职业道德是从业者正确定位人生理想追求的重要保证。一个人只有将人生理想定位在为社会贡献力量的方向上，他

---

① 衣芳. 马克思主义伦理学[M]. 济南：济南出版社，2004：99.
② 习近平. 习近平谈治国理政：第四卷[M]. 北京：外文出版社，2022：339.

才能拥有豁达的情怀和良好的工作心态，才可能在自己的岗位上为社会作出贡献的同时实现自我的价值；反之，如果一个人将人生理想仅仅定位在个人的利益追求上，则可能一辈子因无法满足个人欲望而苦恼。从业者如果将职业道德视为对自己的约束，那么遵守职业道德则可能是职业发展过程中的难题；相反，如果从业者能够认识到遵守职业道德不是自我牺牲，而是自我实现的基础，那么遵守职业道德就是对美好境界的一种追求。践行职业道德美要求大学生树立正确的职业观，热爱本职工作，专心致志地做好本职工作，只有这样才能为社会做出最大的贡献，才是社会理想和个人理想的最佳结合点，才能展现每一种职业的道德之美，实现自我的人生价值。

第二节　职业行为美

2022 年感动中国人物——彭士禄

一、职业行为美

"职业"根据中国职业规划师协会认为是性质相近的工作的总称是个人服务社会并作为主要生活来源的工作。在特定的组织内它表现为职位（即岗位，position），我们在谈某一具体的工作（职业）时，其实也就是在谈某一类职位。每一个职位都会对应着一组任务，作为任职者的岗位职责。而要完成这些任务就需要这个岗位上的人，即从事这个工作的人，具备相应的知识、技能、态度等。

"行为"作为人类在日常生活中以自身为主体表现出来的动作，自古以来备受国内外学者的关注，不同领域的学者力求从自身研究视角出发解释人类行为的含义，以此揭示行为的本质。20 世纪 70 年代，工作行为从行为研究中分离出来，成为学者们研究工作情境下人类行为的新领域。中国古代的伦理学家们认为：《墨经》提及"行，为也"，"志行，为也"，"为，穷知而悬于欲也"；《左传》中认为，"行则思义""行无越思"；《荀子》认为："虑积焉、能习焉而后成谓之为。"学者卡拉特和卡恩提出工作行为是组织内部成员在工作中为完成组织规定的任务而主动实施的超越角色规定的行为总和。奥利伯和克里斯蒂娜等人指出工作行为是个体为更好地实现组织功能的转变而实际采取的行动。

职业行为是人们对职业劳动的认识、评价、情感和态度等心理过程的行为反映，是职业目的的达成的基础。从形成意义上说，决定职业行为的主要因素是人们同职业环境、职业要求之间的相互关系。职业行为包括职业创新行为、职业竞争行为、职业协作行为和职业奉献行为等方面。

行为美是人在行动中通过所作所为表现出的美。行为美要求既美且善，凡是有益于人民，有助于历史发展，充分体现进步社会趋向的行为，都可称行为美。培根说："相貌的美高于色彩的美，而秀雅合适的动作的美，又高于相貌的美，这是美的精华。"行为美与一定时代、民族、阶级的伦理标准和审美标准相联系。

职业行为美是在职业中个人表现出来的行为符合行业职业道德、个人职业规范和社会价值审美所给予的正向评价。职业行为美既包含了职业人的形象美、职业行业规范、职业行为的法律规范等。在不同的职业行业中，职业的性质、特点不同，它的美感发生规律亦不同，表现出不同的职业行为特征。

二、职业行为美的特征

职业行为美在不同的历史时期其价值判断和标准各不同，但是其核心价值趋于统一，即职业行为符合历史发展和人类发展的核心价值观。

（一）职业行为美的时代性

社会主义社会中的分工与私有制社会中的旧式分工存在本质的区别。社会主义职业分工给每一个人提供全面发展和表现自己体力和脑力能力的机会。在现阶段的社会主义职业分工体系中，职业行为首先需要符合社会主义核心价值观，即富强、民主、文明、和谐，倡导自由、平等、公正、法治，倡导爱国、敬业、诚信、友善。涉及的职业道德和职业行为包括了：爱岗敬业、诚实守信、办事公道、热情服务、奉献社会。其中，爱岗敬业是社会主义职业道德和职业行为最基本、最起码、最普通的要求。

（二）职业行为美的社会性

职业行为的价值判断首先是在社会价值判断的基础上形成的，是社会群体对职业中的个人行为的价值期待。因此职业行为美的判断需要符合社会性的审美判断。首先是职业行为需要符合社会形象美。例如：空姐的职业形象和职业礼仪，外形需要符合高端的职业形象，客舱服务中需要规范的服务礼仪，面对突发情况需要有专业冷静的专业素养。其次是职业行为需要符合社会传统美。中国的传统文化体现在社会职业分类的各个方面。因此职业行为美不能脱离传统文化的社会环境。中国两千多年形成的儒家文化为主体的社会文化体系，直接影响了行业文化和企业文化。员工职业的行为逻辑和价值判断是基于社会文化系统而形成的，因此职业行为美的社会属性也是其社会文化属性的价值体现。

职业行为中，欲望是选择"发乎情，止乎礼"还是"克己复礼"？

大禹治水中洪水泛滥，用堵截的方法是无法管理好的，只有用疏导的方法才能管理好，这就像职业中的人的欲望。儒家主张"发乎情，止乎礼"，礼就是疏导欲望的河道。"克己复礼为仁。"约束自己，使自己的言语行为都符合礼的要求就是对他人的爱。

（三）职业行为美的差异性

职业行为美的差异性首先是行业行为美的差异性。2019年9月中国政府介绍："我国成为全世界唯一拥有联合国产业分类中所列全部工业门类的国家。"其中拥有39个工业大类，191个中类，525个小类。在此基础上，《中华人民共和国职业分类大典》将我国职业归为 8 个大类，66 个中类，413 个小类，1838 个细类(职业)。525 个行业分类 1838 个行业，其文化环境各不相同，形成了不同的职业行为美的评价。例如会计从业人员：会计主体在职业行为过程中应遵循的、体现会计活动特征的、调节会计人员与社会以及与相关利益集团之间关系的行为规范。

职业行为美的差异性还体现在个体职业行为的差异性。在同一个职业中或者同一个岗位上，不同的个体往往会表现出不同的职业行为。多元化的职业行为取决于多元化的职业行为美判断。其中的关键原因在于个体的价值判断差异性、个体文化环境差异性、个体经济环境差异性，直接影响其职业行为的输出。多元化的职业行为，其美的价值判断标准就有可能多元化。其中最为重要的标准为：是否可以为社会发展提供正向的职业导向、是否可以为行业企业的经济发展提供正向的职业行为。因此，多元化的职业行为美，可以弥补不同类型的职业差异化，以此形成完整的职业行为美的价值判断体系。

2021 年，由中国金融教育发展基金会提出并组织起草、行业内有关单位共同参与的《金融从业规范 风险管理》《金融从业规范 外汇交易》和《金融从业规范 财富管理》等《金融从业规范》系列行业标准正式向社会发布。

三项标准分别规定了金融从业人员在风险管理、外汇交易和财富管理方面的职业要求，包括知识体系、职业能力、职业道德与行为准则、职业能力水平评价等。三项标准的发布有助于健全我国金融从业人员的行为、知识和技能的规范要求体系，提升金融从业人员素养，进一步促进金融智力服务实体经济，防范化解金融风险，为培养金融行业专业人才作出积极贡献，助力金融行业稳定发展，具有前瞻性、灵活性和实用性。

三、职业行为美的行业美

在社会经济结构中，1838 个行业肩负起了自身的社会责任和行业责任。行业发展赋予了从业者不同的职业责任和职业使命。职业行为的行业美，更多体现在从业者的社会责任使命担当、行业责任职能肩负和遵守行业标准规范。

（一）职业行为美的责任美

社会责任是社会分工的基础上产生的。企业在社会经济分工体系中，需要肩负起相应的社会责任。中国社科院发布的《中国企业社会责任报告》提出的社会责任指的是责任管理、市场责任、社会责任和环境责任等四个方面。例如 2007 年 11 月浙江金融职业学院面向社会发布了全国首份《社会责任报告》以来已经发布了 15 份社会责任报告。向社会承诺其社会责任为：服务地方履行社会责任，促进社会诚信系统建设。因此作为行业中的经济行为主体，其职业行为美表现在行业行为的社会使命，为社会提供合格的产品和服务，服务地方经济发展。

企业的社会责任另外一方面是针对企业内部管理的企业内部责任，即企业员工利益最大化。职业行为美的责任美也包含了，企业解决内部员工的就业、社会福利、职业规划、危机求助等内容。作为行业企业的管理者既要思考如何履行企业的社会责任，扮演好服务经济发展的主体角色，又要通过自身的企业家才能实现企业的市场价值，提升企业内部员工的幸福感和归属感。职业行为美中的责任美需要企业家具备民族气节、敏锐的社会洞察力和社会资源的整合等能力。

（二）职业行为美的合规美

职业行为美包括：行业行为合规美和行业行为自我实现价值美。企业需要遵守行业中的基本法律法规，员工需要规范在行业中的基本行为。行业合规是职业行为美最核心的内容之一。也是行业企业和员工职业行为的重要指导。从 1975 年 9 月第一个巴塞尔协议到 1999 年 6 月《新巴塞尔资本协议》都对合规进行了阐释。合规是指商业银行的经营活动与法律、规则和准则相一致。

企业和员工的合规美通常包含三层含义：一是法规层面，即遵守公司（总部）注册登记地和各运营地的法律法规及监管规定；二是规制层面，即遵守企业内部规章包括企业价值观、商业行为准则、员工守则等；三是规范层面，即遵守商业诚信理念、职业操守、道德规范等。

同时，业内探讨的合规美也分为广义和狭义两个范畴。广义范畴即"大合规"，泛指企业在运行过程中遵守规制、规则和规范，包括承担社会责任、环境责任、反腐败、反垄断、反欺诈、反不正当竞争等等；狭义的范畴即"小合规"，特指针对商业腐败主要是商业贿赂开展的合规理念强化和行动实践。

职业行为美的合规美既是经济行为主体和职业人必然要遵守的基本行为准则，更是在此基础上展现出来的社会正能量，即行业行为自我实现价值美。企业主动合规规范了行业发展，提升了行业的发展竞争力。从业者的职业行为主动合规，践行了社会主义核心价值观，也体现了职业道德美和职业行为美。职业行为合规美的实现方式很多，其中最为有效的是树立行业典型，提出行业发展标准和规范。在实践检验的基础上，进行全行业推广。例如中华老字号的典型树立、驰名商标的入选等。对于行业中的从业者，通过先进典型的评比，给职业者提供了从业目标和从业道德规范。例如 2015 年诺贝尔生理学或医学奖得主、中国科学家屠呦呦，用青春奋斗造福人类，数百万人因她而获新生，她用坚韧的意志展现了职业行为美。

四、职业行为美的个体美

费孝通先生曾经意味深长地说："各美其美，美人之美，美美与共，天下大同。"[①]就是说人们不仅需要懂得欣赏自己创造出来的美，还要包容和欣赏别人创造出来的美，然后将各自之美和他人之美有机结合，就能实现理想中的大同之美。言外之意就是无数个个体相结合达到的一种平衡之美。职业行为中的美，也是如此。这种美体现在个体在职业行为中的个体形象美和个体职责美。

---

① 费孝通.反思·对话·文化自觉 [J].北京大学学报（哲学社会科学版），1997（3）：15-22.

（一）职业行为美的形象美

职业行为美首先表现为个体的形象美，也是职业行为中的首要印象。从形象美的角度看，会发现包含了职业的形象和职业的礼仪。因此我们可以分为，职业行为的形象美和职业行为的礼仪美。

从业者进入某一行业成为职业人，职业形象的提升显得尤为重要。职业形象指的是在职场中公众面前树立的印象，具体包括外在形象、品德修养、专业能力和知识结构这四大方面。它是通过你的衣着打扮、言谈举止反映出你的专业态度、技术和技能等。

职业形象需要和所处的行业和职业相匹配。其不仅代表个人的形象美，也代表所在职业和岗位的形象美。可以用具体的个人形象六要素来进行评价。第一是仪容：仪容，是指一个人个人形体的基本外观；第二是表情：表情，通常主要是一个人的面部表情；第三是举止：举止，指的是人们的肢体动作；第四是服饰：服饰，是对人们穿着的服装和佩戴的首饰的统称；第五是谈吐：谈吐，即一个人的言谈话语；第六是待人接物：所谓待人接物，具体是指与他人相处时的表现，亦即为人处世的态度。

（二）职业行为美的职责美

员工在职业岗位上承担相应的基本工作职责，同时在此基础上发挥更大的工作能力。其不仅展现了基本的工作职责美，也进一步展现了其无私奉献的职责美。

1.职业行为美的职责美

个体在职业发展中，在不同的工作岗位、不同的职业阶段，其所承担的职责内容是不一样的。其展现出来的职责美也不一样。在员工职业初期，对于工作岗位并不一定熟悉的阶段，其兢兢业业、恪尽职守的工作态度就是对职责美做好的诠释。如果员工在职业发展中，位于组织结构的基层，其职责美也更多倾向于技能水平的提升、岗位内容的谙习等。例如，银行柜员的工作职责倾向于基层工作职责：负责办理对公、对私账户现金收付、转账结算业务；负责办理储蓄账户的开销户及续存续取业务；负责办理各项查询业务，发放收账通知、付款通知及对账单，等等。

2.职业无私奉献的职责美

职业无私奉献的职责美是和从业者本身的职业素养息息相关的。随着职业不断发展，员工的职业能力不断增强、职业素质不断提升。其开始不断思考自身在组织结构中的角色定位，此时职业中的无私奉献的职责美不断涌现。这种无视奉献的职责美体现在：个人职业发展目标与组织发展目标有机融合；职业成就感提升促进组织发展。

无私奉献型的职责美在实际工作中比较常见。例如让所有人远离饥饿，毕生献给水稻事业的袁隆平老先生；最美逆行者钟南山等。他们在普通岗位上，肩负起了社会责任和岗位使命。把基本的工作职责和国家发展联系在一起，把个人的职业发展和社会进一步联系在一起，就能更有效的激发职业发展中的无私的职责美。

第三节 职业劳动美

中国核武器研究的开创者之一——程开甲

一、职业劳动美的体现

马克思在《1844年经济学哲学手稿》中，第一次提出"劳动创造了美"的著名论断，马克思以哲学和经济学的视角展开美学问题研究，通过批判黑格尔唯心主义抽象的劳动观确立了唯物主义美学。职业劳动美是劳动行为、过程以及劳动主体在职业劳动都体现着职业劳动美，如勤劳勇敢、艰苦奋斗。具体而言，职业劳动美是劳动本身及其过程以及劳动主体所具有和展现的精神价值和力量，并且在人们的劳动过程中指导着人们的行为，进而对客观世界产生现实影响，这种影响对于劳动本身、劳动对象和劳动者具有重要价值。

职业劳动美有着深厚的文化渊源，勤劳勇敢、艰苦奋斗、自强不息等劳动美德作为中华优秀传统文化的基本精神之一，已深深地熔铸为中华民族的基本品格。劳动实现着劳动者自身和社会的存续，职业劳动美是支撑个体劳动和社会发展的内在道德基础，自古好逸恶劳为人们所不齿，勤劳勇敢为人们传颂，职业劳动美在中国有着深厚的文化基础和群众基础。

在今天，新时代背景下，职业劳动美实现着自身的传承与发展，敬业依旧是社会主义核心价值观的基本内容，同时被赋予新的内涵，勇于创新和精益求精的"工匠精神"，创新是时代发展和民族进步的动力，工匠精神揭示了劳动过程中精益求精的精神品质，是新时代职业劳动美的重要内涵。

二、职业劳动美价值的重要性

党的十八大以来，习近平高度重视劳动并发表了一系列重要论述，多次强调"劳动最光荣、劳动最崇高、劳动最伟大、劳动最美丽"，[①] 提出让劳动蔚然成风，在社会中形成崇尚劳动、尊重劳动的基本价值共识。党的十九大报告明确指出："建设知识型、技能型、创新型劳动大军，弘扬劳模精神和工匠精神，营造劳动光荣的社会风尚和精益求精的敬业风气。"[②] 党的二十大报告也提出，深入贯彻以人民为中心的发展思想，在劳有所得上持续用力。新时代的伟大成就是党和人民一道拼出来、干出来、奋斗出来的！

在市场经济条件下，职业劳动因抽象化和商品化以及资本支配的利益分配不均，出现了不劳而获及贬低劳动等现象，扭曲了"职业劳动美"的基本价值。因而，重新确立尊重劳动、崇尚劳动和诚实劳动的价值观，回归"职业劳动美"本身的价值和作用是时代发展的重要任务。

---

① 习近平. 习近平书信选集：第一卷 [M]. 北京：中央文献出版社，2022：170.
② 习近平. 决胜全面小康社会 夺取新时代中国特色社会主义伟大胜利——在中国共产党第十九次全国代表大会上的报告 [N]. 人民日报，2017-10-28(1).

在全面建成小康社会，谋求共同富裕，实现中华民族伟大复兴的征程中弘扬职业劳动精神，倡导"职业劳动美"的价值，理应成为当今中国社会的主旋律。

（一）坚持职业劳动创造价值的思想

近年来，随着科技的快速发展和经济全球化的进程，以资本为核心的人工智能和虚拟经济越来越活跃，生产劳动和实体经济在经济发展中的比例逐步减少，社会上也出现了新形式的"不劳而获"以及贬抑职业劳动的现象。

从形式上看，大部分人认为体力劳动创造价值比重逐渐减少，以脑力劳动和资本参与劳动的比重逐渐增加，但并不意味着职业劳动价值论的过时和失效，数字时代背景下职业劳动依然是创造价值的源泉。职业劳动是实体经济也是创造国家物质财富的主要来源，是推动实体经济发展重要基础。英美等资本主义国家出现实体经济的衰退、产业空心化的一个重要原因就是轻视职业劳动。

因此，在新时代我们应坚持职业劳动在国家发展中的重要作用，尊重不同行业辛勤工作的平凡的劳动者，确立劳动者自身的主人翁地位，展现社会主义的"职业劳动美"。

（二）弘扬"职业劳动美"的社会价值

弘扬职业劳动美是实现中华民族伟大复兴的时代任务，也是营造社会主流价值观的现实需要。邓小平曾说："为了创造社会主义的幸福生活，没有极艰苦的劳动，是不可能的。"[1] 习近平总书记也明确指出："劳动创造了中华民族，造就了中华民族的辉煌历史，也必将创造出中华民族的光明未来。"[2]

劳动者是国家的主人，社会主义中国以尊重劳动、崇尚劳动为基本价值观，弘扬职业劳动美为实现中华民族伟大复兴提供强大精神力量。目前，因为我国的国情，实行按劳分配和多种要素参与分配的经济制度，这种分配制度兼顾公平和效率，激发了社会发展活力，促进了社会经济的快速发展。但是，也随之出现了一些问题，群体的收入分化严重、轻视体力劳动者，在职业选择上，重脑力，轻体力。在个人发展动力上，讲究资本的便捷回报，却忽视个人发展要脚踏实地。

在社会主义市场经济条件下，我们要扭转对劳动价值观的偏离，在社会中培养"尊重劳动、崇尚劳动和诚实劳动"的社会风气，使职业劳动者获得应有的尊严，正如习近平所说，"弘扬劳动精神，克服艰险险阻，在平凡的岗位上续写不平凡的故事"。[3] 此外，无论从事何种职业的劳动者都应认同，"社会主义是干出来的，新时代也是干出来的"。只有这样，才能全面建成小康社会，谋求共同富裕，实现中华民族伟大复兴。

（三）转变贬低职业劳动价值的错误观念

在经济全球化大背景下，西方文化及价值观的渗透，对我国主流职业劳动价值观造

---

① 邓小平.邓小平文选：第一卷 [M].北京：人民出版社，1994：276.
② 习近平.习近平谈治国理政：第一卷 [M].北京：外文出版社，2018：46.
③ 习近平.习近平给郑州圆方集团职工回信勉励广大劳动群众 弘扬劳动精神 克服艰难险阻 在平凡岗位上续写不平凡的故事 向全国各族劳动群众致以节日的问候 [N].人民日报，2020-05-01（1）.

成了冲击，随之而来是对职业劳动的诋毁和贬低，尤其是对体力劳动者。

我们必须破除诋毁职业劳动的错误观念。首先，破除社会上期望"钱多、事少、离家近"的求职风气。随着零零后步入职场，受市场经济金钱至上等观念影响，较多年轻人爱慕享乐，甚至有人甘愿做"泥特族"，居家啃老躺平，也不愿意通过辛勤诚实劳动实现自身价值。新时代社会主义市场经济建设不仅需要制度法律保证职业劳动者的合法权益，更需要文化道德引领人们崇尚职业劳动美的基本价值观。其次，破除日常生活中对体力劳动的狭隘理解。职业劳动不分高低贵贱，但在现阶段，部分青少年受文化媒体等影响，容易轻视辛勤的职业劳动者甚至鄙视体力劳动。

进入新时代，中共中央、国务院印发的《关于全面加强大中小劳动教育的意见》提出"以体力劳动为主、注意手脑并用"的新要求，引领学生通过手脑并用，体验辛勤劳动，认识到劳动最光荣、劳动最崇高、劳动最伟大、劳动最美丽，进而承担起时代赋予的重任。我们要坚决批判诋毁职业劳动的错误言论，弘扬社会主义"职业劳动美"，使职业劳动回归本身的价值和意义，使劳动者在创造价值的过程中实现人的自由全面发展。

三、职业劳动美对当代大学生的意义

（一）促进大学生全面发展

1. 促进大学生道德意志与道德情感培养

在大学生职业劳动美的教育的过程中，个体在劳动实践中能够切身感受到劳动的意义与价值，感受到个体劳动对于自身成长和社会发展的价值。在劳动实践中，职业劳动美会逐渐转化为一种稳定的心理品质，对于道德行为的转化具有催化作用。

2. 促进大学生智育发展与体育能力培养

大学生德智体美劳全面发展是高校教育的基本目标。大学生职业劳动美的教育，能够不断提升劳动者的体力，更能够对劳动者劳动知识和能力的锻炼提升。在职业劳动美的教育过程中，尤其是脑力劳动的实践锻炼，能够检验劳动者自身掌握的劳动理论，提升自身理论与实践的结合能力。

3. 促进大学生感受美与创造美的能力培养

劳动是一种创造性活动，劳动之美体现在多方面，劳动过程不仅是简单的动作重复，而且是一种美德精神的展现，只有如此才能真正赋予劳动的价值。

职业劳动美的教育过程是德行养成的过程，在这一过程中大学生能够感受劳动之美。职业劳动美的教育在劳动过程也是美育的过程，也是对于美德规律的遵循，展现出劳动者的创造之美和精神之美。

（二）助力中华民族伟大复兴

习近平总书记在庆祝改革开放四十周年大会上的讲话中指出："四十年来取得的成就不是天上掉下来的，更不是别人恩赐施舍的，而是全党全国各族人民用勤劳、智慧、

勇气干出来的！"①习近平总书记的讲话深刻揭示了改革开放的成功源自于人民群众的艰苦奋斗和辛勤劳动。当前，我国处于实现中华民族伟大复兴的关键节点，加强高校大学生职业劳动美的教育，有利于增强他们学习和劳动的积极性、主动性和创造性，促进对科学知识的学习，提高他们的科学文化素质，提升自身劳动技能和本领，促进中国特色社会主义事业发展，助力中华民族伟大复兴。

四、当代大学生如何提升职业劳动美

习近平总书记在全国教育大会上强调："要在学生中弘扬劳动精神，教育引导学生崇尚劳动、尊重劳动，懂得劳动最光荣、劳动最崇高、劳动最伟大、劳动最美丽的道理，长大后能够辛勤劳动、诚实劳动、创造性劳动。"②劳动是实现人的全面发展的根本途径。践行新时代大学生劳动教育价值观念、教育理念和育人信念，需要高等教育在"立德树人"内涵上正本清源。

（一）提高当代大学生对职业劳动美的意识

1.明确当代大学生职业劳动美的认知目标

习近平总书记说："劳动是财富的源泉，也是幸福的源泉。人世间的美好梦想，只有通过诚实劳动才能实现；发展中的各种难题，只有通过诚实劳动才能破解；生命里的一切辉煌，只有通过诚实劳动才能铸就。"③如今，我国处于中华民族伟大复兴的关键阶段，实现中华民族伟大复兴需要辛勤劳动来实现，因此，当代大学生应明确职业劳动美的价值和地位，树立正确的劳动价值观。

2.引导当代大学生投身创新创业为行为目标

职业劳动美的教育有助于将职业劳动的认知转化为职业劳动行为，即将职业劳动美转化为职业劳动行为，积极投身创新创业。大众创业、万众创新的思想推动着中国各个领域的不断发展，推动着伟大复兴的中国梦的实现。作为新时代的大学生，大学生是最富创新精神的群体，拥有专业的科学技术知识和能力，应勇于创新，实现自我价值和社会价值。

（二）明确职业劳动美的培养原则

1.内容与形式相结合的原则

内容与形式二者辩证统一，内容是形式的内在基础，形式是内容的反映，良好的形式能够更好地体现内容。大学生职业劳动美教育的过程中，要正确处理好形式和内容的关系，促进大学生树立正确的职业劳动美观念。

职业劳动美的教育内容要不断丰富，时代的不断发展，对职业劳动美的教育内容应

① 习近平.论坚持全面深化改革[M].北京：中央文献出版社，2018：511.
② 习近平.习近平在全国教育大会上强调 坚持中国特色社会主义教育发展道路 培养德智体美劳全面发展的社会主义建设者和接班人[N].人民日报，2018-09-11(1).
③ 习近平.习近平谈治国理政：第一卷[M].北京：人民出版社，2018：46.

适应当代大学生的实际情况，适应时代现状。此外，职业劳动美的教育形式也非常重要，是否适合当代大学生的群体需求，直接影响职业劳动美的教育效果。

2.长期性与阶段性相结合的原则

由于升学压力，大部分当代大学生在进入高校之前很少接受过职业劳动美的教育，甚至部分学生已经养成懒惰的生活习惯，造成职业劳动美意识的长期缺失。职业劳动美的教育是一项循序渐进的过程，大学的几年时光只是职业劳动美教育的一段过程，在这一阶段需要循序渐进、潜移默化地培育大学生树立正确的职业劳动美，毕竟职业劳动美的体现是要在长期的职业劳动中。当代大学生的现实情况决定了，职业劳动美必须坚持长期性和阶段性相结合的原则。

（三）明确大学生职业劳动美的内容

1.马克思主义劳动观为主导性内容

劳动是人类的本质活动，是推动人类社会进步的根本力量。马克思指出："任何一个民族，如果停止劳动，不用说一年，就是几个星期，也要灭亡。"劳动光荣、创造伟大，是马克思主义劳动观的基本观点，是对人类文明进步规律的重要诠释，也是深深植根于中华民族血脉的精神基因。

当代大学生自我意识和思维逐渐成熟，但缺乏职业劳动经验，在大学生职业劳动美的教育过程中应坚持马克思主义劳动观的指导地位，引导大学生树立正确的职业劳动意识。

2.以习近平的"劳动观"为创新性内容

习近平总书记多次强调劳动的重要性，指出："劳动创造了中华民族，造就了中华民族的辉煌历史，也必将创造出中华民族的光明未来。"

"不惰者，众善之师也。"在长期实践中，我们培育形成了爱岗敬业、争创一流、艰苦奋斗、勇于创新、淡泊名利、甘于奉献的劳模精神，崇尚劳动、热爱劳动、辛勤劳动、诚实劳动的劳动精神，执着专注、精益求精、一丝不苟、追求卓越的工匠精神。劳模精神、劳动精神、工匠精神是以爱国主义为核心的民族精神和以改革创新为核心的时代精神的生动体现，是鼓舞全党全国各族人民风雨无阻、勇敢前进的强大精神动力。

当代大学生要学习劳模精神、劳动精神、工匠精神，适应当今世界科技革命和产业变革的需要，勤学苦练、深入钻研，勇于创新、敢为人先，主动投身于全面建设社会主义现代化国家贡献智慧和力量。

思考与实践

1.如何将个人道德与职业道德相结合，在实际岗位上展现职业道德美？

2.你会选择什么职业，并在职业中体现你的职业行为美？

3.有的职业需要长期默默无闻的劳作，对于这样的职业，你会如何彰显你的职业劳动美？

第八章

科技美

> 越往前走，艺术就越要科学化，同时科学也要艺术化。它们从底基分手，回头又在塔尖结合。
>
> ——福楼拜

科学技术美简称科技美，是随着现代科技的进步而产生的一门应用美学学科。人类文明由物质文明和精神文明共同构成，科技美正是联结两种文明的纽带，是二者交融互通的产物。科技美是科学和技术领域中符合人类进步理想并使人感受到愉快的事物和现象的美，与我们的生活密切相关，其发展过程是一个随人类科技的历史而发展的过程，它不仅是某个时代的一种审美形态和科技水准而达到的技术表现，也是人类审美形态发展演变时在特定时期的自然表现。

随着中国社会发展迈入新时代，科学技术焕发出强大生机活力，人类社会实践和审美实践活动领域逐渐扩大。面对日新月异的技术、社会发展，科技与美学的交互越来越密切。

从应用层面上看，科技看上去是中性的，无所谓美丑，但从科技产生的源头和终极可能性、科技与善的结合来看，科技确实是美的。科学揭示世界的内在秩序和结构，技术把这种秩序外化为物的形式，它们体现一种内在的深层的美，科技美又可以具化在科技创造过程和科技创造结果中带给人精神快感的各种美的元素。而在科技实践中正在逐渐形成的工程美学、实用美学等各学科相互渗透、融合。下面，我们将科技美分解成科学美、技术美、适用美、效能美四节进行阐述。

第一节　科学美

一、科学美的定义

科学是一种精神性的创造活动，是人们对自然界、社会发展的内在规律和结构的探索与认识，属于知识形态，是潜在的最直接的生产力。科学美主要是研究自然科学中的美学问题，偏重人类的理智美。

科学美表现形式是具有可行性，"天时地利人和"体现的正是科学美，它客观地存在于人类创造的科学发现和发明之中，是人类在探索发现自然规律并运用在设计的过程当中所造成的成果或者是形式之美。

二、科学美的内涵

（一）科学与艺术的交融

李政道曾在《科学与艺术》一书中提到："对艺术的美学鉴赏和对科学观念的理解都需要智慧，随后的感受升华与情感又是分不开的。"科学和艺术是不可分的，两者源于人类活动最高尚的部分：都追求着深刻性、普遍性、永恒和富有意义。科学和艺术是人类精神创造之树的伟大成果，它们都生长在社会生活的土壤中。

现代艺术形态与科学的交融，表现在科学意识、科学原理和科技手段与艺术创造的结合。科学意识使人们关注科学发展对于社会和人的精神世界的影响，从而使科学题材进入艺术创作，科学原理不断影响艺术语言和创作风格的形成，科技手段开拓了新的艺术门类，也使艺术的传播走向大众。文艺复兴三杰之一的达·芬奇便是著名的艺术家兼科学家，他把科学知识用于绘画创作上：提出了远近光影明暗和构图的理论、绘制了大量精准的可用于艺术和医学的人体解剖图。同时，这些绘图又能说明人体组织及机能，做出力学解释，让他成为生理学的力学派先驱。

建筑艺术家布鲁勒斯科发明了透视法，使人们对于空间的表现富有了真实感。透视法发明的源头，是根据光学和数学原理，在平面上用线条来表现物体的空间位置、轮廓和明暗投影的科学。达·芬奇对于透视理论做了系统的整理，并把透视、解剖和明暗等科学原理应用于绘画，把绘画知识上升到科学层次。达·芬奇说："绘画科学包含什么内容？——绘画科学研究物象的一切色彩，研究面所规定的物体的形状以及它们的远近，包括随距离之增加而导致的物体的模糊程度，这门科学就是透视学（即视线科学）之母。"

19世纪光学的发展促进了生理学和心理学的研究，科学地揭示出光与色彩的关系，它强化了印象主义画家们追求外光效应的信念，使印象主义绘画成为新的科学观念的审美对应物。这种极端表现，促成对于视觉真实的追求跨向心灵真实的追求，由此开创了以塞尚为标志的现代绘画。

（二）科学美的构成要素

科学的美以其不可抗拒的魅力吸引着科学家们对它的追求，并通过理论的美来体现它。这种科学美的魅力主要体现在四个方面，即简明、和谐、对称、新奇。

1.简明

科学家通过创造性的科研劳动，从自然现象中概括出简单明了的规律，形式的简明和内涵的深广相统一，这就是一种科学美。如牛顿的万有引力定律、普朗克的能量和频率的关系式。

2. 和谐

大自然是有序而和谐的，"宇宙"这个词本身就意味着有序与和谐，因而反映大自然规律的科学也应该是和谐的。科学美的和谐包含对称、秩序、适度、节奏、多样统一等概念在内。如门捷列夫的元素周期表，不论从内容还是从形式上看都是对称协调的，各行各列、上下左右，联系十分巧妙，形成了一个和谐的整体。

3. 对称

对称给人以美的感受，如人体、动物的左右对称，植物中叶子、花瓣的轴对称和中心对称，以及科学研究的数的对称和形的对称。正是由于有这些点对称、线对称、面对称，才构成了美丽的图案，精美的建筑，才给我们带来丰富的自然美，多彩的生活美。

对称

三、科学美的应用

（一）金字塔

金字塔是古埃及文明的结晶，更是世界文明的奇迹，其中最大的胡夫金字塔更是奇迹中的奇迹。金字塔如此高大，却建造得这样精美，由此可见古埃及人已掌握了丰富的几何知识。

金字塔的几何构造涉及了两个重要因素：一是金字塔最尖端到最底端的距离；二是金字塔与地面接触的最底面的四周周长。以埃及大金字塔为例，它的总高度为146.61米，周长为921.41米，而周长与高的比率恰好为 2π。如果一个金字塔的整体建筑特点如此可能是一个巧合，那么胡夫金字塔也是同样的精准便让研究者大为震惊了。胡夫金字塔的底面积如果除以其高度的两倍，得到的商为3.14159，这正是圆周率 π。它的精确度远远超过古希腊人算出的圆周率3.1428，与我国古代数学大家的祖冲之算出的圆周率在3.1415926到3.1415927之间相比几乎是完全一致的。胡夫金字塔建成时它的总高度是146.59米，若将其总高度乘以十亿，其结果正好是1.4659亿千米，这个结果又恰巧是太阳和地球之间的平均距离。这正是埃及金字塔的数学之美。

现代，著名设计师贝聿铭设计修建的法国卢浮宫玻璃金字塔，除了借鉴埃及金字塔的造型和对几何知识的运用，还采用了玻璃这种现代建筑材料，玻璃的透明质地保证现有建筑群外观不被严重破坏，历史与现实能完美融合。它以尽量多的自然采光代替电灯，对于科学与美学的结合而言，一方面节省能源，另一方面符合当代人们对自然感觉的追求，更适合人们的审美品位。这座玻璃金字塔不仅仅是现代艺术风格建筑的杰出之作，也是设计师将艺术建筑与现代技术结合碰撞得到的成就。

卢浮宫

为了避免金字塔表面的凸凹不平，所有索和杆件的预应力都经过精心的计算，刚刚好承担玻璃的自重。四面侧面幕墙上，每块四边平行的玻璃都是由 4 对十字形爪件角部支撑。每对爪件是由内外两只爪件合并共用紧固件的。玻璃之间不填缝，预留空隙。这也是为了使玻璃的重量不会互相叠加，而影响每根索的承载力。众多的钢架、钢索和玻璃配合使用，支架的负荷超过了它自身的重量，因此不仅要考虑各材料在建筑中的特性以及配合使用后的力学分配，而且更需要注意在保证建筑稳定的前提下，将艺术的美运用其中，将可靠的建筑与艺术美学相结合，在享有美妙视觉的同时拥有实用性功能。

玻璃金字塔由 603 块菱形玻璃与 70 块三角形玻璃拼接而成，巧妙地形成了视觉中心，变成了巴黎的又一个地标，可以倒映出巴黎的天空，同时还能够为金字塔的地下提供良好的采光条件，创造性地解决了把古老宫殿改造成现代化美术馆的难题，取得了极大的成功。设计师巧妙地综合运用力学、物理等科学原理，将其与美学完美结合，成就了这个完整的玻璃金字塔。玻璃金字塔将建筑的技术、科学的采光，与融入艺术美学品位的外形相结合，得到了广泛的群众支持，人们形容它是"卢浮宫院内飞来的一颗巨大宝石"，"它预示将来，从而使卢浮宫达到完美"。也正是人们对美的不断追求才促成了设计的不断发展，科学技术通过与艺术相结合的方式与人们的联系越来越密切。正如法国 19 世纪著名文学家福楼拜所说："社会越发展，艺术与科技结合越紧密，科学也要艺术化。"

（二）傅科摆

为了证明地球在自转，1851 年，法国物理学家傅科做了一次成功的摆动实验，傅科摆由此而得名。实验在巴黎先贤祠最高的圆顶下方进行，摆长 67 米，摆锤重 28 千克，悬挂点经过特殊设计使摩擦减少到最低限度。铁球下端装有一支铁笔，铁笔记录铁球摆动时所划出的轨迹。观众发现钟摆在摆动中划出的轨迹会逐渐偏移，并发现轨迹在发生旋转。

傅科摆放置的位置不同，摆动情况也不同。在北半球时，摆动平面顺时针转动；在南半球时，摆动平面逆时针转动。而且纬度越高，转动速度越快，在赤道上的摆几乎不转动，在两极极点旋转一周的周期则为一恒星日（23 小时 56 分 4 秒），简单计算中可视为 24 小时。傅科摆摆动平面偏转的角度可用公式 $\theta=15°t\sin\varphi$ 来求，单位是度。式中 φ 代表当地地理纬度，t 为偏转所用的时间，用小时作单位，因为地球自转角速度为每小时 15°，所以，为了换算，公式中乘以 15°。傅科设置的摆每经过一个周期的震荡，在沙盘上画出的轨迹都会偏离原来的轨迹（准确地说，在这个直径 6 米的沙盘边缘，两个轨迹之间相差大约 3 毫米）。这种摆动方向的变化，是地球沿着逆时针方向转动的结果，地球上的观察者看到相对运动现象，从而有力地证明了地球在自转。该实验被评为"物理最美实验"之一。

这个科学原理也被广泛应用到设计中。上海天文馆的展馆中心，便根据这个原理，结合场馆整体风格，在入口大堂处穹顶下的位置摆放了这款傅科摆的演示装置。作为场馆亮点，该装置不仅与整体设计风格相得益彰，体现了科学与设计的联动，也向游客直观展示了科学原理，增进了互动性与趣味性。

上海天文馆

第二节　技术美

一、技术美的定义

技术美是美学的一个分支，属应用学科范畴。它主要研究一切生产技术领域里的相关美学问题，也研究一切社会生活领域里与人的生产劳动过程和成果相关的美学问题。

"技术美"这一理念源自西方，西方技术美学的发展经历了手工艺运动、包豪斯主义、迪扎因的流行三个阶段。技术美是指因精湛的技术和精细的工艺在产品加工过程中的应用，使产品具有的外在美和使用上的得心应手等美的表现。从形式方面看，技术美主要表现为工艺的精细；从内涵方面看，主要表现为使用得顺手与舒心等。技术美作为社会美最广泛而深层的部分，与艺术美、自然美有着紧密的联系，同时具有鲜明的历史尺度、功利性与超功利性相统一、稳定性与想象力相融合等特征。

技术对象只有以直接诉诸感性的现象表现出来时，才能作为审美的对象而被关注。因此，所谓技术美并非对象的合目的性本身，而是合目的性功能的力动表现。如果把这种功能的直观表现作为功能美，那么功能美与形式美的相互协调并与其他各种因素的融合才构成了技术美。

二、技术美的特点

（一）科学美和技术美的共通点

科学是反映、是认识，科学美是一种反映美，科学美的表现形态是科学定律、公式、理论架构，他们反映物理世界的客观规律和基本结构。技术美是物质形态的，是实践。技术美是实用功能与审美形式的统一，是社会物质实践活动的创造性的建造美与成果美。

一方面，现代科学技术深化和促进了人们的审美，在某种程度上显示出一致性。另一方面，二者又存在矛盾性，以追求科技创新为前提的设计在二者不可兼得时也会舍弃审美。因此，人们只有正确认识科学和技术的美的规律，并遵循"审美的规律"进行科学创造和物质产品生产，现代科学技术才能在满足人们物质需求的同时，满足人们的审美需求，达到科技美的一个平衡。

1. 科学美和技术美都是无功利性的

美和美感是无功利性的，科学美表现在对客观世界的客观规律的概括和总结上，反映宇宙内部的和谐。如彭加勒所说，艺术家并不是因为自然有用而研究，而是因为能从中得到愉快。技术美则是产品功能中体现的审美功能和文化功能带给人们美感，人们对美的体验受多方因素影响，所以技术美的体现也是无意识的，是超越功利性的。

2. 科学美和技术美从人们的需求出发

科学是人们探索世界的方式，技术是人们改造世界的工具，但他们都是从人们的需求出发。科学家进行科学研究是出于对美的追求这一本能。爱因斯坦说："美照亮我的道路，并且不断给我新的勇气。"技术是人类为实现社会需要而创造和发展起来的手段，是人们改造世界所需的客观事物，技术美的出发点也是基于人类的需求。如包豪斯学校的学生马塞尔·布劳耶设计出钢管帆布椅子和钢管尼龙椅子，它利用新的材料，不受任何传统观念束缚，在结构和形式上注意结合人体的形态特点。椅子设计简练，第一次世界大战后人们生活模式发生了根本性的改变，比起华丽的大家具，人们更需要简单，舒适的椅子。这把椅子所带来的设计正是在各方面顺应了人的需求。正因为人有需求、有欲望，所以才会主动地去设计生产，从而产生技术美。

3. 科学美和技术美都是要求和谐统一的

科学美是一种数学美、逻辑美。科学美的表现在于物理学理论、定律的简洁、对称、和谐、统一之美。狄拉克认为，美的理论必然是正确的。再者说如果一个物理学公式在数学上不美，那就标志着一种不足，意味着理论有缺陷，需要改正。表现科学美要求数学和逻辑的和谐统一。在技术美方面，技术美的核心是功能美，即产品的实用功能与审美的有机统一。

以现代产品中的跑车为例，为什么跑车和普通轿车不同呢？正是因为其功能不同所以表现的形式也有所不同。跑车的车身设计低矮，整体呈流线型。这种设计是为了减小风阻，并且使车辆获得更加优秀的操控表现。如若将跑车设计成家用轿车的样子，那么跑车功能也会受影响。产品外观的缺陷，也往往意味着功能的缺陷，这也体现了技术美是实用功能与审美的和谐统一，科学美和技术美都是要求和谐统一的。

跑车

普通轿车

（二）科学美和技术美的不同点

科学美主要研究自然科学中的美学问题，它包括自然科学研究中科学家对美的追求，对科学理论的美学评价和科学研究中的形象思维等，它偏重人类的理智美。而技术美则主要研究人类生产劳动以及与此相关的一切技术领域里的美学问题，它包括生产环境和生产过程的美化及产品的艺术设计等，它偏重功能美。现代科技的发展促进了美的创造，但科学和技术是不同的两个概念，科学美也与技术美有区分，主要有以下几个不同点：

1.科学美具有抽象性，技术美具有可感性

科学美体现了自然界的本质和规律，属于人的意识形态，但缺乏一般的美的可感性特点。科学家可以发现和揭示自然本质及其规律之美，却不能创造出具有可感性的形象和生动的美。技术美在很大程度上依赖于人的自由创造，它体现于人类的生产劳动，包括技术活动之中，也体现于具体的劳动产品之中，因此它具有鲜明的可感性的特点。

2.科学美一般表现为理论形态，技术美则一般表现为物化形态

科学美突出科学上的"真"，美的形式是为了表现科学真理服务的；而技术美的形式必须服务于产品的功能。因此，科学美更偏重内容的美，而技术美则偏重形式的美。

3.科学美是一种理智的美，技术美则偏重功能美

科学美是一种较深层次的美，需要具有一定科学修养的人才能真正理解和欣赏这种抽象的理智之美。而技术美以物质材料为加工对象，偏重于功能美。

4.科学美具有稳定性，技术美则具有易变性

科学美具有稳定性，如自然科学中的定律、公式等，它能被不同时代、不同民族、不同阶级的人们所普遍接受。技术美是人们运用先进技艺对材料进行加工而创造出来的美，它要受到当时社会生产力发展水平的制约，其审美价值有时也会受到时代、民族和阶级的影响，具有一定的易变性。

（三）技术美的意义

远古时代只有石凿技术，以红土为材料，所以产生的岩画壁画粗犷豪放；新石器时代的制陶技术产生，彩陶上面才能留下漂亮的几何图案和动物形花纹；冶炼技术的发明，人们才可以浇铸出司母戊大鼎，金属质地的凿子才能让米开朗琪罗雕出《大卫》的杰作，擎起意大利文艺复兴的大旗；榨油技术的产生使凡·爱克兄弟发明了油画颜料，达·芬奇才可能留下蒙娜丽莎永恒的微笑；电脑技术的应用，才可能创造出那么多的经典电影画面，成为永恒的经典。

作为一种审美形态，技术美不仅是现代才有，也是人类原发性的审美形态，它的研究有助于揭示人类审美意识形成的机制。因为使用工具的生产实践形成了人的活动的动态工具结构，它不仅传递着人类的经验，规范着主体的活动样态，而且塑造着人的文化心理结构。

人类审美意识的发展，始终受到科学技术的影响和制约，以建筑为例，在历史上建筑艺术历来都是其时代最先进技术的真实体现。正是以先进技术为依托，才创造了许多蔚为壮观的建筑景观。

审美价值对人具有最大的生理和心理适应性，产品的美成为产品功能目的的直观表现，它为工业技术的发展提供了一种人文导向。

美在和谐，技术美强调了科技进步与社会发展和自然环境的协调统一，它把人的科技视野与人文视野联系在一起。

技术美存在于人们的日常生活和劳动环境之中，通过环境与人的相互作用，可以发挥其美育职能，它可以发挥对情绪的调节、对行为的诱导和暗示，从而达到精神境界的升华。

三、技术美的应用

（一）现代技术美与古代技术美的区别

技术美不仅是现代才有，"技术美"是劳动者在物质生产和产品设计过程中，运用科学技术知识与艺术手段，对客体进行加工所形成的审美形态，也是人类原发性的审美形态，它的研究有助于揭示人类审美意识形成的机制。因为使用工具的生产实践形成了人的活动的动态工具结构，它不仅传递着人类的经验，规范着主体的活动样态，而且塑造着人的文化心理结构。技术美作为美的本质的直接显现，是造物过程中真与善的统一，合规律性与合目的性的统一。科学技术的进步，为美的发展提供了崭新的手段，揭开了美的新篇章。

古代的"技术美"更多的是一种技艺的强调，这种前人在劳动活动中世代相传下来的经验与技巧的"技术美"更偏向于"工艺美"。这种手工技术的美往往本身具有艺术性质，表达的是技师的个人情趣，作品贯穿着个人的情感，更具有人情味。现代的技术美则是与科学接轨，它包括生产所用的工具、机器及发展阶段的知识，因此，现代技术产生的"技术美"更偏向于"科技美"。

德国哲学家弗里德利希·德苏瓦尔（1881—1963）于 1927 年发表了《技术哲学》一书，由此推动了德国学术界对技术本质的深入探讨。德苏瓦尔把技术的本质归结为发明性的创造，而马丁·海德格尔（1889—1976）则把技术的本质归结为"去蔽"，这两种说法都体现了在技术中蕴含着人的自由。那么技术产品为什么会激发人的审美感受呢？德苏瓦尔认为，日用产品、机器、工具和桥梁等技术产品，一方面可以满足使用目的，另一方面又给人们带来快感。要使这两方面达到和谐，就必须实现产品形态的精神化。技术产品唤起审美感受的原因正是在于这种两重性，即"精神向物质形态的渗透"。一旦产品的意义贯穿于产品形态中，那么技术产品就具有了激发审美经验的客观根据。

立足于对当下现状的考察，推导技术美未来的发展前景。未来技术的发展应抛弃感性的异化论，追求从工具本体走向情感本体，实现"技术的人化"。与此同时，技术美作为大审美经济时代的美学趋向，与日常生活审美化、审美教育等美学话题息息相关。通过对技术美的历程、本质特征及中西异同比较等多方面的研究发现，技术美不仅是技术问题，更蕴含着多元繁复的人文内涵，这是研究技术美问题的关键，值得美学界继续进行更加深入的探讨。

（二）古代技术美的应用

中国古代技术的审美智慧，与西方传统主客两分的思维方式不同。我们需认真感悟并剖析历史长河中的技术美，将技术审美的感知、鉴赏、判断、评价由肤浅转化为深刻，由感性上升到理性，以真正把握和领悟技术美的真谛。

早在石器时代，祖先用简单天然的石头、兽骨、树木等材料通过刻、凿、刮、烧、削打造简单的工具时，技术就产生了。技术带给人类适应自然环境的能力，是人类与自然沟通的桥梁，已成为人类进步、社会文明发展的标志，从石器时代、蒸汽时代、电气时代，一直到信息时代，从中不难发现技术对时代更迭的引领作用。中国古典美学具有"天人合一"的优势，中国技术美的发展应以此为理论基础。《考工记》中的"和合"之美与青铜器、故宫的设计智慧，展现了先贤们关于技术美的理论资源和艺术创造。

案例：唐代葡萄花鸟纹银香囊

1970年何家村出土的唐代的葡萄花鸟纹银香囊，外壁用银制，呈圆球形，通体镂空，十分精美。

唐代葡萄花鸟纹银香囊

它的技术在于使用了"陀螺仪"的原理：在下半球体内有两层双轴相连的同心圆机环，外层机环与外球壁相连，内层机环分别与外层机环及金质香盂相连。人们佩戴香囊的时候，由于香盂本身的重力作用和两个同心机环的机械平衡，无论怎样转动，内部的香盂始终保持平衡，香盂内燃烧香料的火星、香灰不会溢出，令人拍案叫绝，也被称为唐代的"黑科技"。

古人使用香料的习惯由来已久，屈原在《离骚》中就有"扈江篱与辟芷兮，纫秋兰以为佩"。唐代时，熏香文化已然盛行，不仅香炉种类繁多，还有香囊、熏笼等熏香器具供不同场合使用。熏香不仅有祛秽除害、净化环境的实际用途，还是大朝会、敬神礼佛、祈祷发愿时的必备仪式，礼仪的庄重感、达官贵族的精神追求及生活意趣，都在小小的香囊中融为一体。

（三）现代技术美的应用

现代技术美学具有突出的实践应用性，技术美学应该着重于研究产品的形态的发展变化规律——产品是怎样由功能形态向审美形态转化的，人们在物质产品中所表现的审美趣味和理想是怎样的，如何应用形式规律如和谐、比例、均衡、节奏、对比等去设计产品。另一方面是人在物质生活中的审美经验，如何发挥美感的愉悦性和暗示性去组织物质生活和生产，从而减轻生理和心理疲劳，加强活动的节奏性和秩序感。

它的最终目的是实践按照美的规律去组织好人们的物质生活和生产活动，从而使物质文明和精神文明得到协调发展。造型、美观不能随心所欲，由于材料性能与工艺技术的限制，它与功能也同样有着矛盾，这种矛盾的对立不是绝对的。如果设计者善于运用美学法则，矛盾是可以转化的。功能效用的转化，不仅不妨碍功能效用，不拘束造型，而且美化了产品。

现代社会的技术美是功能与技术美学的高度结合和统一，主要体现在与人们生产、生活密切相关的物质产品中，这是一种最常见的审美形态，具有普遍性、形象性、具体性、直观性等特点。

第三节　效能美

一、效能美的定义

效能美是指一项科技发明或技术产品能够降低人们的劳动强度，使人们的劳动变得轻松愉快，或是能够提高人们的劳动效率，使人们在单位时间里能够获得更多的劳动成果，从而产生收获的喜悦等。

在东西方美学观念产生的初期，人们十分看重美与善以及效能之间的联系。春秋时期，《国语》便提出了"夫美也者，上下、内外、小大、远近皆无害焉，故曰美。若于目观则美，缩于财用则匮，是聚民利以自封为瘠民也，胡美之为？"由此可见，古代便有美在利民且无害于四方的效能美的渊源。

古希腊的苏格拉底便提出了"效用造成美"的观点。在进行美貌奖的评比时，他认为自己应得此殊荣：因为他的眼睛浮突出来，最利于看东西；口深嘴大，最适合饮食。效用造成美，他的五官最具效能，应得桂冠。

1907 年在慕尼黑的成立大会上，库尔特·马赫指出：艺术是一种审美和道德的力量，它们与科技的结合最终会导致最重要的力量即经济力的提升。

在创造、使用的过程中，当从效能上能够降低人的劳动强度、提高适用效率时，就会产生成就感、满足感、愉悦感等，这些都是人的美感体验。因此，效能美是可见的。效能是科技美的重要评判标准之一，没有效能的科技美是没有"存在价值"的，效能美对于实现高技术效益和高情感内涵具有决定性的作用。

二、效能美的特点

（一）具有文化内涵

效能美，是科技美的表现形式，具有丰富的文化内涵。

效能美是对科技成就和社会进步的直观化和视觉化——展示出社会前进的目的性，显现出人类在认识世界和改造世界中所达到的境界。效能美是人类把客观规律纳入人的目的的轨道而取得的自由形式，它反映了物质成果所具有的合规律性和合目的性特征。效能美是通过科学技术创造一个属于人的世界，从更高层次上实现人与自然的和谐统一。

（二）是科技美的主要表现形式

我国《考工记》所提到的"天有时，地有气，材有美，工有巧"就生动地诠释了效能美的概念。科技美中的效能美是实用性的表现。实用与审美是统一的，实用是功能的标准，是美的形式的基础，只有在满足实用的前提情况下，才可以上升到审美的高度.效能美最终归宿是要落到使用上，并体现在效率上。

效能美是科技美学主要的特征和表现形式，效能美与技术美学联系紧密，相辅相成。效能是设计的基础，科技美产生的前提条件是科技与艺术都能满足功能要求。效能由物质功能和精神功能构成。技术美学不断发展，不断探索的基础是建立在功能的不断完善上的。新技术的发明创造不断改善着功能受限的问题，如果只是注重美学而忽略效能本身，那么"科技美"将流于形式。

案例一：古代牛耕技术

古代牛耕技术的产生不仅降低了人的劳动强度，耕作效率、质量也大幅提升。相对于以往的耕作技术而言，牛耕技术释放出来的效能使人们倍感喜悦，这就是效能美带给人的美感体验。

案例二：现代机器翻译技术

科技的效用给人类生活带来了巨大的福祉，现代人生活的改善与提高，不再依赖于传统的高强度的体力劳动，而是通过科学技术的不断更新解放双手。例如，随着经济全球化进程的加快及互联网的迅速发展，机器翻译技术在促进政治、经济、文化交流等方面的价值凸显，也给人们的生活带来了许多便利。我们在阅读英文文献时，可以方便地通过有道翻译、谷歌翻译等网站将英文转换为中文，免去了查字典的麻烦，提高了学习和工作的效率，这便是效能美。

（三）效能美与技术美的区别

设计中的效能美、科学美、技术美是密切联系相互关联的。技术美介于自然美与艺术美之间，主要包括机械工业技术的美和手工技术美。技术美与效能美有着内在的联系和一致性，技术美不同于效能美但与效能美密切相关。效能美构成了技术美的特征，也是技术美意识结构的核心因素。技术美是内容与形式统一的美，必须通过工艺材料、形式和功能三方面表现出来。

效能美即其使用价值，是产品之所以作为有用的物而存在的最根本的属性，有用性即功能是第一位的。由于实用价值即物的功能价值能满足人生命生存的需要，合乎人的目的性，因而使人感觉到满足和愉悦，进而体验到一种美，即功效之美。在产品的设计与生产中，功效与美是产品设计的本质存在。

三、广义的效能美

广义的效能美追求的是人际之间的和谐，是建立在以改变人类生活，谋求人类福祉为长远目标的效能美，是潜在的、发展性的，因而富有深远的价值，体现了它的合目的性特征，它的合目的性的形式在和谐中的表现也反映了事物的"善"。

下面，我们以3D打印技术的效能美举例。

（一）助力教育

案例：3D打印应用技术示范基地

3D打印技术作为快速验证设计想法的工具，已经有30多年的历史。设计者需要首先使用计算机软件构建模型，计算机实体模型须为明确定义的闭合曲面，该模型的水平界面须为闭合曲线。数字模型转化为STL文件格式，可以利用最简单的三角形和多边形逼近还原模型表面。3D打印软件分析STL文件，并将数字模型分层为若干截面切片，这些截面通过打印设备层层结合为实体模型。因材料和技术不同，成型方式可能是半固态挤出、液态固化或粉末烧结等。随着智能制造的进一步发展成熟，新的信息技术、控制技术、材料技术等不断被广泛应用到制造领域，3D打印技术也将被推向更高的层面。3D打印技术的发展将体现出精密化、智能化、通用化以及便捷化等趋势。

近年来，3D打印技术也将在教育领域发挥积极的作用。将3D打印运用到教学课堂上，学生获得的主体体验更加真实、直观。他们切实地参与到教学的各个环节，既是问题的提出者，也是问题的解决者。而老师更像是他们的合作者，跟学生在探究的过程中一起成长，培养了学生的创新精神、提高学生的实践能力。

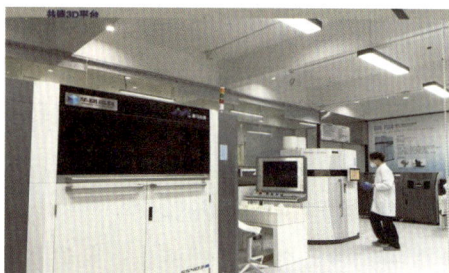

浙江机电职业技术学院创意设计学院3D打印应用技术示范基地

以浙江机电职业技术学院创意设计学院3D打印应用技术示范基地为例，该基地为高分子复杂结构增材制造国家工程实验室工业设计应用中心，浙江省"十三五"产教融合实训基地、浙江省"十三五"高等职业教育示范性实训基地，由创客教学区、个性化定制区、数字化扫描区、数字化教学区、打印体验区、工业级打印区、后处理区等组成。基地集实践教学、社团服务、创新创业、科技研发、培训考证等功能于一体，设备先进、技术前沿，教学及科研实力雄厚，积极践行促进人才培养与产业人才需求全方位融合，致力于建设成为全国领先的3D打印应用技术产教融合基地和技术推广基地。

3D打印应用技术示范基地为创造新的教学模式，把3D打印系统与教学体系相整合。一方面3D打印机可以提高学生在掌握技术方面的优势，提高学生的科技素养。另一方面利用3D打印机打印出来的立体模型，显著提高学生的设计创造能力。目前在教学中应用最普遍的是SLA（stereo lithograph appearance，立体光固化成型法）和FDM（fused deposition modeling，熔融沉积成型）两种3D打印技术。3D打印机可以让枯燥的课程变得生动起来，它是一种同时拥有视觉和触觉的学习方式，在触觉学习中，学生不是在黑板或显示器上简单地看文字或图形，而是通过他们的触觉抓住核心概念的三维模型。

（二）助力产业

案例：3D打印制鞋

3D打印技术基于三维数字模型设计，以及软件分层离散数控成型系统，通过激光束与电子束等方式按照相关层次堆积材料，以此成型。在3D打印技术的巨大冲击下，皮革制鞋行业也迎来了全新发展机遇，不仅提供了技术支持，还为设计师在造型、结构、图案设计等层面提供了新灵感。随着智能制造的进一步发展成熟，新的信息技术、控制技术、材料技术等不断被广泛应用到制造领域，3D打印技术也将被推向更高的层面。3D打印技术的发展将体现出精密化、智能化、通用化以及便捷化等趋势。

以下是浙江机电职业技术学院校企合作项目中学生3D打印鞋类作品。

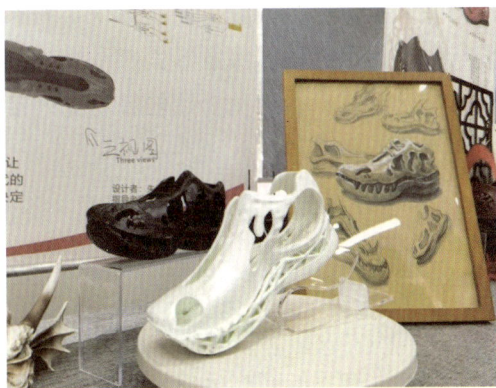

浙江机电职业技术学院创意设计学院学生3D打印鞋作品

3D打印制鞋的两个突出特点一个是免除模具的使用，另一个则是制造成本对设计的复杂性不敏感。传统的制鞋流程主要包括产品设计、模具制作、模具验证、套模粉码制作、生产制作，流程复杂耗时长。而3D打印技术制鞋打破了传统制鞋工艺的局限性。

结合三维建模技术和 3D 打印技术，可迅速高效地完成鞋模制作，缩短设计成本和时间，快速应对迅速发展的市场，也为未来个性化定制提供技术支撑。通过新技术手段降低设计成本、周期和门槛，为未来鞋类产品的发展提供新的可能。

该实践项目以课程为载体，以企业需求为导向，以 3D 打印技术为实现手段，积极响应了国家高职双高计划建设、创意设计服务类人才的培养对接"设计服务全流程人才"岗位群需求，促进了人才培养拓展到产业链和创新链的全流程，实施多元化的人才培养方向，围绕"智能创新、工程实现、交互设计、视觉媒体、虚拟现实"等核心技术，集"创意、设计、技艺传承、营销、推广"系统的设计服务能力培养，面向长三角地区、浙江区域的制造业、文化文创产业、旅游产业等，提供从"产品研发、工程实现、产品包装、品牌推广"的全链式设计服务人才，形成复合型创意设计服务人才的培养高地。

第四节　适用美

一、适用美的定义

朱光潜先生在《谈美》中提出，人对事物的观察角度有实用的、科学的和审美的三种，并且进一步阐发："实用的态度以善为最高目的，科学的态度以真为最高目的，美感的态度以美为最高目的。"[1]"美即适用"是一种心理现象，人们认为美观的设计更实用，无论事实是否如此，他们都会这么想。

适用美是指一项科技发明或技术产品适应了人们的现实需求，解决了人们生产或生活中的现实问题，使人们从中获得了轻松、快意等美感享受。适用美的产生过程实际上就是科技发明和创造过程。美的事物，在视觉上比较容易让人接受。适用而美观的科技总能使人感到亲切。反之则用之不顺，弃之不甘。

二、适用美的特点

（一）具有精神内涵

精神内涵体现在实用、认知和审美功能之间存在着相互的依存和转化。

以新石器时代的石器为例，在金属工具产生后，随着选料和加工的精细化，石斧变成了玉斧，又变成了玉圭，用于生产实践的石器逐步向标志社会等级和权利的礼器转化。从实用功能的器物转化为帝王诸侯专用的礼器，获得了新的标志性认知功能。而当礼崩乐坏，礼器的认知功能淡化，礼器进而又向服饰的装饰品演变，石斧变玉璧，石刀

---

① 　朱光潜.谈美 [M].成都：四川文艺出版社，2021：17.

变玉璋，又获得了审美功能。在人类社会的发展过程中，人们不断地遇到各种问题，每一个问题的解决都伴随着人们的内心喜悦和满足感——这些美感体验很多是由特定时代科技的适用美带来的。

（二）具有过程性和发展性

新石器时代石器由实用功能向认知、审美功能的转化，也是科技美中适用美的转化过程，体现了适用美的过程性和发展性。在人类的创造和发明过程中，各种科技的适用美不都是一下子就表现出来的，有的是随着产品的不断改进逐渐表现出来的。下面我们以两个案例说明。

1. 陶罐

远古时期，人们在河里汲水，使用的是最古老的平底陶罐，这种陶罐底面大，触水时浮力大很难入水。后来随着时代的发展，利用重力加速度的原理增加了陶罐入水的力量，但入水时较大的撞击力又会造成易破损的缺点，于是人们总结经验，发明了第一代尖底瓶。

第一代尖底瓶由于面积大幅缩小，入水瞬间所受浮力比陶罐大大减小，但由于拴绳设计在瓶子上部，上部容易断裂，且中部鼓大容易漂浮在水面上，依然存在易破损的缺点。

第二代尖底瓶的设计综合运用了重力、浮力、压强和重力加速度等力学原理，又充分考虑了器物构成材质的特点等，在四个方面做了大的改进：一是将拴绳重下移到腹部，绳子在瓶口处捆扎固定，避免上部断裂的情况，增加了入水出水的稳定性；二是瓶子的长度增加、腹部直径减小，入水时的浮力增大；三是瓶壁的厚度、重量增加，入水重力增加；四是瓶子下端改成实心，增加抗撞击性。经过这四方面的改进后，第二代尖底瓶不仅消除了陶罐和第一代尖底瓶的缺点，且使用更加便利，使用寿命更长。

随着时代的发展，科学知识的更新，人们的汲水工具也不断适应着社会发展的变化，不断完善，从陶罐到尖底瓶，再到如今的水龙头，工具以便利人们的生活为目的不断发展、更变，这便是适用美的过程性和发展性。

2. 船

我们以渔船举例，远古时代，人们以渔猎为主要食物来源。由于居住在湖边的人日复一日地捕捞，湖中靠近岸边的鱼越来越少，而湖中心的鱼越养越大，导致人们在近水处捕捞越来越困难。在这样的情况下，人们就有了新的思考：要是能到湖中心去捕捞就好了。为了解决这个问题，人类从大自然中得到灵感：既然树叶能漂浮在水面上，蚂蚁也能平稳地趴在树叶上，能不能制作出一种既可以漂浮在水上，又能在水上移动的工具呢？经过不断的尝试和模拟，人们创造了独木舟，满足了人们到湖中心捕捞的需求，解决了实际问题，使人们的内心变得轻松愉快，这就是科技的适用美。

随着科技和人们需求的不断发展和变更，渔船、车船、战船等船的拓展产品应运而生。来自于浙江机电职业技术学院的学生作品"互动划船机"也在全民健身的时代背景下应运而生。

互动划船机

新时代下，船的需求和功能不断拓展，被赋予了新的意义。"互动划船机"这款产品能够广泛地应用于会展、商演等活动中，成本低，交互体验好，主要用于暖场和互动环节，通过租赁的模式提供给活动主办方实现产品的商业变现。产品在原有的划船机功能基础上加以创新，从单一的划船运动衍生为多种项目的运动，比如将双拼的座椅分开可以进行卧推等。互动传感器可以与电脑、手机或者PAD等数码设备相连，增加了互动性，能进行多个游戏项目。另外，产品配合VR眼镜，还可以解锁虚拟现实等不同玩法。

三、广义的适用美

深远来看，适用美可以实现科技的现代化以促进经济的繁荣，实现科技文化与人文文化的协调发展。适用美是以美学的眼光审视科学技术问题，为科学技术提供人的价值尺度和情感指向，给科技理性插上诗意和灵性的翅膀，通过寻求科技成果的情感价值，以寻觅人的物质家园和精神家园，实现人与自然的和谐统一。

一代人有一代人的使命，一代人有一代人的奋斗，科技始终为国家发展披荆斩棘，为百姓生活保驾护航，为民生福祉增光添彩，这就是科技适用美的价值所在。

（一）回报社会，生活美之保障

现在是科学技术高度发展的时代，我们欣赏长江大桥、高速飞机，并不只是对形式美的观赏，而是从中感到社会的目的性，感受到社会劳动成果所具有的飞速前进的内容。

从价值来看，虽然科技不能帮助我们获得永生，但它帮助我们克服疾病、灾难。也就是说，科技是我们克服丑、获得美的一种工具，从这个意义上说，科技是美的。我们对科技的效能产生美感，是因为科技在应用上与善结合。白衣天使是美的，因为他们运用科技为人类治病，克服肉体上的折磨；工程师是美的，因为他们设计了住房、桥梁、电厂、汽车、飞机、飞船，帮助我们实现美好生活的梦想。

案例：智能消毒机器人

人工智能技术让我们的生活变得更加便利。融入人工智能技术，可以对产品进行智能化升级。浙江机电职业技术学院与广州她尔智能机器人科技有限公司合作设计了智能消毒机器人。

智能消毒机器人

智能消毒机器人是在疫情流行大背景下，针对环境消杀需求，结合先进的智能控制系统而研发的专用设备。项目启动后，团队对现有同类产品的技术路径、功能设置及外观等方面进行了深入研究，到车站、商场、学校、医院、写字楼、社区等不同应用场景进行了走访调研，对不同场景疫情防控相关需求进行了深入挖掘。在前期调研的基础上，团队进行了多轮头脑风暴，最终形成了针对高风险场所的"消毒功能升级＋物品自动配送"方案，以及针对普通公共场所的"环境消毒＋防疫服务"方案，并完成了对概念方案的功能细化设计和外观造型的创意表达。本项目主要以企业成熟的智能无人驾驶底盘为技术基础，针对疫情环境下的多样化需求对产品功能和外观进行了全新的创意及完善和提升，定义了全新的产品应用场景，适应于当下，服务于社会。

（二）保障民生，生命美之根基

科技改变生活，保障粮食安全、提升医疗，保障民生之美。

案例：保障粮食安全

应用农业人工智能技术可以提高劳动生产率、资源利用率和土地产出率，增强农业抗风险能力，保障国家粮食安全和生态安全，实现农业可持续发展，促进从传统农业向现代农业的跨越式发展，全面助力农业实现生产智能化、经营网络化、管理数据化和服务在线化。

案例：攻坚医学课题

医学图像处理是目前人工智能在医疗领域的典型应用，它的处理对象是由各种不同成像机理，如在临床医学中广泛使用的核磁共振成像、超声成像等生成的医学影像。该应用可以辅助医生对病变体及其他目标区域进行定性甚至定量分析，从而大大提高医疗诊断的准确性和可靠性。另外在医疗教学、手术规划、手术仿真、各类医学研究、医学二维影像重建中也起到重要的辅助作用。

（三）赋能文化，创意美之基础

近年来，随着文化产业数字化战略的深入实施，以数字技术和互联网为依托的新型文化业态蓬勃兴起。数字孪生、虚拟结合、跨模态交互、跨时空等新技术的应用，满足了各类群体多样化的沉浸式体验需求，更有利于文化的传播。

案例：沉浸式文化体验

以百度地图为例，以视觉定位与增强服务（VPAS）技术为驱动，结合客户端和导航各个基础能力，基于增强现实（AR）沉浸式游览，对智能旅游体验进行了升级。百度地图再现"3D圆明园大水法"，对大水法遗址内的建筑原貌进行实景还原，颠覆了用户的传统游览体验，用户通过百度地图客户端能够在大水法遗址原地生成增强现实的大水法三维全景模型，欣赏到圆明园辉煌的昔日景象，在游览过程中获得更为沉浸式的体验。也为全行业提供了AI技术在前沿应用场景的创新标杆。

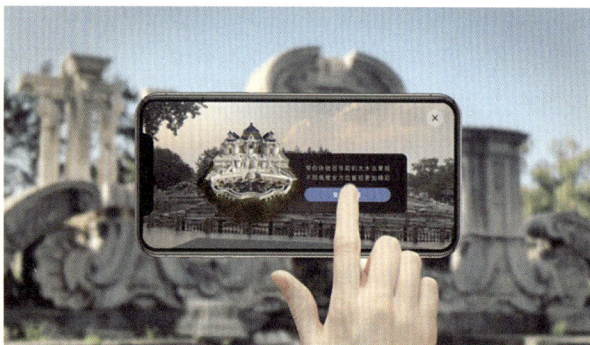

浙江机电职业技术学院创意设计学院学毕业设计作品

科技催生的文化新业态和新模式不会是昙花一现，而是文化发展与复兴的重要一环。文化发展既要满足人民群众的文化需求，又要增强人民群众的精神力量，提升民族文化影响力，用科技自主为文化创新护航。

案例：冬奥会黑科技礼服

北京2022年冬奥会和冬残奥会颁奖礼仪的三套服装方案分别为"瑞雪祥云""鸿运山水""唐花飞雪"，设计灵感来自瑞雪、祥云、名画《千里江山图》以及传统唐代织物等中国传统文化元素，向世界展示了传统文化之美。

北京 2022 年冬奥会和冬残奥会颁奖礼仪的服装

　　赛时这三套服装将分别出现在雪上场馆、冰上场馆和颁奖广场的颁奖仪式中。冬奥场馆和比赛现场是在极低温环境下，而颁奖礼仪小姐要穿出东方女性的曲线美，不能显得臃肿，这就要求整套材质得做得非常轻薄。美和保暖如何两全？这就少不了新科技的助力。主办方特意研制了一套含有石墨烯内胆的特色内衣，里面多个部位都用到石墨烯加热柔性织物材料，穿上去感到柔软、贴身、透气和温暖，轻盈灵动且不畏严寒。其温度可以迅速提升，一直保持在 32℃以上，使得整个人体非常暖和。这是把中国传统的文化与现代黑科技有机地融合，打造出一个中国传统文化科技艺术品。

拓展链接

推荐书目：

1. 金易，夏芒. 实用美学：技术美学 [M]. 长春：吉林大学出版社，1995.
2. 徐恒醇. 科技美学 [M]. 天津：天津社会科学院出版社，2019.

思考与实践

从科技与艺术的关系角度，怎么理解"科技是把双刃剑"这句话？

1. 柏拉图.柏拉图文艺对话集[M].朱光潜,译.北京:人民文学出版社,2022.

2. 鲍里斯·弗里德瓦尔德.包豪斯[M].天津:天津大学出版社,2011.

3. 蔡镇楚.茶美学[M].福州:福建人民出版社,2014.

4. 常勤毅.中西文化与影像视阈下的生活审美学[M].北京:中国原子能出版社,2015.

5. 陈元贵.大学美育[M].北京:高等教育出版社,2014.

6. 陈云涛,倪志明.基础美育[M].杭州:浙江大学出版社,1994.

7. 成远镜.生活美学[M].长沙:湖南大学出版社,2007.

8. 高荆梅,马蕾.大学美育[M].西安:西北工业大学出版社,2017.

9. 庚钟银.综合、结合、融合与"合"而不同——漫话影视艺术教育[J].当代电视,2020(3):9-10,14.

10. 顾永芝.美学原理[M].南京:东南大学出版社,2006.

11. 蒋国忠.审美艺术教程[M].上海:复旦大学出版社,2005.

12. 金韧,李家坤.现代科技条件下对审美教育的新认识[J].沈阳建筑工程学院学报(社会科学版),2003(2):124-125.

13. 兰宇.中国传统服饰美学思想概览[M].西安:三秦出版社,2006.

14. 李鸿明.影视艺术的审美特征及鉴赏策略分析[J].电影文学,2013(7):18-19.

15. 李泽厚.美的历程[M].北京:文物出版社,1981.

16. 李泽厚.美学四讲[M].武汉:长江文艺出版社,2021.

17. 连爱红.劳动者职业技能提升路径思考[J].中国集体经济,2022(21):157-159.

18. 梁思成.拙匠随笔 建筑师是怎样工作的[N].人民日报,1962-04-29(5).

19. 林毅,王威沫.美育与审美[M].北京:国防工业出版社,2014.

20. 隆荫培,徐尔充.舞蹈艺术概论[M].上海音乐出版社,1997.

21. 马之云.审美教育导论[M].南京:河海大学出版社,2003.

22. 孟萍萍.服饰美学[M].武汉:武汉理工大学出版社,2012.

23. 潘必新.再谈所谓"科学美"——答徐恒醇先生并与徐纪敏先生商榷[J].哲学研究,1999(2):8.

24. 彭富春.美学[M].武汉:武汉大学出版社,2005.

25. 彭述娟.影视艺术对当代大学生的美育意义及实践路径探析[J].当代电影，2017(8):138–141.

26. 荣丹.美学漫步[M].成都：西南交通大学出版社，2013.

27. 沙家强.大学美育十六讲[M].北京：高等教育出版社，2019.

28. 王德岩，王文革.大学美育讲义[M].北京：清华大学出版社，2019.

29. 王辉.中国古代饮食[M].北京：中国商业出版社，2015.

30. 王克芬，刘恩伯，徐尔充，等.中国舞蹈大辞典[M].北京：文化艺术出版社，1994.

31. 王媚.高校学生职业道德与工匠精神培养[J].中学政治教学参考，2021(29):93.

32. 王新琴，单婷.以工匠精神为核心的技能型人才职业道德培育[J].实验技术与管理，2017(11):161–163.

33. 王一川.大学美育[M].北京：北京师范大学出版社，2021.

34. 王远坤.饮食美论[M].武汉：湖北美术出版社，2001.

35. 吴海燕.为什么科技是美的?[J].艺术百家，2014(3):217–218.

36. 吴中杰.中国古代审美文化论(第3卷)[M].上海：上海古籍出版社，2003.

37. 习近平.决胜全面建成小康社会 夺取新时代中国特色社会主义伟大胜利——在中国共产党第十九次全国代表大会上的讲话[M].北京：人民出版社，2017.

38. 习近平.高举中国特色社会主义伟大旗帜 为全面建设社会主义现代化国家而奋斗——在中国共产党第二十次全国代表大会上的报告[M].北京：人民出版社，2022.

39. 徐复观.中国艺术精神[M].桂林：广西师范大学出版社，2007.

40. 徐恒醇.现代产品设计的美学视野——从机器美学到技术美学和设计美学[J].装饰，2010(4):5.

41. 薛瑞生.柳永词[M].北京：中华书局，2013.

42. 叶朗.美学原理[M].北京：北京大学出版社，2009.

43. 张同胜，何嘉，杨洪林.职业生涯与发展规划[M].长春：吉林人民出版社，2019.

44. 张宇，郭卉.工匠精神：应用型人才职业道德培养的价值支撑[J].教育与职业，2017(19):70–74.

45. 章梦婷.高职院校"战疫课堂"课程思政的教学案例探索与实践——以《家居品设计》为例[J].设计，2022(7):72–75.

46. 赵兵战，李默.影视美育视角下的青少年人文素质养成[J].中学政治教学参考，2020(21):95–96.

47. 赵昭.中国传统文化十讲[M].重庆：重庆大学出版社，2019.

48. 中共中央马克思恩格斯列宁斯大林著作编译局.马克思恩格斯全集:第2卷[M].北京：人民出版社，2005.

49. 周莉.身边的美学.北京[M]:中国林业出版社，2003.

50. 周怡.礼乐文化与中国审美形态[M].济南:齐鲁书社，2016.

51. 朱光潜. 谈美书简[M].上海:华东师范大学出版社，2014.

52. 朱丽佳,黎洪银,罗艳.影视艺术在大学美育中的应用[J].大舞台，2012(7):225–226.